Tschechoslowakei
Donau (Duna)
Esztergom
Nógrád
Márianosztra
Szob
Verőcemaros
Zebegény
Nagymaros
Visegrád
Vác
Leányfalu
Szentendre
Buják
Pásztó
Tata
Pannonhalma
Zsámbék
Budakeszi
Jászberény
Csesznek
Zirc
Székesfehérvár
Velencei-tó
Herend
Öskü
Várpalota
Cegléd
Felsöörs
Alsóörs
Balatonfüred
Tihany
Siófok
Zamárdi
Szántód-fürdötelep
Köröshegy
Ságvár
Balatonszárszó
Balatonszemes
Zala
Sió
Nagykörös
Dunaújváros
Kecskemét
Kiskunfélegyháza
Bugac
Kiskörös
Kalocsa
Kiskunhalas
Kaposvár
Gemenc
Pécsvárad
Baja
Subotica
Szigetvár
Donau (Duna)
Pécs
Mohács
Villányi-hg.
Udvar
Rumänien
Harkány
Siklós
Villány

WALTER
Reiseführer

- *sind Bücher für Individualisten: für Reisende, die, allein oder mit einer Gruppe, auch auf einer kurzen Reise nicht nur flüchtig Sehenswürdigkeiten abhaken, sondern Land und Leute kennen- und verstehen lernen möchten.*

- *informieren genau und umfassend über Alltag, Landschaft, Kultur, über die Schönheiten und die Probleme eines Landes. Sie schärfen das Bewußtsein auch für die kleinen Wunder am Wege, aber sie registrieren nicht jeden Baum und jede Imbißstube, denn sie wollen anregen, nicht gängeln – sie wollen neugierig machen und Raum lassen für eigene Entdeckungen.*

- *bieten Lesegenüsse, weil sie trotz aller gebotenen Sachlichkeit stets auch die persönliche Faszination des Schreibers weitergeben.*

- *präsentieren eine ganze neue Gattung Reisebuch: eine wohlausgewogene Mischung von Fakten, Tips und Erlebnisbericht – entwickelt mit der langjährigen Erfahrung des Verlags und dem Wissen und Können moderner Autoren.*

Jakub Forst-Battaglia

Ungarn

Walter-Verlag Olten und Freiburg im Breisgau

Text: Jakub Forst-Battaglia
Fotos: Niklas Deak
Karten und Zeichnungen: Huber & Oberländer, München
Umschlagbild vorn: Budapest, Denkmal Heiliger Stephan und Fischerbastei
Umschlagbild hinten: Pferdegespann in der Bugac-Pußta

Verlag und Autor (und die Leser späterer Auflagen) sind den Benutzern dieses Führers für Anregungen, Ergänzungen und Korrekturen jederzeit dankbar. Zuschriften erbeten an Walter-Verlag, Lektorat, CH-4600 Olten.

1984
Alle Rechte vorbehalten
© Walter-Verlag AG Olten
Gesamtherstellung in den grafischen Betrieben des Walter-Verlags
Printed in Switzerland

ISBN 3-530-22861-3

Inhalt

(Die eingestreuten Zwischentexte sind am Schluß des Inhaltsverzeichnisses zusammengefaßt.)

Unterwegs jenseits der rot-weiß-grünen Grenzpfähle

Das heutige Ungarn ist ein kleines, aber trotz der Gleichförmigkeit mancher Abschnitte der Tiefebene abwechslungsreiches, schönes Land, dessen vulkanischen und basaltförmigen, auch dunkel bewaldeten Höhenzügen im Norden und in Transdanubien man gern begegnet. Die merkwürdige Seenlandschaft des Balaton, die anheimelnden Akazienhaine und Pappelalleen, die Birkenwälder, umgeben von Sumpfwiesen, dichte Flußauen, dann optische Spiegelungen der Pußtaweiten, blühende Rosen in den Vorgärten gepflegter, aber einfacher Straßendorfbehausungen, die weißgetünchten Säulen der ehemaligen Kleinadelshöfe, man entdeckt sie, durch Ungarn streifend, zwischen den alten Städten, vereinzelten Landkirchen, Klöstern und Burgen.

Man kann, stehen zwei Wochen intensiver Streifzüge zur Verfügung, vom Wichtigsten eine Vorstellung bekommen. Budapest allein nimmt, Museen, Opern- und Ballettbesuche eingeschlossen, gute vier Tage in Anspruch. Für kürzere Besichtigungstouren eignet sich der westliche, Österreich nahe Saum Transdanubiens vortrefflich: malerische, historische Orte, wie Győr (Raab), Sopron (Ödenburg) oder Kőszeg (Güns), liegen mindestens drei, höchstens 55 Kilometer von der Grenze entfernt und können, gleich Schloß Eszterháza und dem Benediktinerkloster Pannonhalma, im Rahmen von Tages- oder Wochenendausflügen leicht bewältigt werden.

Schon ein Kurzurlaub am Balaton (Plattensee) läßt ungewöhnliche Ausblicke, Stimmungen und Kuriosa entdecken; weitere Touren zu den Baudenkmälern von Székesfehérvár, Veszprém, Zirc oder Sümeg sind von dort aus mühelos durchführbar. Ein besonderes Fluidum strahlt die südliche Region Baranya aus. Der weit abgelegene Nordosten, die stille Blütenpracht seiner Frühjahrshänge, verborgene Architekturbeispiele aus fernen, bewegten Tagen, die Milde der Tokajer Weinreben, die lange Pußtabrücke von Hortobágy wollen wir nicht missen.
Den tüchtigen Menschen dieses Landes, den urwüchsig, manchmal balkanisch, ja mongolisch wirkenden Charakterköpfen aus dem Volk, dann der ungemein belesenen und interessierten, bei allem Patriotismus entschieden europäischen, das Blut sämtlicher Nationen des Donauraums tragenden Intelligenz (die Bildungsexplosion verwischt freilich zusehends die Herkunftsunterschiede) begegnen wir mit wacher Neugier: bald sind Freundschaften geschlossen, man versteht einander sofort, oft ein Leben lang. Der Vorhang Ungarn tut sich auf, möge er für uns nie fallen.

Aus Ungarns Geschichtsbuch

Selbständiges Königreich des Mittelalters

Nach Awaren und Slawen drangen 896, durch Petschenegeneinfälle aus ihrer Heimat zwischen Wolga und Ural vertrieben, die **Magyaren** in das pannonische Becken ein. Ihre Raubzüge gegen Westen endeten 955 mit der Niederlage auf dem Lechfeld bei Augsburg. Die 1301 ausgestorbene Dynastie der Arpaden leitete unter *Géza* und *Stephan I.* dank Christianisierung und Verleihung der Königskrone durch den Papst (1000) den friedlichen Eintritt Ungarns in die europäische Völkerfamilie ein. Vom Schock der Tatarensintflut (1241) nur kurz unterbrochen, entfalteten sich Zisterzienserkultur und feudale Ständegesellschaft. Ein starker, selbstbewußter Adel (Goldene Freiheitsbulle von 1222), geschicktes Taktieren zwischen dem Römischen Reich der Deutschen und Byzanz, Personalunion mit Kroatien (1091) und Dalmatien (1102) kennzeichneten den Vielvölkerstaat der Arpaden.

Nach ihnen erhoben die Wahlkönige aus dem Hause Anjou (1308–1382) Ungarn zur blühenden Macht. Die Barone bauten ihren Einfluß auf Kosten des Luxemburgerkönigs *Sigismund* (1387–1437) aus, zu dessen Zeit die Konfrontation mit den auf dem Balkan vordringenden Türken begann: auf zwei verlorene Schlachten bei *Nikopolis* (1396) und *Varna* (1444) folgte ein magyarischer Sieg bei *Belgrad* (1456). *Matthias Corvinus,* Sohn des Siegers und Kriegshelden *János Hunyadi,* sicherte als König (1458–1490) Ungarn die Vorherrschaft im

896 kamen die Magyaren ins pannonische Becken. Zur Millenniumsfeier 1896 schufen die Ungarn dieses Denkmal in Budapest

Donaubecken, eroberte Wien und Schlesien, förderte Wissenschaften und Künste. 1490 kamen erneut (wie zuvor 1434–44) die polnisch-litauischen *Jagellonen* auf den ungarischen Thron, diesmal bei Personalunion Ungarns und Böhmens. Ständische Zwistigkeiten und *Dózsas* Bauernaufstand (1514) schwächten das Land, dessen Heer 1526 den Osmanen bei *Mohács* unterlag.

Dreigeteiltes Land

1541 nahmen die Türken *Buda* ein, von nun an Sitz eines Paschas, der beiderseits der Donau über das Herz Ungarns regierte. Die Habsburger folgten 1526 den Jagellonen auf den Thron, hielten aber nur einen breiten, westlichen Grenzsaum mit *Preßburg* als Hauptstadt.
Im Osten gedieh unter osmanischem Protektorat ein autonomes Fürstentum Siebenbürgen. Die lutherische Reformation zog das deutsche Bürgertum der Städte an, die calvinistische den magyarischen Adel. Im habsburgischen Gebiet leitete Kardinal Pázmány die Gegenreformation ein. Die durch ständige Kampfhandlungen in kahles Ödland verwandelte Tiefebene wurde erst nach Verdrängung der Türken (Siege des *Prinzen Eugen* zwischen 1686 und 1697, Friedensverträge von 1699 und 1718) neu besiedelt, unter Hinzuziehung von Deutschen, Slowaken und Wallonen. Zuvor hatte es jahrzehntelang mehrmals blutige Kämpfe zwischen siebenbürgischen Fürsten *(Bocskay, Bethlen)* respektive Magnatenverschwörern *(Thököly)* und Kaiserlichen gegeben. Der letzte habsburgfeindliche Aufstand *Franz II. Rákóczis* endete 1711 mit dem Kompromißfrieden von Szatmár, der religiöse und ständische Rechte garantierte.

Von der Pragmatischen Sanktion zum Völkerfrühling

Bereits 1687 hatte der ungarische Landtag den erblichen Anspruch der Habsburger im Mannesstamm auf die Königswürde festgelegt. 1722 ratifizierte die Versammlung Österreichs Pragmatische Sanktion von 1713; dadurch konnte *Maria Theresia,* deren Vater Karl VI. keinen Sohn hinterließ, 1740 den Thron besteigen und fand in ihren Kriegen mit Preußen die volle Unterstützung der Ungarn. Durch die Merkantilpolitik des Wiener Hofes, gar durch die überstürzten Reformen und administrativen Germanisierungsbestrebungen *Josephs II.* fühlte sich der Adel gefährdet und brüskiert. Das traurige Los der Bauern konnte aber dank habsburgischer Reformen gebessert werden.

Eine Jakobinerverschwörung (1795), die am geistigen Gefüge des durch Aufklärungsgedanken erst oberflächlich berührten Regnum Marianum rüttelte, erstickte man im Keim. Auch die napoleonischen Kriege bewirkten keine Erneuerungsbewegung. Erst 1825 weckte *Stephan Széchenyi* (1791–1860) den Reformgeist einer unruhigen Generation, die Wirtschaft, Gesellschaft und Kultur grundlegend verändern wollte. 1840 wurde das traditionelle Latein durch das Magyarische als Amtssprache ersetzt: es begann die Zeit der nationalen Auseinandersetzungen in Ungarn, dessen Staatsvolk nur ein Drittel der Gesamtbevölkerung betrug.
Der Völkerfrühling erschütterte 1848 das Gefüge der Donaumonarchie. *Batthyány* leitete ein eigenes, ungarisches Kabinett, der politische Führer *Kossuth* bekam das Finanzressort. Im Herbst brach der bewaffnete Konflikt mit Österreich aus;

Slawen und Rumänen Ungarns blieben der Dynastie treu. Jelačić und Windischgraetz stießen zunächst in Ungarn vor, doch führten die Magyaren einen erfolgreichen Gegenzug. 1849 entthronte der Reichstag von Debrecen das Haus Österreich und ernannte Kossuth zum Reichsverweser. Erst mit Hilfe russischer Truppen konnte Wien der Lage Herr werden. General *Haynau* errichtete nach der Kapitulation *Görgeys* bei Világos eine blutige Militärdiktatur, die in der Hinrichtung der «13 Arader Märtyrer» gipfelte.

Die Ära Franz Josephs

Der Niederschlagung des Aufstands folgte zunächst im zentralistischen Geist die Suspendierung jeglicher ungarischen Eigenständigkeit; die territoriale Selbstverwaltung des Komitatsadels verwandelte man in ein von fremden Beamten, den «Bachhusaren», geleitetes Kreisregiment.
Äußere Schwierigkeiten der Monarchie führten schließlich zum Ausgleich zwischen *Franz Joseph* und den ungarischen Ständen. Am 8. Juni 1867 wurde der Kaiser zum König von Ungarn gekrönt, die Donaumonarchie in zwei selbständige Reichshälften, Zisleithanien (Österreich) und Transleithanien (Ungarn samt Kroatien) geteilt. Der liberalkonservative *Ferenc Deák* hatte die Verständigung geschmiedet, sein Freund *József Eötvös* das Nationalitätengesetz von 1868 entworfen. Die magyarische Herrenklasse verfügte nun wieder über das Land, das mit Österreich lediglich durch Außenpolitik, Verteidigung und Finanzen des Gesamtreichs verbunden war.
Die große bürgerliche Gründerzeit, an der auch assimilierten Juden und Deutschen ein maßgeblicher Anteil zukam, be-

wirkte eine Expansion von Industrie, Handel und vielseitiger Kultur, ohne daß Ungarn sein agrarisch-feudales Grundwesen eingebüßt hätte. Alle Regierungen, von bedeutenden Männern wie etwa *Andrássy dem Älteren, Kálman* und *Stefan Tisza* geleitet, suchten ein gutes Verhältnis zu Wien, die ungarischen Staatsinteressen wohl erkennend, während die ultramagyarische Opposition den Ausgleich kritisierte. Spannungen zwischen den Völkern und Klassen Transleithaniens, bedingt durch krasse Ungleichheiten, verstärkt durch Autonomieforderungen der Rumänen, Slowaken und Serben, denen ein engstirniger Sprachnationalismus der Herrschenden entgegenwirkte, ein undemokratisches Wahlsystem, das die kleinen Leute benachteiligte, kennzeichnete die Szene vor 1914. 1916 wurde der letzte König gekrönt, *Karl IV.* Die «Länder der heiligen Stefanskrone» brachen 1918 auseinander, nachdem die Asternrevolution den linksgerichteten Grafen *Mihály Károlyi* an die Macht gebracht hatte. Das Ende des Ersten Weltkriegs wurde zum Ende der Habsburg-Lothringer auf dem ungarischen Thron.

Die Zeit Horthys zwischen Räterepublik und Pfeilkreuzlerfaschismus

Auf Károlyi als Präsident folgten 1919 die 113 Tage der bolschewistischen Räterepublik *Béla Kuns,* begleitet von rotem Terror und Abwehr tschechischer und rumänischer Interventionstruppen. Der k.u.k. Admiral Horthy besetzte im November 1919 Budapest, ein weißer Terror rechnete mit der extremen Linken ab. 1920 wurde *Miklós Horthy* zum Reichsverweser eines «Königreichs ohne König»; im Frieden von Trianon

Ungarische Spruchweisheit

Armut und Husten lassen sich nicht verbergen.

*

Bist du arm, so tanze nicht!

*

Kein Mensch weiß, wozu er erwacht.

---

mußte Ungarn enormen Gebietsverlusten zustimmen. Auch magyarisch bewohnte Randgebiete wurden von den neuen Nachbarstaaten annektiert. Der Revisionsgedanke bestimmte die ungarische Politik, die sich unter *Bethlen* und *Gömbös* zunächst Mussolini, dann auch langsam Hitler näherte. Zwei Wiener Schiedssprüche (1938 und 1940) brachten die Rückgliederung einiger Territorien von der Tschechoslowakei, dann von Rumänien; 1941 erhielt Ungarn Teile Serbiens zurück. Der Pakt mit Hitler zwang das Land schließlich zum Kriegseintritt auf seiten der Achse und zu verlustreichem Fronteinsatz gegen die Sowjetunion.

Am 19. März 1944 besetzten die Deutschen Ungarn, die innere Gleichschaltung begann, erreichte aber die schrecklichsten Ausmaße, besonders was das Schicksal der Juden und Zigeuner anbelangt, erst nach dem Staatsstreich vom 15. Oktober 1944. Der nationalsozialistische Pfeilkreuzlerführer *Szálasi* stürzte Horthy, der mit den Alliierten geheim verhandelt und den Kriegsaustritt proklamiert hatte. Nach langer Belagerung fiel Budapest im Januar 1945, im Dezember 1944 hatte sich in Debrecen mit sowjetischer Hilfe eine Gegenregierung unter Ministerpräsident *Dálnoki* gebildet, am 4. April 1945 war ganz Ungarn frei von deutschen Truppen.

Die Volksdemokratie

Die bäuerliche Kleinlandwirtepartei übernahm 1945 die Führung einer Koalitionsregierung; ihr Parteiführer *Tildy* wurde 1946 zum Präsidenten der Republik gewählt. Verstaatlichungen und Enteignungen leiteten die stufenweise vorbereitete Machtübernahme durch die Kommunisten ein, die 1948 mit den Sozialdemokraten fusionierten.
Die Kirchenverfolgung erreichte 1949 mit der Einkerkerung Kardinal *Mindszentys* ihren Höhepunkt, zugleich wurde die innerparteiliche Opposition unter *Rajk* physisch eliminiert; das stalinistische Regime *Rákosi* regierte mit der allmächtigen Staatspolizei, die alten Klassen wurden verfolgt, die Arbeiter rücksichtslos unter Leistungsdruck bei der gewaltsamen Industrialisierung gesetzt, die Landwirtschaft wurde kollektiviert. Trotz der 1953 von *Nagy* begonnenen Lockerung entlud sich die allgemeine Unzufriedenheit im **Aufstand des Herbstes 1956**, den die Sowjetarmee niederschlug; eine Massenflucht in den Westen trieb fast 200000 Menschen über die österreichische Grenze.

Unter dem Parteisekretär *János Kádár* setzte nach 1960 eine Liberalisierung ein. Durch die ökonomische Reform von 1968 wurde eine rationale Planwirtschaft ermöglicht, die den Konsumbedürfnissen breiterer Bevölkerungsschichten Rechnung trägt. Die Umsicht der Regierenden ließ einen nationalen Konsens zustandekommen, der, bei Wahrung der Bündnisverpflichtungen Ungarns im Warschauer Vertrag, einen menschlichen Alltagssozialismus gewährleistet und auch den Gläubigen aller Konfessionen (Katholiken, reformierte und lutherische Protestanten, Orthodoxe und Juden) die Ausübung ihrer Religion gestattet.

Skizzen aus der Kulturgeschichte

Literaturentwicklung

Schon vor der Jahrtausendwende pflegten die Magyaren die mündliche Sagentradition innerasiatischen Ursprungs. Auf Übersetzungen kirchlicher Texte aus dem Lateinischen beschränkte sich das geschriebene ungarische Wort des christlichen Mittelalters. Lateinische Chroniken, wie sie Simon Kezai im 13. und *Mark Kálti* im 14. Jahrhundert verfaßten, geben ein ausgezeichnetes Bild der Arpadenzeit. Die humanistische, noch lateinische Hofdichtung brachten *János Vitéz,* Erzbischof und Kanzler, sowie dessen Neffe *Janus Pannonius* zu voller Blüte. Die Reformation, mit dem kalvinistischen Bibelübersetzer *Gáspár Károlyi,* dem Prediger *Péter Bornemissza* und dem Lyriker *Bálint Balassa* (1554–1594), bewirkte einen ersten Höhepunkt magyarischen Schrifttums; die Gegenreformation glänzte dank der Aussagekraft des Jesuiten *Péter Pázmány* (1570–1637). *Miklós Zrínyi* (1620–1664) stach später als Meister des barocken Epos hervor.
Aufklärerisches Gedankengut verkündet *György Bessenyei,* ungarischer Leibgardist Maria Theresias. Nach der Jakobi-

nerverfolgung unter Franz I. mündete Pannoniens «siècle des lumières» in den spracherneuernden Klassizismus von *Ferenc Kazinczy* (1759–1831). Repräsentierte der Jurist *József Katona* (1791–1830) das nationale Drama, so machte der Bühnenautor *Károly Kisfaludy* (1788–1830) Pest zum literarischen Mittelpunkt des Landes. Der Frühromantiker Ferenc Kölcsey beeinflußte die Reformergeneration geistig und politisch. Heldentum und Liebe bestimmten die Gedichte des hochromantisch wehmütigen *Mihály Vörösmarty* (1800–1855), Sozialkritik übte der liberalkonservative Romanautor József Eötvös. Packende Bilder von Land und Volk malte der revolutionäre Nationalpoet von 1848 *Sándor Petőfi,* nach ihm der Balladendichter *János Arany; Imre Madách* (1823–1864), Verfasser der «Tragödie des Menschen», wirkte unter der Bachschen Reaktion. Vor und nach 1867 erschienen die hinreißenden historischen Romane von *Mór Jókai* (1825–1904). Die berstende Ironie des satirischen Erzählers *Kálmán Mikszáth* (1849–1910) ließ die Leser der Milleniumsära schmunzeln.
Eine radikale Moderne verkörperten vor 1914 *Endre Ady* (1877–1919) und die linksliberale Zeitschrift *Nyugat* (Westen). In der Zwischenkriegszeit publizierten unter anderem der naturalistische Prosaiker *Zsigmond Móricz* (1879–1942), als skeptische Moralisten die ästhetisierenden Lyriker *Dezső Kosztolányi* (1885–1936) und *Mihaly Babits* (1883–1941), der empörte proletarische Dichter *Attila József* (1905–1937), der linke Avantgardist *Tibor Déry* (1894–1977), der Humorist *Frigyes Karinthy* (1887–1938), der scharfsinnige Erzähler und Dramatiker *Ferenc Molnár* (1878–1952).
Nach dem Krieg ragte vor 1956 aus der Uniformität des sozialistischen Realismus nur der experimentelle Lyriker *Ferenc Juhász* stärker hervor. Die sechziger Jahre brachten einen Neubeginn auch mit gesellschaftskritischer Prosa (Magda

Szabó u. a.). Ältere Autoren, so im Roman der populistische Moralist *László Németh* (1901–1975), in der Lyrik der wehmütige *Gyula Illyés,* publizierten wieder. Den Einzelnen und sein Schicksal behandeln einfühlsame Romanschriftsteller wie *Géza Ottlik* und der vielseitige, phantastisch-ironische Realist *Tibor Déry,* gewandelt gegenüber den dreißiger Jahren. Die marxistische Literaturkritik verkörperte der Philosoph *György Lukács* (1885–1971).
Nicht wenige der genannten Autoren sind auch ins Deutsche übersetzt worden. Die Lektüre ihrer Bücher vermittelt Verständnis für das Volk, das uns so nah und in manchen Dingen doch auch sehr fern zu sein scheint.

Musik

Eine echt magyarische, aus volkstümlichen Elementen hervorgegangene **klassische Musik** tauchte erst gegen Ende des 19. Jahrhunderts auf, als *Ferenc Erkel* (1810–1893), der Nationalopernkomponist, den *Verbunkos,* den *Csárdás* und andere populäre Tänze und Waisen zu künstlerischer Höhe verarbeitete. Seinem Beispiel folgte *Ernst von Dohnányi* (1877–1960). Die pseudoungarischen Rhapsodien von *Franz Liszt* (1811–1886) beruhen auf sublimierter Zigeunermusik; das Volkslied liegt den großen Musikstücken von *Béla Bartók* (1881–1945) und *Zoltán Kodály* (1882–1967) zugrunde. Eine heile, beschwingte Welt pflegten die Operettenschöpfer *Franz Lehár* (1870–1948) und *Emmerich Kálmán* (1882–1953). Eine moderne Klangfarbenmusik entwickelte im heutigen Ungarn – und nun in Österreich – der 1923 geborene *György Ligeti.*
Ungarische und zigeunerische Klänge beeinflußten auch gro-

Traditionelle Instrumente einer Zigeunerkapelle: Cimbal, Fiedel, Schalmei

ße europäische Romantiker, so Johannes Brahms; *Gustav Mahler* (1860–1911) leitete um 1890 drei Jahre lang die Budapester Oper. Das hohe Niveau der lebendigen ungarischen Musikkultur heute drückt sich, von regelmäßigen Konzerten in mehreren Budapester Häusern abgesehen, in jährlichen Schloßkonzerten (Fertőd, Keszthely, Martonvásár), Mischveranstaltungen mit Chor (Basilika Esztergom, Abteikirche Tihany) und Festivals (Pécs, Sopron, Szeged) aus, die auch viele ausländische Gäste anziehen.

Bildende Kunst

Schon im zehnten Jahrhundert gab es, wie Funde beweisen, eine ungarische Goldschmiedekunst. Die Christianisierung zur Jahrtausendwende brachte eine Rezeption abendländischer Kunstformen. Angefangen mit dem Tatareneinfall von 1241, dann vom 16. bis zum frühen 18. Jahrhundert durch die Türkenkriege und Kämpfe zwischen den Kaiserlichen und Habsburgtreuen einerseits, «Malkontenten» – unzufriedenen Adeligen – andererseits, wurde das Land fürchterlich ver-

heert, so daß heute nur noch wenige mittelalterliche Bauwerke vorhanden sind. Die historische Architektur der meisten Orte stammt aus dem 18. und 19. Jahrhundert.
Von den erhaltenen oder auch restaurierten Zeugnissen der Romanik und Gotik (der Einfluß Frankreichs durch Zisterzienser und Benediktiner hatte prägende Wirkung) stechen besonders die Kirchen von *Ják, Lébény* und *Pécs* (Dom) hervor. Das spätere 15. Jahrhundert kannte eine Blüte der Renaissance, früher in Ungarn als irgendwo sonst außerhalb Italiens und der Niederlande: das Wirken italienischer Hofkünstler manifestierte sich an Bauresten in *Visegrád* und *Esztergom.* Aus der osmanischen Zeit sind Moscheen, Minarette und Bäder in *Pécs, Szigetvár, Eger* und *Budapest* erhalten. Das schönste unversehrte Renaissanceschloß finden wir in *Sárospatak.*
Die Malerei erwachte mit dem Barockstil *Ádám Mányokis* (1673–1724); die Barockarchitektur des 18. Jahrhunderts blieb vornehmlich dem österreichisch-böhmischen Modell verpflichtet. Schloß Eszterháza in Fertőd ist die prunkvollste unter den Residenzen dieser Epoche; die Kirchenkunst fand auf dem Gebiet der heutigen Ungarischen Volksrepublik ihren Höhepunkt in *Eger, Győr, Kalocsa, Sümeg, Székesfehérvár, Tihany* und *Zirc,* mit Maulbertsch, Troger, Gran, Altomonte, Kracker und dessen Schülern.
Als spätbarocker Übergangsstil zum Klassizismus, eine Art ausklingenden Rokokos, gilt der vor allem an weltlichen Gebäuden vorkommende Zopfstil.
Stärker als sonstwo in der Habsburgermonarchie entfaltete sich in Ungarn der Klassizismus mit *Michael Pollack* (1773–1855) und *Josef Hild* (1789–1876) (Kirchen von Esztergom, Eger und Vác); später kam der Historismus *(Miklós Ybl),* dann nach 1890 der Jugendstil in spezifisch magyari-

scher Abwandlung (*Ödön Lechner,* Budapest, große Provinzstädte).

Die nationale Schule der Malerei wirkte in der zweiten Hälfte des 19. Jahrhunderts mit *Mihály Munkácsy* (1844–1900), *Lászlo Paál* (1846–1879) und *Pál Szinyei-Merse* (1845–1920).

Der Impressionismus hielt mit der Schule von Nágybánya Einzug – *Károly Ferenczy* (1862–1917), *József Rippl-Rónai* (1861–1927) – als Vertreter des Expressionismus ist *Károly Kernstok* zu nennen.

Abstrakten «Aktivismus» kennzeichnete die «Bildarchitektur» der Bauhaus-Anhänger *Lajos Kassák, Sándor Bortnyik* und des 1908 in Fünfkirchen geborenen, international berühmt gewordenen *Viktor Vasarély,* der als führender Vertreter der Op-art gilt.

Erst seit den sechziger Jahren ist der bombastische sozialistische Realismus der Rákosi-Ära überwunden. In Auseinandersetzung mit den widersprüchlichen Richtungen der internationalen Kunstszene wird heute auch in Ungarn undogmatisch experimentiert.

Wer das Schöne liebt, dem fallen in Ungarn vor allem die geschlossenen, alten Ortskerne auf, endlich – nach langen Perioden der Vernachlässigung – liebevoll gepflegt: Mittelalter, Renaissance und Barock in *Sopron* (Ödenburg), Barock mit türkischen Bauresten in *Eger* (Erlau), Barock in *Székesfehérvár* (Stuhlweißenburg), von der Romanik bis zum Historismus in *Győr* (Raab), schließlich, der Lage und künstlerischen Vielfalt wegen, die vielleicht originellste Stadt des Landes, *Pécs* (Fünfkirchen). *Budapest* wirkt vor allem als Ensemble, außerdem beherbergt es die reichsten Sammlungen Ungarns (Kunsthistorisches Museum, Nationalgalerie und Nationalmuseum).

Szentendre, Freilichtmuseum: Grabzeichen vom Oberen Theiß-Gebiet

Szentendre, Kovács Margit-Museum: «Párkák»

Volkskunst

Verstädterung und Industrialisierung haben auch in Ungarn ihren Tribut gefordert. Vieles von der traditionellen Volkskunst ist nicht mehr lebendig und muß in Museen gesucht werden. Nur in ländlichen Gegenden entstehen da und dort noch heute schöne Arbeiten von hohem Niveau.

Die Ornamentik stilisierter Pflanzen, Blumen und Vögel ist den verschiedenen Arten regionaler Volkskunst und regionalen Kunsthandwerks gemeinsam; Rot- oder Blautöne werden bevorzugt, allzu wilde Mischungen vermieden.

Die *Töpferkunst* blüht in der Großen Tiefebene, *Holzschnitzereien* (Torbögen, Löffel, Fässer) pflegt man im Nordosten. Die schönsten Bauernmöbel stammen aus Kalocsa an der Donau; Blumenschmuck verziert auch dort die Wände.

Die lustigsten gewebten Stoffe (Kleider, Bettwäsche, Tischtücher) findet man im Sárköz nahe der Donau und im Palozenland des Nordens.

Von den folkloristischen Stickmustern sind die des Sárköz von schwarz-weißen Tönen bestimmt, die farbenfrohesten Motive gibt es einerseits im Mátyoland bei Erlau (Mezőkövesd), andererseits um Kalocsa. Die Spitzen aus Kiskunhalas genießen übernationalen Ruf.

Trachten werden fast nur noch an hohen Festtagen getragen. Der Einfachheit des nördlichen Palócföld und des südlichen Ormánság tritt die Vielfalt des Matyó und Kalocsas entgegen. Überwuchernd leuchtenden Reichtum legen die Frauen und Mädchen des Sárköz an den Tag.

Transdanubien I: Ödenburger Bergland

Sopron (Ödenburg), Tor zum Westen

Wer an klaren Tagen vom Turm der *Karlshöhe* aus, inmitten der rauschenden Wälder des über Sopron gelegenen *Lővér-Massivs,* den Blick schweifen läßt, erkennt vielleicht im Nordosten zwei flache, von einer Senke durchbrochene Hügel, ja den verschwommenen Strich einer niedrigen Kette. Dort, zwischen Hainburg und Theben, wies einst die Porta Hungarica, die Ungarische oder auch Hainburger Pforte, den Weg vom Österreichischen ins Ungarische zur Krönungsstadt Preßburg, bei der die Karpaten anfangen.
Doch dahin ist die Glorie der einigenden heiligen Stefanskrone. **Ödenburg,** das vor 1918 tief im Landesinneren lag, bildet nun die neue, äußerst liebliche Porta: Österreich beginnt nur wenige Kilometer stadtauswärts. Schaut man weiter im Kreis, ist im Norden das nahe Leithagebirge mit Eisenstadt – alles

bescheidene, einige hundert Meter nicht überschreitende Höhenzüge – leicht auszumachen, davor die Rauchschwaden der Siegendorfer Zuckerfabrik. Schöner und bergiger mutet der Westen an: es sind die Alpen, Schneeberg, Rax, Semmering. Die engere Umgebung – rechts vom nördlichen Wienerberg (Bécsi domb) sichtbar das schimmernde Wasser des Neusiedlersees, im Osten die Kleine Ungarische Tiefebene, südlich und westlich die grünen Erhebungen des Ödenburger und Günser Berglandes, im Nordwesten das österreichische Rosaliengebirge – zeigt deutlich die geographische Trennungslinie zweier Welten.

Dem Betrachter zu Füßen liegt friedlich das historische **Sopron.** Hinter den Türmen der Altstadt das breite Vorfeld: die Dörfer, die sich abzeichnen, liegen teils diesseits, teils jenseits der Grenze. Doch bleibt es ein Mitteleuropa und, so weit das Burgenland reicht, ein **Pannonien.** Die Reise, ja der Tagesausflug hierher, nun wieder leicht durchführbar, die beständig aufstrebende Prosperität der freundlichen Stadt lassen die gesellschaftlichen Unterschiede bald vergessen. Sogar an Wochentagen wimmelt es in Ödenburg von österreichischen Autos und Menschen: in den gutbestückten Geschäften deckt man sich mit Lebensmitteln oder Haushaltsartikeln ein, geht zum Friseur, in den Weinkeller, läßt auch sein Geld in einem der sich rasch vermehrenden Souvenirläden, denn für westliche Begriffe ist noch alles wohlfeil. Kakanische Gemütlichkeit, oft untermalt von pseudomagyarischer rührseliger Zigeunermusik, läßt auch der «gelernte» Kneipenbesucher nach ein paar Gläsern des Blaufränkischen voll auf sich einwirken. Neben den kernmagyarischen Klängen, die man auf den Gassen überwiegend hört, kann man sporadisch Einheimischen begegnen, die ein echtes *Heanzisch* sprechen, den alten deutschen Dialekt Westungarns, Mundart der Burgenländer. Meistens sind es betagte Menschen, die, völlig zweisprachig aufgewachsen, sich ganz selbstverständlich als Ungarn fühlen, genauer als *Edenburger* (nicht mit ö!). Viele Junge verstehen kein Wort Deutsch, manche sind, im Zuge der Landflucht, aus entfernten Dörfern zugewandert. Das Personal der Geschäfte und Lokale kann sich meistens des Idioms der Nachbarn leidlich bedienen.

Uns zieht die Vergangenheit in ihren Bann, zu deren Wiederbelebung die Volksrepublik Kádárs große Summen aufgewendet hat. Vor dem Beginn des Touristenzeitalters, noch in den sechziger Jahren, dämmerte ein armes, graues und tristes Ödenburg im Dornröschenschlaf einer vergessenen Grenzstadt dahin. Jetzt erstrahlen die niedlichen, höchstens ein- bis zweistöckigen Bürgerhäuser und adeligen Stadtpalais in verjüngter Pracht: vielleicht hier und da eine allzu grelle Fassade, dort eine noch abbröckelnde, doch insgesamt gelang das Werk.

Von der **Römersiedlung Scarbantia** zeugen Ausgrabungen am einstigen Wall, der heutige Ort geht auf eine Arpadenburg zurück. Als Belohnung für die Standhaftigkeit der Bürger vor dem mächtigen Böhmen *Przemysl Ottokar* erhob *Koloman IV.* Ödenburg 1277 zur königlichen Freistadt, deren Oberschichten – Handwerker und Kaufleute – sich in zunehmendem Maße aus Deutschen zusammensetzten, während die *Lővér,* Bogenschützen und Grenzwächter der Umgebung, altmagyarischen Stammes waren. Die Privilegierten sicherten der Stadt Sopron Reichtum und Ansehen, den Zuzug von Fremden; auch eine Judengemeinde ließ sich nieder. Gleich Eisenstadt und Forchtenstein Mitte des 15. Jahrhunderts vorübergehend an die Habsburger verpfändet, knüpfte Ödenburg nach 1526 wieder engere Bande zum Hause Österreich:

Westungarn fiel nicht an die Türken. Die wirtschaftliche Bedeutung der habsburgischen Städte wuchs jetzt nur noch. Starke Mauern sollten vor Angriffen der Osmanen schützen, doch lediglich österreichfeindliche, ungarische Heiducken (Söldner) unter Bocskay versuchten 1605 eine Belagerung.
Inzwischen war ein Großteil der Bewohner zum lutherischen Glauben übergetreten, der alte Streit mit den mächtigen Bischöfen von Győr flammte wieder auf. Der Wiener Hof aber gewährte Religionsfreiheit: es gab seit 1557 ein protestantisches Gymnasium. Der feinsinnige Humanist *Christoph Lackner* gründete als Bürgermeister 1604 eine akademische Gesellschaft, die auch lateinische Theaterstücke aufführte. Geschätzt wegen seiner schönen Architektur und dem hochwertigen Kunstgewerbe, gewann auch Ödenburg durch den prunkvollen ungarischen Reichstag 1625 an politischem Gewicht. Unter Bewahrung des guten Verhältnisses zu den Habsburgern wurde die Stadt zugleich zum Asylort protestantischer Exilanten aus Böhmen und den Erblanden. 1636 begann auch hier, mit der Eröffnung eines Jesuitengymnasiums, die Gegenreformation. 1674 verloren die Protestanten ihre beiden Gymnasien, das deutsche und das ungarische. 1676 zerstörte ein Brand die meisten Gebäude. Bereits 1681 konnte ein Reichstag stattfinden. Nach der blutigen Kuruzenbelagerung von 1705 widmete sich Sopron im 18. Jahrhundert bei relativer Religionsfreiheit der Barockkunst und dem Weinhandel. Eine Druckerei stellte Bücher in vier Sprachen her, das blühende jesuitische Schuldrama führte 1769 zur Entstehung eines ständigen Theaters. Die protestantische Jugend freilich mußte in Deutschland studieren.
Als Schulstadt und Komitatssitz zog Sopron mehr Magyaren an, so daß Josephs II. Germanisierungsversuche unter der jungen kleinadeligen Intelligenz auf heftige Ablehnung stie-

Detail des Zichy-Mesko-Palais

ßen; eine Ungarische Gesellschaft verteidigte das nationale Idiom. Nach den napoleonischen Kriegen wurde Ödenburg, dank dem Wirken des großen Reformers Graf István Széchenyi, von der ungarischen Erneuerungsbewegung erfaßt. Auch die deutschen Bürger beteiligten sich aktiv an der wirtschaftlichen Belebung des Landes und fühlten sich gern als Ungarn: 1840 wurde anstatt Deutsch Magyarisch zur Amtssprache des Magistrats erkoren.

Während der Revolution im Dezember 1848 von kaiserlichen Truppen besetzt, dann als Sitz der transdanubischen Distriktsverwaltung von deutschsprachigen und tschechischen Beamten regiert, nahm Ödenburg nach 1867 wieder stärker magyarischen Charakter an. Viele Deutsche und Juden assimilierten sich, Magyaren aus dem Landesinneren strömten hinzu. Gesellschaft und Schulen sorgten für eine breite ungarische Gebildetenschicht. Die Stadt expandierte; bereits im Vormärz durch eine Bahnlinie mit Wiener Neustadt verbunden, wurde sie 1879 durch die Raab-Ödenburg-Ebenfurther Eisenbahn Wien und Budapest näher gebracht.

Abends eilten junge Offiziere ins Kasino, um dort ihren Sold zu verspielen. Jahrhunderte zuvor hatte *Graf Josef Radetzky,* 1848 ein Retter Österreichs, hier gedient, später *Sándor Petőfi,* 1848 ein Held Ungarns: zwei Antipoden, gleichsam symbolisch für Ödenburgs Platz im Herzen der Donaumonarchie.

1918 brach die alte Welt auseinander. Im Februar 1919 erhielt Deutsch-Westungarn samt Sopron die Kulturautonomie, es folgten Rätediktatur und Unsicherheit um die neuen Grenzen. 1920 mußte Ungarn versprechen, weite Gebietsteile im Westen an die Republik Österreich abzutreten. Nachdem die ungarische Armee Ende August 1921 die Stadt geräumt hatte, wollte österreichische Gendarmerie einrücken, wurde aber von magyarischen Freischärlern daran gehindert. Im Proto-

koll von Venedig einigten sich beide Nachbarstaaten auf ein Plebiszit. Mitte Dezember stimmten 73 Prozent der Ödenburger für Ungarn, die Bewohner von fünf der sieben Randgemeinden mehrheitlich für Österreich. Das gesamte Abstimmungsgebiet blieb bei Ungarn. Deutschnationale nannten das Ergebnis *Verbrechen von Ödenburg*, weil die Wählerlisten von den Magyaren einseitig zu deren Gunsten zusammengestellt worden wären. Was in Südkärnten und in Oberschlesien recht schien, durfte hier nicht billig sein – der natürliche Vorsprung der eingesessenen Staatsmacht und der gesellschaftliche Druck, ungeachtet alliierter Kommissionen. Hatten Wirtschaftsbürger, Winzer und Bauern der Ödenburger Außenbezirke zugunsten Österreichs optiert, so gaben die Städte – neben den Magyaren auch viele Deutsch- und Zweisprachige – Ungarn den Vorzug.
«Totius Hungariae urbs fidelissima», des Ungarlandes allzeit Getreue, lag nun da, abgeschnitten vom neuösterreichischen Hinterland. Doch entstanden zwei Hochschulen und schmukke Hotels; Bergbau und Kleinindustrie gediehen weiter, dank der Förderung durch Budapest. 1945 wütete die Schreckensherrschaft der Pfeilkreuzler, Bomben beschädigten das Zentrum, 1946 mußten die meisten Deutschstämmigen das Land verlassen. Die geblieben sind, können im Rahmen des Verbandes der Ungarndeutschen ihr Volkstum pflegen. Das fast rein magyarische Sopron von heute bleibt seiner angestammten Rolle als Brücke zwischen den Nationalitäten getreu.

Die hufeisenförmig angelegte **Altstadt** – ein befestigter Wallgraben umgab sie einst – bewahrte ihr nur da und dort von einzelnen späteren Bauwerken durchbrochenes historisches Antlitz. Gotik, Renaissance und Barock beherrschen die Szene; obschon sie normal bewohnt sind, atmen die stillen Gäßlein eine Entrücktheit zur Gegenwart, wie sie nur aus dem wirklich Traditionsverbundenen, organisch Gewachsenen zustandekommt. Die zum Teil restaurierten, zum Teil umgestalteten Arkadenhöfe suchen in Ungarn ihresgleichen. Öffnen Sie ruhig die schweren Tore von vorgestern und halten Sie in den Höfen Umschau.

Holzschnitzerei aus Transdanubien

Den geschichtlichen Kern betreten wir vom breiten, dem Provinzstil des 18. Jahrhunderts verpflichteten Lenin-Ring, der früheren Grabenrunde, durch das 1921 errichtete *Tor der Treue* (zum ungarischen Vaterland). Dieses Treuetor brachte man am Wahrzeichen der Stadt an, dem 61 Meter hohen **Feuerturm,** einer gelungenen Stilmischung mit Dominanz des Barocken, von dessen Spitze aus man die Dächer des Zentrums und das nahe Hügelland überblickt. Wir stehen nun auf dem **Rathausplatz,** in dessen Mitte die große *Dreifaltigkeitssäule* (1701) prangt. Die gotische *Benediktinerkirche* hat trotz barocker Inneneinrichtung die mittelalterliche Grundstruktur beibehalten; man nennt sie spaßeshalber auch Ziegenkirche. Stattliche, den Reichtum des Patriziats bekundende Bürgerhäuser umgeben den Platz: sie sind gut fünf Jahrhunderte alt, die Fassaden sind teils wesentlich jünger. Das *Fabricius-Haus* enthält museale Sammlungen, die das Leben im alten Ödenburg dokumentieren. Umfassender ist die Ausstellung im benachbarten *Stornohaus,* einem Prunkgebäude mit Erker. Das *Rathaus* präsentiert sich als dunkelgelbes Produkt der franzisko-josephinischen Ära. Die Kirchen-Gasse am gegenüberliegenden Ende des Platzes (Templom utca) besticht durch ihre stattlichen Barockbauten. Das *Bergbaumuseum* (Bányászati Muzeum) zeigt Verfahrenstechniken von einst. Neben der lutherischen Kirche (1783) lädt ein geräumiges, von einem Hof mit Laubengängen verschönertes Haus zum Besuch des protestantischen Museums ein. Der Herr Pastor spricht ein gutes Deutsch und erklärt mit viel Sachkenntnis und Liebe zum Detail den Werdegang seiner Gemeinde.

Die parallellaufende *Neugasse* (Új utca) gehörte im Mittelalter den Juden, wovon die restaurierte *Synagoge* (um 1350) samt jüdischem Museum zeugt. Auch vor dem Zweiten Weltkrieg lebten hier, in den hübschen ein- bis zweistöckigen Barockhäusern, viele Bekenner des mosaischen Glaubens. Unter Nr. 6 befand sich das am Torwappen gut erkenntliche, aristokratische *Palais Starhemberg.* Der nächstens, in gleicher Richtung verlaufenden Gasse (Szent György utca) gebührt ob der spätgotischen, barockisierten *St.-Georgs-Kirche,* dem eleganten *Eggenberger Haus* (Nr. 12) mit loggiageschmücktem Hof und dem zierlichen Rokokopalais der *Grafen Erdődy* (Nr. 16) besondere Aufmerksamkeit. Der *Orsolya tér* (Ursulinenplatz) am Schnittpunkt einiger Altstadtgassen allerdings läßt ob der architektonischen Verschandelungen, die ihm vor und nach dem Krieg beigebracht wurden, aufstöhnen. Das winzige Hotel Palatinus zu Beginn der Új utca ermöglicht die Übernachtung oder zumindest Stärkung im Herzen der Altstadt. Der Weinkeller Cézár Borozó an der Ecke zur nahen *Hátsókapu-Gasse* wiederum eignet sich zum Genuß geistiger Getränke. Auch dieses Gäßchen erquickt durch seine unmoderne Bausubstanz. In der Einmündung zum Lenin-Ring steht ein barockes Wohnhaus mit Elefantenemblem, darin ein Kaffeehaus.

Der Leninkörút selber bietet, außer dem altväterischen Hotel Pannonia aus dem 19., auch etwas Architektur aus dem 18. Jahrhundert: das katholische *Konventhaus* (1735, Nr. 25), das *Apothekerhaus* (1724, Nr. 29) und die *Marienstatue* von 1745. Ein historisches *Pátika-Muzeum* (Apotheker-Museum) auf dem Beloiannisz-Platz, gegenüber Rathaus und Feuerturm, erzählt von der Heilkunde im früheren Ödenburg.
Am Südrand des Zentrums prangt auf dem langen *Széchenyi-Platz* ein strenges Denkmal des Reformpolitikers. Die *Dominikanerkirche* ist echt barock, das *Dániel-Berzsenyi-Gymnasium,* benannt nach dem Dichter der Aufklärung, besteht ursprünglich seit 1557, die jetzige Form stammt von 1894. Der angrenzende Platz wird vom jugendstilartigen Petőfi-Theater gekennzeichnet; ein Spaziergang an kleinen franzisko-josephinischen Villen vorbei führt zum *Franz-Liszt-Museum* (1.-Mai-Straße), das im wesentlichen der Stadtgeschichte gewidmet ist und ausführlich die Begleiterscheinungen des Plebiszits von 1921 aus magyarischer Sicht behandelt.
Die **Oberstadt** östlich des Lenin-Ringes – abschüssige Gäßchen mit ebenerdigen Häusern – bietet unverfälschte Paradebeispiele des Bauernbarocks der deutschsprachigen Winzer, so das *Mohrenhaus* in der Sándor-Kellner-Gasse unterhalb der gotischen *Michaelskirche.* Die noch heute private *Zettl-Langer-Sammlung* in der Balfi-ut sollte man sich, zumal unter der sachkundigen Leitung des Hausherren, eines gebildeten Ödenburger Bürgers, nicht entgehen lassen: das Leben seiner Vorfahren ersteht anhand der vielfältigen Zeugnisse materieller Kultur, der Kleider und Einrichtungsgegenstände.
Spaziert man die Gassen des *Bécsi-domb* (Wiener Hügel) hinauf, oder herab am schmalen Spittelbach (Ikva) durch die Gassen hinter dem Lenin-körút, lassen sich nur wenige Menschen sehen, es sei denn, bei Schnee, rodelnde Kinder. Am

südlichen Abhang des Wiener Hügels kommt man zu einem geräumigen, baumbewachsenen Platz am Ikva-Bach, wo wir ein düster, mit zerschlagenen Fensterscheiben dahinsiechendes, backsteinrotes Gebäude erspähen: die verfallene Synagoge aus dem vorigen Jahrhundert.
Bevor Sie die Ödenburger Gegend verlassen, empfiehlt sich eine Abzweigung westwärts in Richtung Brennerbergbánya. Als Ausländer benötigt man zwar eine Sondergenehmigung zum Besuch des Grenzortes, doch ist das inmitten bewaldeter Hügel unterwegs liegende **Sopronbánfalva** (Wandorf) mit seiner schönen, gotischen Karmeliterkirche für jedermann frei zugänglich.

Schloß Eszterháza in Fertőd: «das ungarische Versailles»

Kosmopolitische Magnatenpracht eines schönbrunnergelben Spätbarocks schlägt dem Besucher entgegen, der, das schmiedeeiserne Gittertor hinter sich lassend, den kunstvoll geometrischen Ehrenhof der fürstlichen Residenz in **Fertőd** betritt: zu beiden Seiten eine hufeisenförmige Anlage, geradeaus die breite Front des Hauptpalastes, davor französische Rasenflächen und Gehwege um den zierlichen Delphinenbrunnen. Den Zeitgenossen des 18. Jahrhunderts verschlug es die Sprache, sahen sie das riesige Esterházysche Feenreich, wie es auch dank seinem Park samt Tempeln, Pavillons und Opernhaus, dem erlesenen Musikleben und wegen der rauschenden Feste genannt wurde. Kein anderer ungarischer Aristokrat leistete sich einen monarchischen Hofstaat gleich dem Nikolaus' des Prächtigen, des feinsinnigen, Französisch und Deutsch besser als Magyarisch sprechenden Mäzens, der die

Schloß Eszterháza

unwegsamen Sümpfe am Südufer des Neusiedlersees unweit von Ödenburg in eine Traumwelt verwandelte.

Der einstige Treffpunkt der glänzenden Gesellschaft Westungarns, jener katholischen Familien, die stets dem Haus Habsburg die Treue gehalten hatten, litt schwerstens unter den Einwirkungen der letzten Kriegswochen 1945. Die nach 1957 restaurierte Innenausstattung wurde großenteils aus anderen Schlössern zusammengetragen. Doch wirken Holztäfelungen, Spiegel, Lüster, Wandmalereien, Stehuhren, Öfen, Kommoden, Vasen und Deckenfresken, Möbel und Porzellan, die doch zumeist unverfälschten, anmutigsten Rokoko verkörpern, durchaus stilecht. Obgleich manches auf Grund von Mustern und Fotos nachgebaut werden mußte, stehen auch viele Originalstücke aus dem alten Eszterháza wieder an ih-

rem angestammten Platz. Die reizvollen Chinoiserien, der imposante Prunksaal, der Musiksaal, die Sala Terrena mit ihren Marmorböden und der Maria-Theresien-Salon mit dem Bild der Monarchin als Königin von Ungarn, dem Porträt Franz Stephans von Lothringen, einer Bronzestatue der glücklosen Marie Antoinette und einer Sitzgarnitur im Louis XVI-Stil sind ebenso bemerkenswert wie die Esterházyschen Ahnengemälde oder die erneuerten Stuckverzierungen.
Die berühmtesten Feste fanden 1772, 1773, 1775 statt: einmal weilte Frankreichs Botschafter, *Kardinal Prinz* von Rohan-Guémené, beim Fürsten, dann kam die Kaiserin in Person, schließlich traf Erzherzog Ferdinand in Begleitung seiner Gemahlin, Beatrice d'Este, auf dem Schloß ein. Bei Bällen, Konzerten, Opern und Komödien, nächtlichen Illuminationen und Feuerwerken, eleganten Tafeln, Balletten und Bauerntanzgruppen, Hirsch- und Niederwildjagden vergnügten sich die Gäste. 24000 Lampions brannten im Garten anläßlich der Visite Maria Theresias. Doch nicht der Aufwand allein bestimmte den Ruhm Eszterházas: die Musik **Joseph Haydns,** der 1761 in die Dienste des Fürsten Paul Anton trat, dann von Nikolaus, selbst einem leidenschaftlichen Viola-Spieler, übernommen wurde, sicherte der Tradition des Schlosses weltweite Verbreitung. Mehrere italienische Opern Haydns wurden hier für vornehmes Publikum uraufgeführt. Den Fürsten und den Komponisten, beide Kinder der Aufklärung und Freimaurer, verband eine gute Freundschaft, die aber die tiefe soziale Kluft zwischen Herren und Bedienten (als solche galten damals Musiker) nie überwinden konnte. Im Mitteltrakt des Hauptgebäudes wurde ein *Haydn-Museum* eingerichtet, im Musiksaal werden im Sommer Konzerte – nicht nur mit Haydn-Musik – veranstaltet.
Schon zu Beginn des vorigen Jahrhunderts verfielen Park und

Schloß, da die Esterházys lieber in Eisenstadt lebten. Noch vor dem Ersten Weltkrieg wurde «das ungarische Versailles» renoviert, doch kam es damals zu einigen Stilverfälschungen. Immerhin residierten die Eigentümer bis 1945 wieder in Eszterháza. Jetzt zieht der großartige Bau Unmengen von Touristen an; vor allem die verwahrlosten, erst fragmentarisch instandgesetzten Gärten brauchen noch viel liebevolle Behandlung, bis sie inmitten der freundlich-grünen Ländlichkeit wieder so vornehm-gepflegt aussehen wie früher.

Schloß Nagycenk und Graf István Széchenyi

Im Unterschied zum majestätischen Pomp des benachbarten Eszterháza bewahrte **Nagycenk** (Großzinkendorf) die gesunden Maße eines gräflichen Landsitzes. 1945 ausgebrannt und völlig verwüstet, wurde das Schloß nach einem Vierteljahrhundert des traurigen Verfalls geschmackvoll restauriert und als Gedenkmuseum für den bekanntesten seiner einstigen Bewohner, den «größten Ungarn» *Stephan Széchenyi,* der Öffentlichkeit zugänglich gemacht. Inmitten einer weiten Parklandschaft – auch ein Pferdegestüt steht hier Reitliebhabern zur Verfügung – nahe der Hauptstraße, die Sopron mit Győr verbindet, ließ nach 1800 der Vater Stephans, Franz Széchenyi, selbst Sammler, Bibliophiler und Privatgelehrter, ein noch dem ausgehenden Spätbarock verpflichtetes Schloß errichten. Viel früher war das Gut in den Händen der Nádasdys gelegen, doch fiel es nach der Adelsverschwörung von 1677 an die königliche Kammer, von der es prohabsburgische Herren kauften. Der politische Reformer Graf *István Széchenyi* (1791–1860) gab den Auftrag zur Modernisierung der Resi-

Ungarische Spruchweisheit

Des Armen Glück ist auch arm.

*

Ehrliche Menschen werden dicht gesät, gehen aber dünn auf.

*

Menschlichkeit ist mehr wert als Fleisch und Kraut.

---

denz und investierte zugleich in das Wohlergehen des Dorfes Nagycenk, dem er mehrere Manufakturbetriebe schenkte. Gern zog er sich in das Idyll zurück, um an seinen Werken zur Erneuerung der ungarischen Gesellschaft zu arbeiten.
Das Lebensgefühl des Reformzeitalters vor 1848 wird anhand der anschaulich präsentierten Exponate, der Möbel, Kleider, Bücher, Bilder und Karten klar erkennbar.
Mit Hilfe von Verantwortungsbewußtsein, Opfermut und Einsatzbereitschaft der herrschenden Schicht wollte Széchenyi seinem Land im Rahmen der Habsburgmonarchie Selbständigkeit und Wohlfahrt sichern. Die Überwindung hoffnungslos veralteter Produktionsmethoden lag ihm ebenso am Herzen wie das Los ausgebeuteter und rechtloser Bauern. Nach englischem Vorbild wollte er die Gutsbesitzer zu veränderungsfreudigen Kapitalträgern machen. Den chronischen Geldmangel seiner Standesgenossen gedachte er mit einem weitverzweigten Kreditsystem zu überwinden. Seine scharfe Kritik an der feudalen Rückständigkeit Ungarns stieß allerdings auf empörte Reaktionen aus Kreisen des eingesessenen Komitatsadels und konservativer Magnaten. Trotzdem gelang es ihm – auch dank seines energischen Auftretens auf dem Reichstag von 1825 –, nicht nur den Handel, das Banken- und Verkehrswesen zu modernisieren, sondern eine gan-

ze Generation eifrig progressiver Politiker, Denker und Publizisten zu erziehen.
Fern jeder Radikalität, versuchte Széchenyi die nationalen Leidenschaften der vierziger Jahre abzukühlen, predigte Toleranz im Verhältnis zu den nichtmagyarischen Völkern Ungarns und warnte 1848 vor einem offenen Bruch mit Wien. In der revolutionären Atmosphäre von 1848/49 geriet der moralische Wiedererwecker ins Hintertreffen; ungehört verhallte seine Stimme gegen den feurigen Aktionismus Kossuths. Nach der Niederlage ein gebrochener Mann, starb Széchenyi, geistig umnachtet, 1860 im Wiener Vorort Döbling. Er ruht im Mausoleum des Dorffriedhofes von Nagycenk.
Vom Schloß nach Norden führt eine über zwei Kilometer lange, romantisch verwilderte Lindenallee zum Grabmal eines Ehepaares aus der Familie Széchenyi. Nicht weit davon steht die kleine, klassizistische *Gloriette.* Eine neuzeitliche, gelungene Attraktion für Kinder ist die von jungen Pionieren gelenkte Schmalspurbahn.

Unbezwungenes Grenzlandstädtchen Kőszeg (Güns)

Die unprätentiöse Lieblichkeit historischer Fassaden zu Füßen des *Geschriebensteins* (Írott-kő), dessen Spitze sich Ungarn und Österreich teilen, läßt das ruhige Provinzstädtchen **Güns** zu einem beliebten Ausflugsziel der Burgenländer werden, während Budapester wegen der schönen Umgebung hier gern den Urlaub verbringen. Keine fünf Minuten vom kleinen, kaum je überlaufenen Grenzübergang fährt man schon über die Günser Béke-út, deren teils dunkelgelbe Hauswände

in den Tagen der Monarchie anstelle abgetragener Wälle entstanden. Gymnasialjugend, irgendwie vorkriegsmäßig brav, ergießt sich aus der Schule, Rentner halten zum Gespräch mit Bekannten am Gehsteig inne. Die dunkelhäutige Zigeunerfamilie – beide Eltern tragen je ein Kind auf dem Arm, drei oder vier Sprößlinge schlingen sich zwischen den Beinen der Passanten durch – scheint Unbestimmtes kaufen und verkaufen zu wollen. Vielleicht zieht es sie nur, halb seßhafte Nomaden, ewigem Wandertrieb folgend, von nirgendwo zu nirgendwo.
Ein klappriger Pferdewagen kollert vorbei, daneben das moderne Kaufhaus, ein Touristenbus aus Bayern, auf dem *Kőztársaság tér* um die Ecke das uralte Hotel Strucc, einst Gasthaus zum Straußen, darin ein Jugend-Espresso. Anmutige Mädchen servieren gutes Eis und feurigen Kaffee zu Disko-Musik. Die Erfrischung nach einer ermüdenden Reise durch die sommerlich erhitzte Ebene belebt die Sinne, zumal die Günser Luft endlich zum Durchatmen geeignet ist.
Barock, Rokoko und Biedermeier, die Enge noch mittelalterlicher Gassen bestimmen das Flair des stillen Burgviertels. Erst 50 Jahre zählt das Heldentor: 1932 wurde es zum Andenken an Türkenbelagerung und -abwehr von 1532 errichtet. Zwei Kirchen, den Heiligen Emmerich und Jakob geweiht, stehen, unverkennbar gotischen Ursprungs, in der Mitte des Jurisich-Platzes. Sibirischen Betriebsausflüglern erklärt eine mollige Ungarin in hartem Russisch die reichen Renaissance- und Barocksgraffiti der Bürgerhäuser und des ursprünglich gotischen, im frühen 18. Jahrhundert umgebauten *Rathauses.* Auch *Brunnen* und *Marienstatue,* merkwürdige Relikte dieses fernen, jedoch «guten», weil nun treu verbündeten Europa bestaunt und fotografiert man für das Album daheim.
Beim Vorbeigehen fallen Kommentare der Besucher, wie gut es den Ungarn doch, dank sowjetischer Hilfe freilich, gehe...

Jurisich-Platz

Die nahe, von einem leeren Wassergraben umgebene, renovierte **Burg** trägt, wie der Hauptplatz, den Namen des kroatischen Verteidigers von 1532, Nikolaus Jurisich. Ein bescheidenes Lokalmuseum und eine Art Jugendherberge sind jetzt darin untergebracht. In der *Chernel utca* Nr. 10 weilt 1809 Eugène Beauharnais, Napoleons Stiefsohn und Vizekönig von Italien; das Aussehen der Gasse mit den Erkern und den schmiedeeisernen Toren scheint sich seit damals nicht geändert zu haben. Das Renaissancehaus mit Loggia fällt auf, geht man ein zweites Mal über den grossen Platz. Wer durch eines der nahen Gäßchen spaziert, dessen Blick fällt plötzlich auf die verfallene, unter Baumwipfeln geduckte *Synagoge.* Das Pförtnerehepaar, zwei bodenständige, sehr betagte, der deutschen Heanzenmundart mächtige Christen, lassen gegen etwas Geld und gute Worte das brüchige, polizeilich geschlossene Bauwerk besichtigen. Turmtauben, Eulen und Fledermäuse fühlen sich in den vielen Nischen sichtlich wohl. Das Dach ist offen, das morsche Gebälk könnte jederzeit einstürzen, trotzdem bleibt es stabil. Verwaschene hebräische Inschriften und die magyarische Widmung des Stifters, *Baron Schey de Koromla,* kann man noch sehr gut lesen.

Die Alten sind gesprächig: bevor ihnen «das Land dahinter», wie sie das Burgenland nennen, weggenommen wurde, noch unter den Habsburgern, durften sie mit den Eltern zum Markttag nach Rechnitz. Auf die Fangfrage hin, woher die guten Deutschkenntnisse stammen, pfeift die Greisin durch ihre Zahnlöcher: «I bin do a Ginserin», womit alles, das deutsche Idiom wie das magyarische Herz, bestens erklärt scheinen.

An länglich ebenerdigen Häusern und Obstgärten vorbei kommen wir hinauf zur barocken *Kalvarienbergkirche,* von dort ist ein hübsches Panorama des Städtchens zu sehen.

Freilichtmuseum: Dorfhäuser aus Westungarn

Szombathely (Steinamanger): Bischöfe, Römer, Juden

Das Hügelland an der Grenze zur Rechten, die offene Ebene zur Linken, kommt man von Güns in knapp zwanzig Minuten über die verkehrsreiche Hauptstraße Nr. 87 in die Bischofsstadt **Steinamanger,** ein heute bedeutendes Zentrum der Leichtindustrie und des Handels mit rund 80000 Einwohnern. Schon den Römern galt *Savaria* als wichtiges Castrum, der *Ruinengarten (Romkert)* mit Mosaiken und einem bepflasterten Wegstück zeugt davon. Die kurialen Gebäude um *Berzsenyi-Platz* und *Alkotmány-Straße* bilden, wie so oft in Ungarn, ein von Barock und Klassizismus geprägtes Ensemble. Das ehemalige Priesterseminar (1780) von Melchior Hefele beherbergt die **Diözesanbibliothek,** für Bücherfreunde dank der Inkunabeln und Codices ein lohnendes Ziel. Hier gibt es auch, ähnlich wie im Diözesanpalais, daneben ein Deckengemälde von Stefan Dorfmeister mit Szenen aus der griechischen Mythologie zu sehen. Die Residenz des Oberhirten bietet außerdem, ist man einmal das repräsentative Treppenhaus hinaufgestiegen, einen Festsaal von Hefele, dessen Wände *Franz Anton Maulbertsch* mit allegorischen Fresken zur römischen Vergangenheit Savarias schmückte. Ein junger Geistlicher in Soutane führte uns durch die Räume, denen ein frischer Verputz kaum schaden dürfte. Das trostlose Grau der Außenmauern wird hoffentlich bald frischeren Tönen weichen. Der spätbarocke Dom, eine zweitürmige mächtige Kirche, hat unter den Kriegseinwirkungen schwer gelitten, er wirkt daher eher nackt und düster, wenn auch nicht häßlich.

Die musealen Sammlungen (Revolutions- und Ortsgeschichte) der benachbarten Palais vermitteln die offizielle Lesart über das Geschick von Szombathely. Wen die Entwicklungsphasen der lokalen Arbeiterbewegung nicht besonders interessieren, der wird vielleicht an den kunstgewerblichen Exponaten des *Smidt-Museums* Gefallen finden. Der ausrangierte Straßenbahnwagen im Hof ruft den Spieltrieb im Manne wach.

Zinshäuser des 19. und frühen 20. Jahrhunderts säumen die Straßen des Zentrums, auch den überaus geschäftigen *Platz der Republik* (Köztársaság tér). Von den oberen Stockwerken des Isis-Hotels schaut man auf das ausgegrabene heidnische

Heiligtum der ägyptischen Gottheit. Die prunkvolle neuromantische *Synagoge,* eine der monumentalsten im Lande, wurde nach dem Krieg in ein Kulturzentrum umgewandelt. Zwei barocke Kirchen, die eine früher den Franziskanern, die andere den Dominikanern gehörend, entdeckt man auf dem Bummel durch die geräumige Provinzmetropole, in der ein

Freilichtmuseum: Kachelofen aus Völgység

Ungarisch für Autofahrer

Balesetem volt	Ich habe einen Unfall
balra	links
benzinkút	Tankstelle
Egy gumidefektem van	Ich habe eine Reifenpanne
egyenesen	geradeaus
élet veszély	Lebensgefahr
garázs	Garage
gépkocsi	Auto
Hány kilométer van Budapest ig?	Wieviel Kilometer sind es bis Budapest?
híd	Brücke
Hogy jutok el Budapest?	Wie komme ich nach Budapest?
jobbra	rechts
Kerem, ez a budapesti út?	Ist das die Straße nach Budapest?
kerülő	Umleitung
közel	nah
lassan (hajts)	langsam fahren
messze	weit
motorkerékpár	Motorrad
nyitva	geöffnet
országút	Landstraße
(parkolni) tilos	Parken verboten
rendőr	Polizist
rendőrőrs	Polizeiposten
térképen	Landkarte
tovább	weiter
út	Weg, Straße
útja, utca	Straße
vigyázz	Achtung, Vorsicht
vissza	zurück
zárva	gesperrt, geschlossen

Schutzpatron Westungarns und somit auch des österreichischen Burgenlands, der heilige Martin von Tours, während der Spätantike als Römer auf die Welt kam.
Der menschenpralle volksdemokratische Bahnhof aus Franz Josephs Zeiten – Soldaten, Schüler beiderlei Geschlechts, Bauern und Zigeuner bunt durcheinander – sei denen empfohlen, die etwas für die intensive, eigenartige Atmosphäre solcher Treffpunkte übrig haben.
Freunde alter Volkskunst besuchen an der westlichen Ausfallstraße zum österreichischen Zollamt Schachendorf das anheimelnde Freilichtmuseum.

Versteckte Kostbarkeiten westlicher Komitate

Saubere Dörfer mit gedrungenen, weißgetünchten Häusern und hübschem Blumenschmuck erstrecken sich entlang der Seitenstraße von Sopron nach Fertőd. Das niedliche Rokokopalais der Raaber Bischöfe und der alte Steinbruch, dem im burgenländischen Sankt Margarethen ähnlich, kennzeichnen **Fertőrákos,** das hoch über dem Neusiedlersee den Blick durchs Schilfdickicht und über schimmernde Wasserflächen nach Mörbisch, ja bis zum österreichischen Seewinkel freigibt. Der Zugang zum ungarischen Ufer des Fertőtó, so wird die große seichte Lache magyarisch genannt, ist seit dem Krieg gesperrt, seltene Vogelarten können in diesem Gebiet ein ungestörtes Dasein fristen. Nach der Tragödie des Spätherbstes 1956 wählten freilich manche den Fluchtweg durch das unwegsame Gelände und kamen auf österreichischen Boden ins Burgenland.
Das Schwefelbad **Balf** (Wolfs) birgt neben einem unpersönli-

chen modernen Thermalbad, mit dessen Zimmern Inländer vorliebnehmen müssen, ein altes Schlößchen, das devisenträchtigen Gästen gepflegte Unterkunft und gutes Essen inmitten schattiger Spazierwege bietet. Die Badekapelle von *Dorffmeister* (1773) deutet auf alte Kurtraditionen hin, die Pfarrkirche des nahen **Hidegség** zeigt sogar in der Apsis Reste romanischer Wandfresken. Reiche Barockornamentik ziert die Kirchen von **Fertőszéplak** und **Fertőszentmiklós.**
In **Sopronhorpács** an der Strecke nach Kőszeg wird man gern halten, um das achthundertjährige Rundbogenportal an der katholischen Pfarrkirche zu bestaunen. Kein Glück ist leider dem beschieden, der das grenzunmittelbare Barockschloß von *Zsira,* einen früheren Besitz der kroatischen Magyaronenfamilie Pejachevich, in Augenschein nehmen will: es liegt, kaum einen Kilometer von Österreich entfernt, in der Sperrzone. Da hilft kein Bitten und kein Flehen: der Wachtposten bleibt freundlich, aber hart. Auch die Ortskirche samt ihrem schmuckreichen Rokokoaltar bleibt uns verborgen.
Besser ergeht es einem im Landesinneren: knappe zehn Kilometer südwestlich steht in **Bük** zwischen alten Bäumen das anmutige Rokokoschlößchen der Grafen *Szápary,* das nach gründlicher, stilgetreuer Instandsetzung nun den Kurgästen des Thermalbades als vornehme Wohnadresse zur Verfügung steht. Die Dame an der Rezeption gestattet uns einen Rundblick auf die Räumlichkeiten: sie ist sichtlich stolz auf die wiedergewonnene Eleganz. Sogar Filme werden hier jetzt von Leuten aus Budapest gedreht.
Die protestantische Dorfkirche von **Nemeskér,** etwas abseits der Plattenseestraße Nr. 84, sollten Sie keinesfalls außer acht lassen. Eine ungemein beflissene, lachende Alte schließt das Tor zum Sesam auf: wunderschön holzgeschnitzter, bemalter Bauernbarock empfängt uns. Begeistert zeigt die Führerin auf

Ungarische Spruchweisheit

Den Menschen nimmt man beim Wort, den Ochsen beim Horn.

*

Der Mensch steht, solange Gott es will.

*

Der Mensch ist wohlfeil, wo es viele gibt.

*

Ein großer Mensch stolpert groß.

Kanzel, Bänke und Decken; ich bereite ihr große Freude, als ich eine Serie von Ansichtskarten kaufe und den Preis um ein bescheidenes Sümmchen aufrunde. Nach überschwenglichem Abschied gehe ich die paar Schritte bis zum lieblichen, aber wenig originellen Gotteshaus der Katholiken. Mein Wurf in den neubarocken Opferstock beruhigt das Gemüt der pausenlos lächelnden Kirchenfrau. Sogleich eilt sie mit einer Kerze herbei, die sie für Fremde auch anzündet.
Kaum zwanzig Minuten südlich, in **Sárvár,** liegt die frühbarocke Wasserburg der Grafen *Nádasdy,* ein Mittelpunkt der westungarischen Reformation. Der Renaissanceepiker Sebastian Tinódi schrieb hier seine Gedichte und Chroniken vom schrecklichen Türkenleid. Zwei Erstlingswerke, eine lateinisch-ungarische Grammatik und die früheste magyarische Bibelfassung, kamen in der Druckerei von Sárvár heraus. Das Museum zeigt Kunsthandwerk, Gold- und Silbergefäße, klassisches Porzellan, historische Möbel, alte Dokumente, Originaltraktate protestantischer Humanisten, die Geschichte von Burg, Ort und Region. Die bunten Wandmalereien, Fresken und Kachelöfen der spätbarock ausgestalteten Prunkräume

bestechen am meisten. Den repräsentativsten Saal schmückt ein Deckenfresko, das den Krieg mit Osmanenheeren anschaulich schildert.
Den freien Rundgang um die Burg verdankt man späteren, sehr erlauchten Eigentümern, dem österreichischen Erzhaus, dann den Wittelsbachern, die den Graben trockneten und Bäume pflanzten. Heute ist Sárvár Kulturzentrum der Region; mitunter finden hier Konzerte statt.

Ein süßes romanisches Dorfkirchlein inmitten eines Grünangers befindet sich in **Csempeszkopács;** der Verkehr ist minimal, nur vertraute Haustierlaute dringen dann und wann aus der ländlich duftenden Stille. Zwei betagte Bauern unterhalten sich, zur Sonne blinzelnd, auf der brüchigen Bank. Ein jüngerer weiblicher Schlüsselwart kommt aus dem Gemüsegarten geschlurft und läßt uns ein: der kleine Innenraum wurde mit der Zeit stark verändert, das Äußere hingegen scheint stilrein, wahrscheinlich wurden spätere Schichten beseitigt.
Das eindrucksvollste romanische Bauwerk der Gegend, dank den beiden Türmen schon von weitem erkennbar, blieb die fern der Zivilisation zwischen *Szombathely* und *Körmend* auf einem Hügel am Waldesrand gebaute Abteikirche zum heiligen Georg in **Ják.** Um 1900 nach der Art Viollet Le Ducs vom Verfall zu neuem Leben erweckt, besitzt das frühere Gotteshaus der Benediktiner (das Kloster verschwand schon vor Jahrhunderten) das schönste, am besten erhaltene Portal der ungarischen Spätromanik, man merkt den sich bereits abzeichnenden Übergang zur Frühgotik. Die Monumentalskulpturen stellen Christus und die zwölf Apostel dar, sie erinnern deutlich an den Bamberger Dom. Den Innenraum umspannen Kreuzrippengewölbe, das Chorfresko versinnbildlicht Sankt Georgs siegreichen Kampf mit dem Drachen.

Westportal der romanischen Kirche

Eine Viertelstunde weiter südlich beherrscht das mächtige, von einem Park umgebene *Barockschloß der Batthyány,* heute Domizil einer Landwirtschaftsschule, die Kleinstadt **Körmend.** Die milde, von Hügeln, Bächen und verschlafenen Dörfern geprägte Landschaft des **Őrség** am Dreiländereck kostet man nur dann richtig aus, wenn man sie mit Muße durchstreift. Die Warth greift, historisch gesehen, auch auf grenznahe Gebiete des heutigen Österreich und Jugoslawien über. Ihr Kern liegt aber auf ungarischem Boden, dort, wo die magyarischen Grenzwächtersiedler schon vor 1000 Jahren als freie Bauern lebten und die bestehenden Dörfer tatsächlich auf Gründungen bald nach der Landnahme zurückgehen. Jede Sippe errichtete auf einem anderen Hügel ihre Häusergruppe, die Gegend war reich an Bäumen, und Holz war das natürliche Baumaterial. Die alten Getreidespeicher, Glockenstühle und strohgedeckten Höfe stehen unter Denkmalschutz. In **Szalafő** vermittelt das ethnographische Freilichtmuseum *Pityerszer* eine Vorstellung von der traditionellen Lebensweise der Landwirte, Imker und Harzschöpfer, **Magyarszombatfa** ist Mittelpunkt des Töpferhandwerks. In **Őriszentpéter** gibt es eine romanische, in **Velmér** eine vom Ort abseits stehende, liebliche frühgotische Dorfkirche mit hübschen Apsisfresken. Erschrecken Sie nicht, wenn Sie hinter der Kurve einer friedlichen, menschenleeren Landstraße plötzlich ein bewaffneter Wachtposten anhält: er prüft nur der nahen jugoslawischen Grenze wegen die Pässe und läßt uns gleich ungeschoren weiterfahren. Bald kommt man dann vom Komitat Vas ins benachbarte **Zala:** dem dortigen Őrség entspricht das hiesige **Göcsej,** eine ebenso ausgeprägte, volkskundliche Region, deren dörfliche Architektur – sämtliche Gehöfte strohgedeckt, die Dächer von Giebelbalken gestützt, in den Räumen alter hölzerner Hausrat – als Ausstellungsobjekte des Freiluftmu-

Barocke Torkonsole

seums (Skansen) am Stadtrand von **Zalaegerszeg** zu sehen ist. Der jetzt wegen des nahen Ölvorkommens rasch expandierende Komitatssitz trägt die typischen Züge einer ungarischen Provinzstadt des 18. und 19. Jahrhunderts: bescheidene Kirchen und öffentliche Gebäude im Stil des Spätbarocks, eine versteckte *Synagoge,* als breitere Avenue die *Széchenyi utca.* Bei schönem Wetter essen in den Straßenkaffees lustige Jugendliche Eis, der Gehsteig ist ihr Korso, auf dem man langsam hin- und herschlendert, einmal hier, einmal dort Bemerkungen austauschend. Das alte *Gasthaus Zum Goldenen Lamm* (Arany Bárány), als Ibusz-Hotel adaptiert, bietet, zumal was die Desserts anbelangt, fast unerwartet gute Küche. Wohnen sollte man lieber im nagelneuen Hotel Balaton.

Etwas großstädtischer wirkt **Nagykanizsa,** 50 Kilometer südlich von Zalaegerszeg unweit von Jugoslawien gelegen, zur Türkenzeit eine berühmte Festung und Sitz von Wilajet-Behörden. Seit dem Bau der Eisenbahnlinie von Budapest über den Plattensee nach Agram und Fiume während des franzisko-josephinischen Hochliberalismus genießt Nagykanizsa den Ruf einer mittleren Industrie- und Handelsstadt. Die Straßenzüge des Zentrums, wesentlich vom Stil der Ausgleichsära geprägt, bilden ein geräumiges Ganzes mit ein paar hübschen Winkeln, zwei Barockkirchen, einer klassizistischen Synagoge und dem langen Szabadság-Platz, auf dessen Rasenfläche nach dem Krieg das Denkmal der Roten Armee aufgestellt wurde. Hat man zwischen den privaten Ständen das lautstarke Treiben des wöchentlichen Gemüsemarktes verfolgt, spürt man schon Hunger auf ein richtiges Essen: der antiquierte Speisesaal des Hotels Central bietet den richtigen Rahmen. Der alte Bahnhof am Stadtrand läßt das Herz jedes Zugromantikers höher schlagen. Wir unternahmen vom jugoslawischen Čakovec aus einen winterlichen Tagesausflug nach

Nagykanizsa: auf der Hinfahrt mit dem dieselgetriebenen Schienenbus über die Murauen bis Murakeresztúr, von dort mit dem Eilzug noch zehn Minuten ans Ziel. Abends trat man den Rückweg mit dem Adria-Expreß über Gyékényes bis Koprivnica an. Jedesmal wurden an der Grenze höchstens zwei oder drei Passagiere kontrolliert – bei lässiger Genauigkeit der Organe.
Wieder in Zalaegerszeg, lohnt sich noch ein Abstecher zu zwei nahen Residenzen: am Ufer der Zala erstreckt sich, von den üppigen Laubbäumen des schönen Parks abgeschirmt, das würdevolle *Barockschloß der Batthyány* in **Zalaszentgrót**; die umgebauten Zimmer des frühbarocken Széchenyi-Kastells von **Egervár** stehen sogar Gästen zur Verfügung. Die Unterkünfte der Gegend sind bescheiden; wenn man nicht in Zalaegerszeg absteigt, kommt allenfalls Körmend für eine Übernachtung in Frage.

Bevor die Reise ins Südburgenland oder in die Oststeiermark weitergeht, wird der Grenzort **Szentgotthárd** historisch Interessierte anlocken; gleich hinter dem Bahndamm liegt, schon auf österreichischem Territorium, Neu-Heiligenkreuz. Das ruhige Städtchen, von unprätentiös ansprechenden Bauwerken des 18. und 19. Jahrhunderts gekennzeichnet, rankt sich um das einstige *Zisterzienserkloster,* ein nach böhmisch-österreichischer Art errichtetes Barockgebäude von *Franz Anton Pilgram* (um 1750), heute Rathaus, dessen alte Festsaalfresken *Stefan Dorfmeister* schuf. Hinter reichgeschmückter Fassade versteckt sich eine großzügig von steirischen Meistern gestaltete Ordenskirche, wie sie für mittelgroße Klöster in habsburgischen Landen als typisch gelten kann. Dorfmeisters Gemälde im Langhaus stellt die Schlacht bei St. Gotthard von 1664 dar, ein historisches Ereignis, das den Flecken an der

Die wichtigsten Ausspracheregeln

a	=	offenes o wie in Woche, eigentlich ein Laut zwischen a und o
á	=	gedehntes a wie in Datum
c	=	z
cs	=	tsch wie in Matsch
dz	=	ds
dzs	=	dsch wie in Dschunke
e	=	ä
é	=	gedehntes e wie in dehnen
gy	=	dj
í	=	gedehntes i wie in ihnen
íy	=	j
ny	=	nj
ó	=	gedehntes o
ö	=	ö kurz, offen wie in öffnen
ő	=	geschlossenes, gedehntes ö wie in höflich
s	=	stimmloses sch wie in Schutz
sz	=	scharfes s
ty	=	tch wie in Bettchen
ú	=	gedehntes u
ü	=	kurzes ü wie in Glück
ű	=	gedehntes ü wie in süß
v	=	w
z	=	stimmhaftes s wie in sausen
zs	=	stimmhaftes sch wie in Journalist

Betont wird immer die erste Wortsilbe. K, p und t werden wie im Französischen, also ohne den im Deutschen üblichen gehauchten h-Laut ausgesprochen; das r wird gerollt; b, d, f, g, h, j, l, m, n werden wie im Deutschen gesprochen.

Raab im habsburgischen Südwestungarn, unweit von Steiermark, Kroatien und osmanischem Herrschaftsgebiet, ins Blickfeld der Europäer rückte. Binnen weniger Stunden gelang es den zahlenmäßig schwächeren christlichen Truppen unter *Montecuccoli,* der türkischen Eliteverbände *Ahmed Köprülus* dank geschickter Taktik Herr zu werden. Politische Gründe, das Schwanken der deutschen Kleinstaaten und die – aus habsburgischer Sicht bestehende – Unzuverlässigkeit des magyarischen Adelsaufgebots veranlaßten den Kaiser zu raschem, für die Muslims günstigem Friedensschluß in *Vasvár* (Eisenburg). Rückblickend sehen die Ungarn darin eher eine absichtlich verpaßte Gelegenheit des Wiener Hofes, schon damals ihre Heimat ganz vom Regiment des Sultans zu befreien, hätte man doch wenigstens eine Reihe fester Plätze im Grenzsaum wieder in christliche Hände nehmen können. Ein letztes Urteil darüber zu fällen, scheint vom heutigen Standpunkt aus nicht leicht. Mißverständnisse, finanzielle Schwierigkeiten, Gleichgewichtspolitik zugunsten des damaligen Status quo im östlichen Mitteleuropa beeinflußten die Entscheidung. Schließlich hatten es auch die Türken 1663 versäumt, das so gut wie wehrlose Wien anzugreifen und damit vielleicht eine folgenschwere Machtverschiebung herbeizuführen.

Heute erinnert ein Stein bei Mogersdorf auf österreichischer Seite an das blutige Treffen. Der stille Bahnhof von Szentgotthárd macht kaum den Eindruck einer Trennungszone zweier Welten: kleine Zollämter beider Staaten befinden sich dort, neben ungarischen Fahrplänen hängen österreichische. Ein einfacher Dieselmotorwagen rollt gemächlich, manchmal ohne Fahrgäste, über die noch immer mit Stacheldrahtsperren gesicherte Demarkationslinie. Die bewaffneten Wächter an der Strecke winken: unmartialisch zeigen sie die lachenden Gesichter sorgloser Bauernburschen.

Transdanubien II: Kleine Ungarische Tiefebene

Nordwestliches Grenzgebiet zwischen Donau und Hanság (Waasen)

Einst sagte der Volksmund der Moor-, Sumpfwiesen- und Naßwaldlandschaft des Hanság nach, sie sei unheimlich gefahrvoll; das ist vorbei, doch wird auch heute kaum ein Durchschnittsbesucher das unwegsame Gelände unterhalb des burgenländischen Seewinkels betreten. Keine Straße durchquert dieses Naturschutzgebiet; es ist wesentlich kleiner als früher; schon lange vor dem Krieg wurde es durch den Einserkanal (Hansági-főcsatorna) entlang der österreichischen Grenze entwässert, und nach 1945 wurden Teile des Gebietes trockengelegt.

In alten Zeiten erzählte man sich Schauermärchen über nächtens verschwundene Wanderer und Reisende, die von Irrlichtern oder bösen Geistern auf Nimmerwiedersehn in grausliche Tiefen gelockt oder von Räubern ins Jenseits befördert wurden.

Auch der merkwürdige Fischmensch Istók Hany soll hier sein Unwesen getrieben haben. Jetzt ist dem Paradies der Vögel

und Pflanzen eine Dépendance des Burgmuseums von **Mosonmagyaróvár** gewidmet.
Ein neoklassizistisches Gebäude mit Säulenvordach an der großen Transitstraße des Ortes gibt mit archäologischen Funden des römischen Ad Flexum, bäuerlichen wie bürgerlichen Gebrauchsgegenständen, Kleidungsstücken und Kunsthandwerk der Neuzeit, etwas politischer Lokalgeschichte in Urkunden, Fahnen und Flugschriften sowie mit Historien- und Genremalerei eine Vorstellung von der Vergangenheit des Komitats Moson. Alte Waffen und Uniformen sind in den Sälen des Burgmuseums ausgestellt; Schulkinder, von der Lehrerin ermahnt, sich nicht an den Dreschflegeln und Morgensternen zu vergreifen, lassen ihrer Phantasie die Zügel schießen. Der Aufseher erzählt ihnen auch von den schrecklichen Begebenheiten: Besonders die Buben hören so gespannt zu, daß ihnen die Münder offenstehen.
Die Burg, von einem Erdwall umgeben, schmiegt sich zwischen Pappeln und Kastanien an die Flußarme der **Leitha.** Neben der trotz Veränderungen dem frühbarocken Grundschema der vier Ecken und Bastionen treugebliebenen Feste, heute Agrarwissenschaftliche Hochschule, verläuft über die alte, von Barockheiligen bewachte Brücke die Preßburger Staatsstraße. Vielen Herren und Zwecken diente das Castrum: *Óvár* (Altenburg) entstand, nachdem die Böhmen König Ottokars das von den Arpaden zum Schutz vor den Babenbergern errichtete *Moson* (Wieselburg) 1271 ganz vernichtet hatten. Sultan Solimans Heere brandschatzten Altenburg 1529, italienische Ingenieure bauten es dann zu einem Schutzschild gegen die allenfalls auf Wien vorstoßenden Osmanen aus. 1683 aber bereitete es *Kara Mustafa* keine Schwierigkeit, Óvár an sich zu reißen. Erst die Tage *Karls VI.* und seiner Nachfolger brachten normale Lebensbedingungen: der Sitz

des Obergespans von Wieselburg wurde Umschlagplatz des niederungarischen Getreides und blühte wirtschaftlich auf, freilich im Schatten der nahen Bischofsstadt Raab. Eine Reihe schmucker, von typisch provinziellem Spätbarock und Biedermeier geprägter Bürgerhäuser – manche davon entstammen ursprünglich früheren Epochen – erstreckt sich entlang der Hauptstraße. Im Vorfeld der Burg liegen, in Respektabstand zur *Mariensäule,* das klassizistische, nun vom Stadtrat verwendete *Komitatshaus,* das traditionsreiche kleine Hotel Zum Schwarzen Adler (Fekete Sas) und ein barockes Wohnhaus, das *Nikolaus Lenau,* dem deutschsprachigen Romantiker aus dem Ungarlande, 1822/23 Unterkunft bot. Lenau studierte an der Landwirtschaftsakademie, die 1818 der neue Besitzer von Óvár, *Herzog Albert von Sachsen-Teschen,* für künftige Gutsverwalter und modernen Methoden aufge-

---

65 **Sopron,** in der Altstadt; der Feuerturm im Hintergrund

66 **Kőszeg,** der Jurisich-Platz mit den Pfarrkirchen St. Emmerich und St. Jakob

67 **Mosonmagyaróvár,** die Burg, Lenaus Studienstätte
Győr, barocke Häuser am Széchenyi-Platz

68 **Esztergom,** die Donau und die Fähre nach Šturovo (ČSSR)
Esztergom, Vizivárosi-Kirche (Wasserstädter Pfarrkirche), Basilika und Burg

69 **Visegrád,** barockes Tor; im Hintergrund die Festung

70 **Szentendre,** der Burghügel (Várdomb) mit der römisch-katholischen Kirche (erste Steinkirche der Stadt) und im Hintergrund die griechische Kirche («Blagovesztenszka»)
Szentendre, Freilichtmuseum (Skansen): Wohnhaus aus Milota (Oberes Theiß-Gebiet)

71 **Gödöllő,** das Grassalkovics-Schloß
Vác, der 15.-März-Platz und die barocke Dominikanerkirche

72 **Eger,** der Fluß Eger

fotó
szaküzlet

TENISZPÁL
BEJÁRAT
NYITVA

schlossene Söhne des Adels in seiner Burg eröffnete. Ähnlich betätigten sich fortschrittliche Magnaten und Fürsten des östlichen Europas und Deutschlands schon seit Ende des 18. Jahrhunderts als Gründer landwirtschaftlicher Schulen, dem Erbe des aufklärerischen Physiokratismus getreu. Ungarisch-Altenburg zog nicht nur Untertanen der Stephanskrone an, die Hörer kamen auch aus den habsburgischen Erblanden, ja sogar von weiter her.
Im Schwarzen Adler soll 1619 *Gábor Bethlen* von Siebenbürgen, zeitweise Herr des Ortes, übernachtet haben. Er würde den Gasthof kaum wiedererkennen. Doch uns freut es, zu warmer Nachmittagsstunde im erholsamen Innengarten bei Espresso und Eis sitzend, das Ganze sehr nach Vorkriegsstil, leichter Zigeunermusik lauschend, den Bücklingen des langgedienten, einen speckig verfärbten Frack tragenden Kellners zuzusehen. Der penetrante Fettgeruch aus der Küche ließ uns von einer Hauptmahlzeit Abstand nehmen.

Wäre nicht die wichtige Verkehrsader E5, über die internationale Reisende rasch vorbeiflitzen, das beschauliche Kleinstädtchen bliebe fern jeglicher Ereignisse: das bißchen Leichtindustrie und die Agrarhochschule machen das Kraut noch nicht fett, seitdem die Doppelgemeinde Mosonmagyaróvár keinen administrativen Rang mehr hat. Ein Teil des heutigen Nordburgenlands unterstand vor 1918 dem Mósoni Vármegye, dem Wieselburger Komitat, einer der vier «Stammburgen» des jüngsten österreichischen Bundeslandes, von der keine auf dem Boden der jetzigen Republik Österreich liegt. Später fügte man die geschrumpften Komitate Moson, Sopron und Győr zu einer neuen Verwaltungseinheit zusammen. Die heißen Stunden von 1847, als Széchenyi vom Adel zum Reichstagabgeordneten für das Komitat Moson gewählt wurde,

sind längst vergessen. Ebenerdige Bauten pannonischer Akkerbürgerarchitektur umgeben die bescheidene barocke Pfarrkirche; auf den Bänken vor der Grünfläche ruhen sich Mütter mit Kinderwagen vom Spaziergang aus; zwei oder drei junge Burschen, als Statussymbol ihre Bluejeans mit amerikanischen Etiketten zur Schau tragend, lungern gelangweilt an den Gassenecken herum, während gichtgeplagte Greisinnen langsam watschelnden Schrittes zur Kirche schlurfen.
Hinter der Burg, deren unscheinbares Erfrischungslokal ein paar durstige Gäste bewirtet, dehnt sich der wildromantische, dennoch von angenehm luftigen Spazierwegen durchzogene Parkwald an den trägen Läufen der Leitha aus, ein winziges Tivoli; ja Reitpfade für Pferdeliebhaber fielen uns auf, bevor wir den Weg in die abgeschiedene Aulandschaft des Szigetköz fanden, ein vormals nur von Fischern spärlich bewohntes Waldgebiet zwischen Seitenarmen der Donau. Ursprünglich stammt Schloß *Hédervár* aus dem Mittelalter; der barock zurechtgeformte Bau beherbergt eine Volksschule. Der geheimnisvolle englische Park – seine Kieswege führen vorbei an den würdigen Baumriesen – ist für Fremde frei zugänglich. Er umschließt das Adelsnest mit einem unübersichtlichen Kranz von Wipfeln, Blättern und Gestrüpp, in dem Tauben gurren und Spatzen zwitschern. Ministerpräsident Graf *Károly Khuen-Héderváry,* altliberaler Regierungsschef von 1910 bis 1912, mag in der Stille seines Gutes nach Möglichkeiten gesucht haben, das von schweren innenpolitischen Krisen um Klassen- und Volkstumskampf, um Militärsubsidien und Wahlrechtsreform geschüttelte Ungarn zu beruhigen; gefunden hat er sie jedenfalls nicht.

Südwestlich der Schnellstraße E5 ruht inmitten der Bauernhöfe des Dörfchens **Lébénymiklós** die häufig arg beschädigte,

Engel am Portal der romanischen Kirche von Lébény

vom Nürnberger Kunsthistoriker August von Essenwein vor rund 100 Jahren stark restaurierte *Abteikirche St. Jakob* des einstigen Benediktinerklosters Lébény: was sich heute bietet, ein zweitürmiges Gotteshaus der Spätromanik, erinnert an Corvey und Cluny. Und der Kontrast zwischen diesem Monument irreal stiller, vergessener Größe und den unscheinbaren Gehöften und wogenden Ährenfeldern der Kleinen Tiefebene, irgendwo an einem schmalen Schotterpfad, der sich im endlosen Nichts des Horizonts aufzulösen scheint – das ist schon faszinierend.

Csorna liegt 20 Kilometer südwestlich von hier, an der Strecke Győr–Sopron, ein riesiges Straßendorf, in dem vor allem die ehemalige *Prämonstratenser-Propsteikirche* interessant ist. Das ursprünglich romanische Münster, von dessen ehrwürdigem Alter ein Relief des heiligen Michael zeugt, erhielt um 1780 sein barockes Antlitz nach böhmischem Vorbild. Eines der beiden italienischen Renaissancegemälde – die Kirche war ja schon 1578 erneuert worden –, der heilige Sebastian, soll der Schule Guido Renis entstammen.

Mehr kleinstädtischen Charakter verrät **Kapuvár,** wo auch Touristen, die in Raab oder Ödenburg keine Unterkunft finden, sicher vom Hotel Hanság aufgenommen werden. Beispiele heimischer Volkskunst des *Rábaköz,* einer Gegend, die sich ungefähr auf die Flußgabel zwischen Rába und Duna südlich von Mosonmagyaróvár erstreckt, entdeckt man in den wenigen Vitrinen des Regionalmuseums. Die Farbenfreude der Frauentrachten, Stoffe aus Samt und Atlas, mit Blumen- und Vogelmustern betupfte Kleider bestechen das Auge; noch vor kurzem traten Einheimische bei wichtigen Anlässen in diesem festlich hohen Sonntagsstaat auf.

Győr (Raab), Stadt der Geistlichen und Bürger

Unterwegs von Wien nach Budapest eilen die meisten Autofahrer über die breite Fernstraße am Zentrum von **Győr** vorbei. Sie berühren nur den Rand; die bombastische Neubarocksilhouette des franzisko-josephinischen *Rathauses* bemerken sie gerade noch auf der einen Seite, das Hotel Rába auf der anderen. Wenn man von der Grenze her in die Innenstadt kommt, fallen einem links viele Barocktürme auf; nicht zu übersehen ist auch die Rundkuppel der *Synagoge.* Raab zählt wegen seiner Maschinenindustrie zu den wichtigsten Ballungszentren des Landes und erfreut sich einer bis auf die Tage des römischen Arrabona zurückreichenden Handelstradition. Die günstige Verkehrslage am Zusammenfluß vierer Wasserläufe – einem Nebenarm der Donau, der Raab, der Rabnitz und der Marcal – machte Győr zum bedeutendsten Umschlagplatz Westungarns für Vieh und Getreide.
Seit 900 Jahren Bischofssitz, teilt sich das alte Győr in eine geistliche Oberstadt auf dem Kapitelhügel und eine bürgerliche Unterstadt zu deren Füßen.

Nur kurz in türkischen Händen (1594–1598), blieb die von Deutschen und Magyaren bewohnte Gemeinde katholisch-habsburgisch. Das gelungene Zusammenspiel von Renaissance und Barock, die stimmungsvollen Gassen und Winkel zwischen kleinen, mit saftigen Farben bemalten Häusern, denen kunstvolle Erker, Gesimse, Portale und Wappen, stille Höfe und knarrende Treppen beschauliche Zartheit verleihen, erwecken nostalgische Sehnsüchte. Ein sonniger Wintersamstag, von dicht liegendem Schnee gedämpfte Schritte, Pferdegetrappel, blasse Sonnenstrahlen auf den historischen Fassaden, keuchend gebeugte Mütterchen, die faltigen Gesichter halb hinter Kopftüchern versteckt, schneeballspielende Kinder, ein paar Zigeuner in abgerissenen Mänteln, kristallener Rauhreif auf den Baumwipfeln der Rába-Insel: das fast unwirkliche Stimmungsbild bleibt unvergeßlich. An heißen Sommerabenden wird an Ständen Eis feilgeboten, schwärmen junge Leute durch den Korso der **Aradi Vértanúk útja,** einer Fußgängerstraße im Provinzstil der Monarchie: es ist rundum lebhaft laut, aber nicht ermüdend lärmig, es ist gemütlich ohne Ausgelassenheit, die Menschen scheinen einander nahe und fern von jeder Politik zu sein, dennoch ist die Atmosphäre volksdemokratisch bescheiden.

Der halbe Speisesaal des Hotels Rába gehört einer Hochzeitsgesellschaft: kreischende Musik, bäuerliche Lautstärke der Stimmbänder und rustikale Festtagskleidung, man ißt und trinkt eine Menge, prostet dem Fremden am Nachbartisch zu, erhebt das Glas zum Wohl des jungen Paares.

Die Läden, gutbestückte Haushaltsartikel- oder Lebensmittelgeschäfte, wurden von Burgenländern und Niederösterreichern entdeckt; das mengenmäßig erhebliche Textilangebot im ABC-Áruház läßt, ebenso wie die ausgestellten Schuhe, seiner grauen Häßlichkeit wegen leicht erschauern. Warum

sich wohl Sozialismus und Ästhetik so schwer vereinbaren lassen? Nun, die Menschen scheinen sich nicht zu beklagen, es fehlt kaum an Gebrauchswaren, nur macht die Teuerung so manches fast unerschwinglich.
Die Wochenmärkte am Ufer der *Mosoni-Duna* gleichen denen anderer Städte, reges Stimmengewirr zwischen den Ständen mit Geflügel, Gewürzen, Gemüse und Obst; Kunden verstauen Erworbenes auf Fahrrädern, Verkäufer ziehen Reserven aus ihren Handkarren, man wiegt, man feilscht, man tratscht; auch ohne übertriebene Hygiene läßt sich wunderbar leben.
Jenseits der Rába-Insel bleiben die halbdörflichen Randbezirke unverfälscht: Kopfsteinpflaster, schadhafte Gehsteige, ebenerdige, abgewohnte Vorkriegshäuser, wenig Autoverkehr, Kohlenhaufen vor bretterverschlagenen Hinterhöfen, klapprige, pechschwarzes Benzin aushustende Lastwagen oder müde, vor Leiterwagen gespannte Gäule, dazu Chauffeure, Kutscher und Lieferanten, ebenso sauber wie ihre Umwelt. Die konfessionellen Minderheiten scheinen hier, an der *Kossuth Lajos utca,* ein Randdasein zu fristen: die lutherische, die reformierte und die orthodoxe Kirche, dazwischen ein Pfarrkirchlein der Katholiken und der geschlossene Israelitentempel des Wiener Architekten Fränkl (1870), trauriger Koloß ohne Zukunft. Die Charakteristik dieser Vororte tritt auch anderswo noch zutage, weit weniger schon als in Rumänien, im Osten der Slowakei, Polens oder gar in der Sowjetunion, demonstriert aber deutlich, daß die sterbende Dorf- und Kleinstadtwelt des alten Ungarn noch lange nicht tot ist, auch wenn Juden, frühere Oberschichten und umgesiedelte Volksgruppen fehlen.
Die eigentliche, königliche Freistadt Raab (1745 verlieh ihr Maria Theresia dieses Statut) erstreckt sich über ein größeres Eck zwischen Rába und Mosoni Duna. Der bischöfliche **Káp-**

Firegyszekrény, barockes Bundesladendenkmal (Gutenberg-Platz)

talan-domb (Bischofsburg) thront nach wie vor über dem Siedlungskern. Krumme Barockgäßlein oder schmale Stiegen trennen den verlassenen Domhügel von den belebten Wohngegenden. An der Rába-Seite stehend, bemerkt man die bräunlichroten Festungswälle der größtenteils verschwundenen Renaissanceburg, eines Werks oberitalienischer Baumeister. Während der Sommersaison steht ein kleines *Vármuzeum* (Burgmuseum) auf der Bastei zur Besichtigung offen.

Das außen barockisierte Bischofspalais birgt einen gotischen Turm und die *Orban-Dóczy*-Kapelle, deren Sterngewölbe zwar echt ist (1486), aber 1858 störend greller Historisierung erlag. Der *Liebfrauendom* liegt in der Mitte des Martinovics-tér. Ob der Name des Platzes, vom 1795 hingerichteten Jakobinerführer abgeleitet, den richtigen Bezug zur acht Jahrhunderte alten Bischofskirche herstellt, scheint fraglich. Die nördliche Apsis des Domes bleibt jedenfalls durch ihre typische Rundform rein romanisch, die Westfassade bietet sich heute mit klassischem Antlitz dar. Der Altar der *Hédervàry-Kapelle* (St.-Ladislaus-Kapelle) trägt das bekannte Kopfreliquiar des heiliggesprochenen Königs Ladislaus, eingefaßt in vergoldetes Silber. Auf den Bischof der maria-theresianischen Ära, *Franz Graf Zichy,* geht die spätbarocke Innenausstattung des Domes zurück samt Maulbertschs Fresken und dem Hauptaltar von *Melchior Hefele.* Der *Domschatz* – Kelche, Meßgewänder und Insignien der Raaber Oberhirten – gilt als der zweitreichste Ungarns nach dem von Gran; zu den besten Bibliotheken des Landes gehört die *Diözesanbücherei* (Káptalan-domb 26) im einstigen Priesterseminar. Das einstöckige Haus gotischen Ursprungs (Nr. 15) wurde Ende des 18. Jahrhunderts nach Zopfstilart rokokomäßig zur Dompropstwohnung umgestaltet. Streift man länger durch das Viertel, wird sich wohl ein freundlicher Priester finden, der – in die tradi-

Kisfaludy-Theater: moderne Architektur am Rand der Altstadt

tionelle Soutane gehüllt und Hungarodeutsch umständlich parlierend – gern Rede und Antwort steht.
Vom kleinen Gutenberg-Platz genießt man hübsche Anblicke barocker Fassaden den Domhügel aufwärts; das glänzende Bundesladedenkmal in der Mitte des Plätzchens schuf *Antonio Corradini* nach Entwürfen *Fischer von Erlachs.* Pastellfarbene zierliche Architektur aus den Tagen, da die Länder der Stefanskrone zum Regnum Marianum erkoren wurden, prägt die lieblichen Gassen, die den Donautorplatz vom Herzen der Stadt, dem perspektivischen *Széchenyi tér,* trennen. Auch Renaissancehäuser findet man hier, ebenso wie Schöpfungen des Klassizismus, doch gibt es nichts, das dem organisch gewachsenen Gesamtbild zuwiderläuft.

So zählen die Ungarn

eins	egy	dreißig	harminc
zwei	kettő	vierzig	negyven
drei	három	fünfzig	ötven
vier	négy	sechzig	hatvan
fünf	öt	siebzig	hetven
sechs	hat	achtzig	nyolcvan
sieben	hét	neunzig	kilencven
acht	nyolc	hundert	száz
neun	kilenc	hunderteins	százegy
zehn	tíz	zweihundert	kétszáz
elf	tizenegy	dreihundert	háromszáz
zwölf	tizenkettő	tausend	ezer
zwanzig	húsz	zweitausend	kétezer
einundzwanzig	huszonegy	Million	millió

Die *Mariensäule* auf dem **Széchenyi tér** – in ihrer Nähe kann man das Auto unter Bewachung abstellen – erinnert an die Rückgewinnung von Ofen 1686; Erzbischof Leopold Kollonich ließ sie errichten. An der Südseite des Platzes steht die hochbarocke zweitürmige *St.-Ignatius-Kirche;* sie folgt dem Grundplan der römischen Il Gesù. Die herrlichen Deckenfresken und das Hochaltarbild zu Ehren des heiligen Ignatius von Loyola malte 1744–1747 *Paul Troger.* Im Refektorium des angrenzenden Ordenshauses ist frühbarocke Stuckornamentik zu sehen. Das Torwappen stammt von einem Bischof aus der Zeit Leopolds I., dem Grafen *Georg Széchenyi* (1667). Die nahe Jesuitenapotheke steht unter Denkmalschutz und dient immer noch ihrem ursprünglichen Zweck; der barocke Schmuck an Wänden und Gewölben bildet einen wohltuenden Kontrast zum nüchternen Arzneimittelverkauf von heute.

Das stattliche Palais gegenüber (Széchenyi-Platz 5), eine frühere Residenz der Äbte von St. Martin (Pannonhalma) mit reichverziertem Erker, großzügiger Innentreppe und prunkvollem Balkonsaal, dient jetzt, nach dem Naturforscher János Xántus benannt, als *Museum für Kunst und Geschichte* von Győr. Der Rentner, der mit zittrigen Händen die Eintrittskarten verkauft, erzählt in mühsamem Deutsch seine Träume von seiner Heimatstadt Kaschau, von der Glorie des alten Ungarn und den ganz fernen Tagen, als Mitteleuropa weder von Grenzen durchschnitten noch (wie er meint) von Gegensätzen zerrissen war.

Zwei frühbarocke Bauten, das *Türkische Haus* an der Ecke zur Stelczer-Gasse und das *Stock-im-Eisen-Haus,* das gleich der Wiener Innenstadt einen Baumstamm mit eingeschlagenen Nägeln wandernder Handwerksgesellen bewahrt, lenken die Aufmerksamkeit auf sich. Das Kresztá-Haus und das Haus der Kapitelmusiker (Rózsa Ferenc utca) sind ebenso hochbarock wie die nahe *Ursulinenkirche.*

Das *Alte Rathaus* (Rákóczi utca 1) bietet barockisierte Renaissance, über dem Tor das historische Wappen von Győr. Ein Arkadenhof eröffnet sich im Inneren des Ungarischen Hospitals (Nr. 6), das Bischof Széchenyi 1666 den Magyaren als Altersheim zur Verfügung stellte. Das entsprechende Deutsche Hospital liegt in einer Quergasse, der *Vörösmarty utca.* Die parallellaufende *Liszt-Ferenc utca* säumt eine Reihe repräsentativer Stadtpalais des 16., 17. und 18. Jahrhunderts: die Curia Nobilitaris mit Erker, von 1565 (Nr. 1), das ehemalige Adelskonvikt der Jesuiten (Nr. 6), das Komitatshaus (Nr. 13, Sitz des Provinziallandtages) und das besonders kunstvoll verschnörkelte Haus der Grafen Zichy (Nr. 13); die meisten Gebäude sind mit besser oder schlechter erhaltenen Arkadenhöfen ausgestattet. Den marmornen Gedenktafeln an Nr. 13 zufolge wohnten hier der Polenkönig *Jan Sobieski* nach dem siegreichen Entsatz Wiens 1683 und 1840 der Komponist *Franz Liszt.*

Jenseits des Széchenyi-Platzes in westlicher Richtung sind zwei Häuser der homogen barocken *Kazinczy utca* besonders bemerkenswert: Nr. 4 dank dem Erker, Nr. 21 durch den Pelikan an der Giebelmauer. Der **Köztársaság ter** am Rába-Ufer, in den die Gasse mündet, bildet eine malerische Komposition: die üppige, spätbarocke Verzierung der an Bayern und Oberösterreich erinnernden Wohnhäuser Nr. 12 und 13 neben der schönen *Karmeliterkirche* mit Altarbildern von *Martino Altomonte* und *Johann Kastner.*

In der Alkotmány utca 4, einer Esterházyschen Stadtresidenz, übernachtete Napoleon 1809, nachdem er kurzerhand das ungarische Adelsaufgebot überrannt hatte. Seit 1753 besteht die Bäckerei im Zopfstilhaus Nr. 6; der zweistöckige Gasthof Zum Schwarzen Adler (Nr. 10) nahm zwar vor 400 Jahren Gäste auf, jetzt wohnen dort seit vielen Generationen nur ständige Mieter. Das elegante, statuengeschmückte Palais (Nr. 15) trägt das Wappen von *Gábor Esterházy;* weit früher schon gehörte es einem italienischen Kaufmann.

Über die Lenin oder die Czuczor utca, typischen Gassen des 19. Jahrhunderts mit einigen Geschäften, kehrt man zum Ausgangspunkt auf dem Szabadság tér, dem Freiheitsplatz in der Nähe des Rába-Hotels, des Bahnhofs und des Busbahnhofs, zurück.

Von Wien läßt sich Győr in einem Tagesausflug kennenlernen: man kann den Autobus benützen, rechtzeitige Platzreservierung ist unerläßlich – dennoch gibt es keine echte Garantie für den vorgemerkten Sitz. Wer mit der Eisenbahn fährt, muß in Hegyeshalom umsteigen; mit dem eigenen Auto reist man auf jeden Fall bequemer.

Donauknie

Attraktive Flußlandschaft

Wer aus dem Westen kommt und nicht unbedingt Hals über Kopf Budapest erreichen will, sollte den malerischen Weg entlang der Donau nicht scheuen: Landschaft und Kulturdenkmäler werden ihn belohnen. Manchmal hört man Vergleiche zwischen Donauknie und niederösterreichischer Wachau. Es gibt manche Ähnlichkeit: hier wie dort bahnt sich der Strom mit mühevoller Erosion einen Weg durch die Berge – heute bewaldete, recht steil zum Ufer abfallende Grünwälle zu beiden Seiten. Zum Teil aber gibt es doch starke Unterschiede. Die ungarische Donau ist um die einmündenden Bäche und Flüsse der Karpaten verbreitert, mächtiger als die österreichische, sie bildet an mehreren Stellen kleine Inseln und Arme. Zumal zwischen Esztergom und Visegrád, wenn die Siedlungen rar gestreut sind und oberhalb der Eipel-Mündung die eigentliche, hinter Visegrád bogenförmig nach Süden verlaufende Strombiegung beginnt, spüren wir uns ins

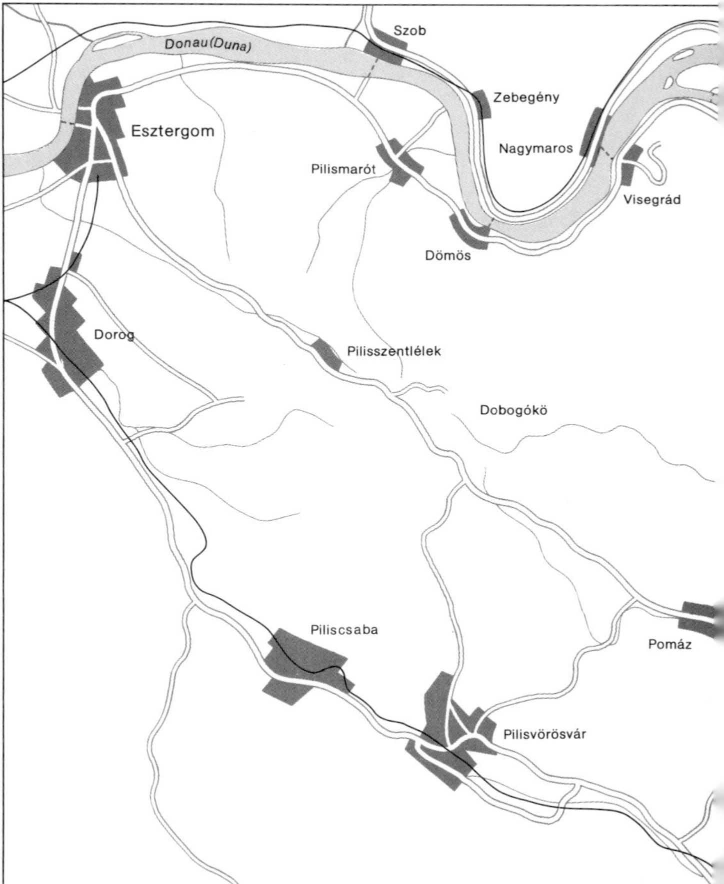

Donau (Duna)
Szob
Zebegény
Esztergom
Nagymaros
Pilismarót
Visegrád
Dömös
Dorog
Pilisszentlélek
Dobogókö
Piliscsaba
Pomáz
Pilisvörösvár
BUDAPEST

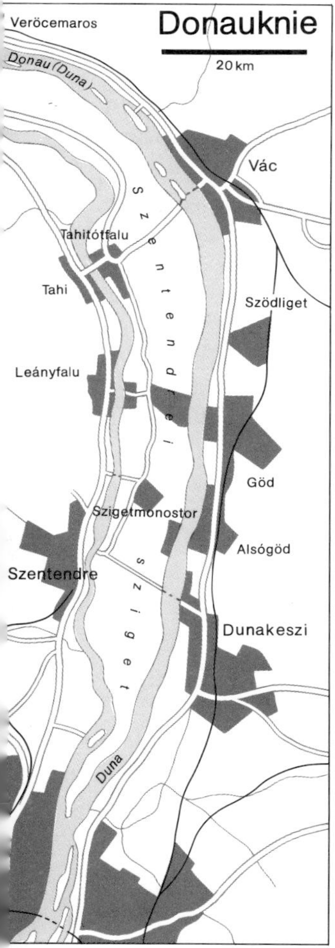

Die Donau

Die Donau (ungarisch Duna), Ungarns wichtigster Fluß, beginnt am Zusammenfluß von Brigach und Breg bei Donaueschingen in der Bundesrepublik Deutschland.

Sie ist mit 2860 Kilometern Länge nach der Wolga der zweitlängste Strom Europas. Ihr Einzugsgebiet zwischen Schwarzwald und Schwarzem Meer umfaßt 817 000 Quadratkilometer.

Die Donau berührt oder durchfließt außer der Bundesrepublik Deutschland Österreich, die Tschechoslowakei, Ungarn, Jugoslawien, Bulgarien, die Sowjetunion und mündet im Osten Rumäniens ins Schwarze Meer.

Ihre bedeutendsten Nebenflüsse sind Drau, Save und Theiß.

Der Teil der Donau, der durch Ungarn fließt, ist rund 420 Kilometer lang und trennt Transdanubien von der Großen Ungarischen Tiefebene; die wichtigsten Häfen auf ungarischem Gebiet sind Budapest und Dunaújváros.

Österreichische versetzt. Strenger, obgleich kaum weniger schön, geht es hier schon zu. Auf die lächelnde Milde der Wachau, ein Ergebnis auch der dort gedeihenden Weinreben, muß man nördlich Budapests verzichten, es sei denn im Umkreis des reizenden Szentendre, das früheren Generationen als Umschlagplatz des Weinhandels, ja selbst als Erzeuger des edlen Saftes vertraut war. – Am reizvollsten scheint die **Dreistaatenfahrt** durch das Donautal, benützt man vom Wiener Praterkai aus das Tragflügelboot: die Porta Hungarica zwischen Hainburg und Theben, dann die burggekrönte Kulisse Preßburgs, dunkle Auwälder mit seltenen Vogelarten, die Festung Komorn neben barocken Kirchtürmen, weiter die hoch über dem Wasser thronende, klassizistische Kuppel der Graner Basilika auf dem einen, die modernen Wohnsilos von Štúrovo auf dem anderen Ufer, später die mittelalterlichen Wachtürme von Visegrád, die bunte Silhouette der einstigen Serbensiedlung Szentendre machen die viereinhalbstündige Flußreise zum Erlebnis. Die übliche Strecke über Hegyeshalom und Tatabanya ist viel langweiliger.

Esztergom (Gran), des Primas Hungariae würdige Residenz

Majestätisch düster wirkt **Esztergom**, steinernes Symbol des bald tausendjährigen, christlichen Ungarns. Unten im Ort schauen wir an ergrauten Fassaden zum Berg hinauf: Ehrwürdigkeit erheischt Respekt, Kunstschätze versetzen in Staunen, doch will sich kein Gefühl der Heimeligkeit einstellen. Allzulange vielleicht ließ man die Gebäude abbröckeln, die **Wasserstadt** (Viziváros), besonders deren hohe zweitürmige Barockpfarrkirche, der Primatialpalast und die umliegenden klassizistischen und eklektischen Häuser hätten eine Renovierung dringend nötig, so die Franziskanerkirche samt theologischer Hochschule, die Diözesanbibliothek (1856) und das Balassa Bálint-Museum. Besser steht es um das Aussehen der **alten Bürgerstadt:** Ecke *Arany János utca* das einstöckige *Postamt* (1862) samt königlich ungarischem Wappen, um den *Széchenyi-Platz* das hübsche verzierte *Rokokohaus des Stadtrats,* zu Beginn des 18. Jahrhunderts Eigentum des einäugigen Kuruzenführers János Bottyán, daneben das einstige *Rathaus* (1778), weiter die beiden spätbarocken Häuser der Familien Groh (Nr. 7) und Pozzi (Nr. 15), die historisierende, frühere Bank (Nr. 21), das leicht klassizistisch anmutende Haus (Nr. 24), in dem der romantisch-panslawistische, slowakische Dichter *Jan Kollar* (1793–1852), evangelischer Pastor, eine kurze Zeit seines Lebens verbrachte, bilden den Mittelpunkt. Die *Bottyán utca* wirkt angenehm dank der homogen barokken Architektur, als deren schönste Beispiele das Meszéna-Haus (Nr. 5) und das Ordensgebäude der Benediktiner (Nr. 8) gelten können. Von den kleineren Barockkirchen des Viertels gehörte eine den Franziskanern, die andere der Pfarre, die Annenkirche von *Johann Packh* trägt das Wappen ihres Auftraggebers, des Fürstprimas *Sándor Rudnay,* und wird als Prototyp des geistlichen Provinzklassizismus angesehen. Das griechisch-orthodoxe Gotteshaus (Kossuth Lajos utca 65) erinnert an die Anwesenheit von Serben, die 1690 vor den Türken aus der Bácska hierher flüchteten.

In der *Jókai-Gasse* erweckt das *Palais Sándor* nicht nur Assoziationen mit dem Schwiegervater des verwegenen Grafen, dem Staatskanzler Metternich. *Jules Verne* nahm die Gestalt des Teufelsreiters zum Vorwand, um den imaginären politischen Freiheitskämpfer Matthias Sandorf durch halb Europa,

Úrkorporsó, Grabmal des Herrn im Christlichen Museum

einem rächenden Monte-Christo gleich, seine perfiden Todfeinde verfolgen und besiegen zu lassen. Auf halbem Weg von der Altstadt zur Wasserstadt liegt unweit der kleinen Donau das Badehotel Fürdő, dessen verstaubter Vorkriegsglanz längst von volkssozialistischer Bescheidenheit überwuchert wurde. *Endre Bajcsy-Zsilinszky* gab der Durchzugsstraße, an der das Hotel liegt, seinen Namen, der in unzähligen Orten Ungarns auftaucht: dieser Politiker der Kleinlandwirtepartei bereitete einen Aufstand gegen die deutsche Besatzung vor, er wurde dafür im Dezember 1944 vom nazistischen Pfeilkreuzlerregime mit dem Tod durch den Strang bestraft.

Das früheklektische *Bibliotheksgebäude* etwas oberhalb des Hotels birgt die achthundertjährige Bücherei der Erzdiözese: mittelalterliche Codices, Wiegendrucke und Bibeln erfreuen den Kenner. Der wertvolle Bestand, vor dem Zugriff der Türken durch Übersiedlung nach Tyrnau gerettet, hat kaum Einbußen erlitten. Im gleichen Haus können Sie sich als Illustration zur Graner Stadtgeschichte das *Bálint-Balassa-Museum* ansehen; den Exponaten aus der Osmanenzeit sollten Sie besondere Aufmerksamkeit schenken. Vorbei am kleinen Wohnsitz der türkischen Begs, an der barocken Mariensäule und an der Wasserstädter Pfarrkirche erreicht man das neue **Primatialpalais** (1880), dessen *Christliches Museum* zu den besten Sammlungen des Landes zählt. Fürstprimas Simor öffnete die Reichtümer 1876 für das Publikum; mit der Zeit kam noch Wertvolles hinzu, Gobelins, Orientteppiche, Holzskulpturen, Kunsthandwerk. Kardinal Csernoch, der Herkunft nach ein magyarisierter Slowake, erweiterte die Serie italienischer Primitiver, die Herzogin von San Marco spendete Porzellan und Fayencen.

Ungarische Tafelmalerei des Spätmittelalters sticht hervor, meist sind es Werke oberländischer und siebenbürgischer

Meister aus der Slowakei oder dem Rumänien von heute. Die historische Einheit des pannonischen Raumes, einer Zivilisationsform, die weit über die engen Grenzen des Trianon-Ungarns von 1920 hinausreichte, läßt sich hier erneut vergegenwärtigen. Das magyarische Geschichtsbewußtsein bezieht auch selbstverständlich alle Gebiete, die einst zu den Ländern der Stefanskrone gehörten, in die eigene Traditionssphäre ein. Kein Wunder, wenn das Herz noch immer an Félvidek und Erdély hängt, dem wunderbaren Karpatensaum im Norden und Osten, dessen Natur, Kultur und große Männer so stark mit dem Schicksal des Ungartums verwoben sind. Freilich, ein Fehler war es, die «natio» im 19. Jahrhundert nach modernen Begriffen als sprachliche, anstatt als objektiv staatsbürgerliche Entität aufzufassen und dem Streben der Nichtmagyaren nach Selbstentfaltung nicht das nötige Verständnis entgegenzubringen. Der Preis dafür erwies sich als enorm hoch: außer den Gebieten mit slawischen, rumänischen oder deutschen Mehrheiten mußten den jungen Imperialismen der Nachfolgestaaten auch breite Grenzstreifen mit überwiegend, ja rein magyarischer Bevölkerung geopfert werden. Ein schlechtes Erbe erwuchs daraus dem Rumpfungarn Hórthys, denn der beherrschende Gedanke des Revisionismus trieb das Land in Hitlers Arme. Die temporäre «Rückgliederung» einiger Komitate machte sich dann wahrhaftig nicht bezahlt.
Nun, aus Garamszentbenedek (Hronský Beňadik) stammt das holzgeschnitzte Heilige Grabmal: der Klausenburger *Thomas de Kolozsvár* (Cluj) schuf den gotischen Flügelaltar, dem geheimnisvollen Schemnitzer Meister «MS» aus der Bergwerkstadt Selmecbánya (Banská Štiavnica) verdanken wir vier hervorragende Tafelbilder. Die Zeugnisse toskanischer Malerei des Trecento und Quattrocento wiederum weisen auf die alte Verwachsenheit Ungarns mit der mediterra-

nen Kulturwelt hin. Gemälde von Österreichern, Bayern, Kölnern und Niederländern bedecken die Wände der übrigen Säle. Steigt man nun, nach frischer Luft lechzend, zum nahen Donaupark hinab, stößt man auf ein unscheinbares Denkmal zu Ehren des Polenkönigs Jan Sobieski, der nach zwei blutigen Schlachten und langer Belagerung Ende Oktober 1683 die Kapitulation der türkischen Festungsbesatzung erzwang.
Nur noch Fragmente der 1945 gesprengten Donaubrücke, durch ein Gittertor vom Ufer abgeschirmt, weisen traurig in Richtung des slowakischen **Šturovo.** Eine Fähre für den kleinen Grenzverkehr verbindet Esztergom mit seinem Gegenüber. Die Brückenpfeiler, weder abgerissen noch zu irgend etwas nutze, starren kahl gen Himmel. Gute 40 Kilometer westwärts muß man fahren, um den großen Strom zum nördlichen Nachbarstaat hin überqueren zu können.
Doch gehen wir hinauf zur **Basilika:** nach Plänen des Wiener Architekten Paul Kühnel leiteten zwei bekannte Persönlichkeiten, deren Namen im Zusammenhang mit ungarischen Bauwerken immer wieder auftauchen, Johann Packh, dann Josef Hild, die Arbeiten. 1832 begonnen, war das Vorhaben 1869 abgeschlossen. Mit 107 Metern Länge bei 100 Metern Höhe wirkt die Kirche aus der Nähe gigantisch. Während der sechziger Jahre habe ich Gran besucht: ein Hauch des Verfalls umgab damals das Gotteshaus, dessen Dach und Fassade schon gefährlich abbröckelten. Herabgestürzte Steinstücke lagen herum, eine Warntafel gebot Vorsicht. Die Umgebung schien menschenleer. Jetzt ist der weite Domplatz belebter, die Front erneuert, man braucht keine plötzlichen Lawinen mehr zu befürchten.
Die geschickt dem klassizistischen Kirchengebäude einverleibte *Renaissancekapelle* im linken Seitenschiff dient dem gelehrten Humanisten *Thomas Bakócz,* Primas Hungariae von

1497 bis 1521, als letzte Ruhestätte. Andrea Ferrucci di Fiesole schuf den roten Marmorsarkophag. Die Kapelle im rechten Schiff enthält das Grabmal eines anderen Graner Erzbischofs, des Habsburgers *Karl Ambrosius,* aus der Werkstatt des Canova-Schülers Pisani; sie ist Sankt Stefan dem Märtyrer geweiht. Die Bákocy-Kapelle ruft historische Reminiszenzen wach, entstammt sie doch einer älteren Bischofskirche. Die Gebete der Muselmanen wie die ihrer Bezwinger *Jan Sobieski* und *Karl von Lothringen* erklangen hier ebenso wie die des aufständischen Fürsten *Ferenc Rákoczi II.* Der Hauptaltar aus Carraramarmor trägt ein Mariä Himmelfahrt darstellendes Riesengemälde. In der Unterkirche liegen die Gebeine der toten Erzbischöfe von Esztergom. Der Anblick des Kircheninneren, stolz, kalt und imposant, bietet viel Größe, doch wenig Intimität, viel Weltentrücktheit, doch wenig Menschlichkeit. Auf den Besuch der geistlichen **Schatzkammer** sollten Sie keinesfalls verzichten: das silberne Schwurkreuz, auf dessen Heiligkeit die Monarchen bei Krönungen ihren Eid ablegten, und das apostolische, dem König bei Festivitäten vorangetragene Kreuz gehören mitsamt dem Goldkelch des Matthias Corvinus zu den Glanzstücken der Ausstellung.

1934–38 grub man die Überreste des alten Königspalastes aus, den die Arpadenherrscher Mitte des 13. Jahrhunderts den Kirchenfürsten überließen, die hier prächtig und kulturell anspruchsvoll hofhielten. *Tamás Bakócz* stand sogar während des Konklaves von 1513 im Gespräch als möglicher Nachfolger des Papstes Julius II. della Rovere. Aus den sorgfältig gesicherten Ausgrabungen ersieht man den durchaus verfeinerten Lebensstil der Großen im vorosmanischen Ungarn. Die romanische *Porta Speciosa,* die zierliche, von französischen Begleitern der Kapetingerin Margarete, Gemahlin Bélas III.

(1172–1196), gebaute Kapelle, hier und da deutliche Freskenfragmente, endlich der Saal der Kardinaltugenden (1494), dessen Wandmalereien des Florentiners Albert Prudentia, Temperantia, Fortitudo und Iustitia preisen, hinerlassen einen nachhaltigen Eindruck.

Königsfeste Visegrád

Der landschaftlich schönste Teil des Donauknies ist in **Visegrád** erreicht. Von der Ruine aus, die – ihrem slawischen Namen «hohe Burg» getreu – aus stolzer Höhe den Strom und das *Börzsöny-Gebirge* beherrscht, betrachtet man ein majestätisches Panorama, das vergleichbare Standorte der Wachau, Aggstein und Dürnstein, weit übertrifft. Donauabwärts ist *das Eiserne Tor* ein weiterer Höhepunkt.
Man macht sich heute keinen Begriff davon, wie großartig die gewaltige Visegráder **Residenz** auf die spätmittelalterlichen Besucher des Königs gewirkt hat. Die *obere Festung,* Aufbewahrungsort der Kroninsignien, war nur der höchste Ausläufer eines Verteidigungssystems, das in drei Ringen die gesamte Flußseite des Berges umfaßte. Wie der ziemlich gut erhaltene *Salomons-Turm,* ein Schutz der Unterburg, entstand die Feste im 13. Jahrhundert. Zur Zeit der Anjou-Dynastie, dann Sigismunds von Luxemburg, ja Matthias Corvinus', herrschte auf Visegrád ein Glanz, wie ihn damals angeblich nur wenige Höfe Europas erreichten. 1335 fand hier ein internationales Monarchentreffen statt, bei dem Karl Robert von Anjou den Böhmenkönig Johann von Luxemburg, den König von Polen Kasimir den Großen, den Bayernherzog Heinrich von Wittelsbach, den Wettiner Rudolf von Sachsen empfing.

Der fürchterliche Tatareneinfall von 1241 hatte schon *Béla IV.* bewogen, 1250 mit dem Bau einer uneinnehmbaren Trutzburg zu beginnen, für deren Finanzierung seine byzantinische Gemahlin Maria Lascaris ihren wertvollen Schmuck hergab. Die Ausgrabungen der letzten Jahrzehnte aber haben einen Teil dessen freigelegt, von dem ein päpstlicher Gesandter als *Paradies auf Erden* sprach: den **Frührenaissancepalast** von Matthias Corvinus, seine Hängegärten und Prunktreppen, vom König als Regierungssitz wie als Austragungsort subtiler humanistischer Dispute mit vortrefflichen Gelehrten genutzt. Auch einen Beauftragten des Sultans, so erzählt der zeitgenössische Chronist *Miklós Oláh,* soll es die Sprache verschlagen haben, als er die «Höflinge mit den von Gold- und Silberfäden durchbrochenen Seidengewändern» erblickte. Von dem kleinen Erholungsort Visegrád, den Ausflugsschiffe anlaufen, kommen wir über die Fő utca ins Schloß des Matthias, der als mächtigster Herrscher des ungarischen Mittelalters sogar die Geschicke Prags, Breslaus und Wiens bestimmen konnte. Links vom Eingang, inmitten des Ehrenhofes, steht die Kopie eines achteckigen Brunnens aus rotem Marmor, dessen Originalfragmente im Salomons-Turm zu sehen sind. Ein gotischer Kreuzgang mit Sitznischen, durch ein restauriertes sternförmiges Gewölbe abgedeckt, schließt die östliche Wand des Hofes ab. Von der darübergelagerten Terrasse aus, auf deren Höhe sich die Wohngemächer befanden, schaut man hinab zu den Dächern und Gärten von Visegrád. Einen Stock höher gab es bereits vor 500 Jahren Kalt- und Warmwasserbäder. Der berühmte Löwenbrunnen, geschmückt mit dem Rabenwappen der Corvinen aus dem Geschlecht Hunyadi, beherrscht die Szene. Reste der Schloßkapelle und der Zimmerfluchten der Königin Beatrice di Aragón vermutet man im Hintergrund. Die Grabungen werden weitergeführt, das Gra-

bungsfeld kann aber nicht unbeschränkt ausgedehnt werden, weil Wohnhäuser die Arbeiten blockieren.
Wer die dunkelgrünen Waldregionen des früheren königlichen Jagdgebiets länger genießen will, dem stehen das Hotel Silvanus über Visegrád und, tiefer im Landesinneren, das Hotel Nimrod in Dobogókő zu Verfügung.
Wanderer können bei mehrtägigen Märschen die malerischen Pfade des Pilis-Gebirges entdecken, ja sogar in einem weiten Halbkreis durch die Forste bis nach Buda vorstoßen.

Wochenendvillen, Ferienhäuser und ein beliebter Badestrand kennzeichnen den langgezogenen Donauort **Leányfalu.** Ein bedeutender Schriftsteller der Vorkriegszeit, *Zsigmond Móricz* (1879–1942), dessen sozialkritische, auch historische Themen schildernde Romane heute zur Pflichtlektüre der heranwachsenden Generation zählen, verbrachte hier viele Jahre. Gern identifiziert man sich mit dem gefährlich bewegten Leben des siebenbürgischen Fürsten Gábor Bethlen oder des edlen Räuberhauptmanns Sándor Rózsa. Schal und gewöhnlich, kaum der Beachtung wert, erscheint dann der heutige Alltagstrott des technischen Zeitalters.

Serbensiedlung Szentendre

Als kleines Juwel unter den alten Städten des Ungarlandes gilt zu Recht die barocke Serbensiedlung **Szentendre,** ein Komplex von Bürgerhäusern der Kaufleute und Handwerker, von meist orthodoxen Kirchen, verwinkelten Gäßchen, Durchgängen und schmalen Treppen. Das nostalgisch anmutende 15000-Seelen-Nest ist von Budapest mit der Bahn in

Barocke Kanzel in der ursprünglich gotischen römisch-katholischen Kirche auf dem Burghügel

knapp 50 Minuten zu erreichen (20 Kilometer). Schon im 14. Jahrhundert waren in einer ersten Siedlungsphase Südslawen auf der Flucht vor den einströmenden Türken hierhergekommen. Die große Zeit des Ortes brach jedoch Ende des 17. und Anfang des 18. Jahrhunderts an: der Massenexodus von 36000 Familien unter ihrem Patriarchen *Arsenije Crnojević*, ein letztes Zurückweichen vor den trotz Verdrängung aus Pannonien immer noch mächtigen Osmanen, bewirkte die Niederlassung von einigen tausend Serben in Szentendre, die der Kaiser bald mit Handelsprivilegien ausstattete. Maria Theresia erhob den Marktflecken sogar in den Rang einer königlichen Stadt, von deren Prosperität die reiche damalige Architektur zeugt. Freilich kam es auch zu Mißständen, weil die Ratsherren aus ihrer Funktion auf Lebensdauer vielfach einen Freibrief zur Ausbeutung der Einwohner ableiteten. Joseph II. ließ sogar eine Untersuchung durchführen, deren Ergebnis einen lauten Skandal verursachte.

Nachdem Serbien unabhängig geworden war, wanderten Dutzende Familien in die angestammte Heimat ab. Die Industrialisierung Budapests wirkte sich auf das Wohlergehen des Städtchens negativ aus, es stagnierte und fiel in tiefen Schlaf, dank dem aber das Erbgut der Vergangenheit ungeschmälert überdauern konnte. Den Hauptplatz – einst Fő tér, jetzt **Marx tér** – umgeben frisch getünchte zweihundertjährige Häuser, die gleich dem gesamten Altstadtkern unter Denkmalschutz stehen und sorgsam gepflegt werden. Ein orthodoxes *Kaufmannskreuz* (1763) beherrscht die Mitte des Platzes. Die goldglitzernde Ikonostase der *Blagovestenska-Kirche* zur Verkündigung Mariens schuf um 1790 *Mihail Živković*. Das einstige Schulhaus beherbergt eine *Gemäldegalerie* mit Werken der magyarischen Malerdynastie *Ferenczy* aus dem 20. Jahrhundert. Das stattliche Haus Marx tér 2–5 stellt Bilder der heutigen Künstlerkolonie von Szentendre aus. Hübsche Stuckreliefs mit Blumenmotiven schmücken die Rokokohäuser Nr. 11 und 19a. Über dem Korbbogentor des Pálffy-Hauses Nr. 17 prangt das Doppelkreuz der Serbischen Handelsgesellschaft. Allsommerlich gleicht der Platz einer großen Bühne: die Tribüne verrät uns, daß hier Theater gespielt wird. Besonderen Reiz strahlt die zur Donau hinabführende *Görögen utca* – Griechengasse – aus, dank ihres Salzhauses, in dessen spätbarockem Rahmen die meisterliche, auf Volksmotiven fußende Keramik der 1975 gestorbenen *Margit Kovács* ausgestellt wurde. Den hervorstehenden Erker des Bobić-Hauses (Nr. 6–8) – im Speicher lagerte man Stoffballen – läßt sich geruhsam beäugen, sitzt man entspannt im Gasthaus Görög Kancsó (Griechenkrug): der Blick schweift das zierliche, von Besuchern bevölkerte Gäßchen entlang.

Auf dem Burghügel oberhalb des Hauptplatzes steht die katholische Pfarrkirche, ein ursprünglich gotischer Bau, der sein Barockgepräge den lateinischen Dalmatinern verdankt, die hier als Winzer lebten. Der Hügel eröffnet zugleich ein Panorama von Szentendre, der vielen Türme, Dächer und kleinen Innenhöfe. Ein Stückchen weiter entdecken wir die von Bäumen in dichtes Grün gehüllte stattliche *Belgrad-Kathedrale;* ihre Ikonostase, vom Neusatzer *Vasilije Ostoić* gemalt, ist die prunkvollste des Ortes. Die benachbarte *Sammlung serbischer Kirchenkunst* gibt einen Überblick über die Schätze aus den orthodoxen Gotteshäusern mehrerer ungarischer Städte.

Das *Rathaus* an der Ecke zweier Gassen (Rákóczi Ferenc und Bajcsy-Zsilinszky utca) trägt klassizistische Züge. Die einstige Opovaćka-Kirche, ein schlichtes Gebäude, dient jetzt den Reformierten, die geräumigere Ciprovaćka, früher orthodox, ist nun dem katholischen Glauben geweiht. Das Haus Péter-Pál utca 6 mit schmiedeeisernen Fenstergittern und geschnitzten

Im Freilichtmuseum (Skansen): Großbäuerliche Stube aus dem Oberen Theiß-Gebiet

Torflügeln gehörte einst dem Bürgermeister Jenö Dumtsa. In der langen, von einstöckigen Häusern gesäumten Dumtsa-Gasse verdient Nr. 7 Beachtung; hier kam 1822 der konservative, der slawisch-ungarischen Freundschaft 1848/49 das Wort redende serbische Schriftsteller *Jakov Ignatovics* zur Welt.

Am Ende des Gäßleins steht am Ufer eines Baches die umfriedete *Požarevaćka-Kirche,* von Gläubigen, die aus Passarowitz stammten, um 1760 errichtet. Wie die übrigen Kirchen von Szentendre, ja überhaupt die orthodoxen Gotteshäuser Mittelungarns, gleicht sie von außen völlig einer katholischen Barockkirche. Der Innenraum ist zwar entsprechend anders

Traditionelle Butterherstellung im Oberen Theiß-Gebiet

gestaltet – die Ikonostase respektive das «Zarentor» vor dem Hochaltar sind die deutlichsten Merkmale –, doch bleibt der architektonische Grundgedanke dem abendländischen Stil treu.
Auch die *Preobraženska-Kirche* zu Füßen des Eselsberges (Szamár-hegy) besticht durch ihre Mischung aus Vorlagen des böhmischen Barocks und der balkanischen Bautradition. An den serbischen Zaren Lazar, der während der Schicksalsschlacht am Amselfeld (Kosovo polje, 1389) den türkischen Sultan Murad erdolchte und dafür von den Osmanen geköpft wurde, erinnert ein nahes Gedenkkreuz. Das schöne spätbarocke Wohnhaus Rab Ráby-tér 1 ruft die Gestalt eines Romans von *Mór Jókai,* des unerschrockenen Finanzkontrolleurs Josephs II., Mátyás Ráby, ins Gedächtnis. Er deckte zwar die Machenschaften des Stadtrates auf, mußte aber 1786 unter Zurücklassung von Hab und Gut aus Szentendre fliehen.
Den anheimelnd südländischen, zivilisatorisch zwischen Donauraum und Balkan angesiedelten Ort, der von Künstlern und allerlei lustigem Volk noch bunter gestaltet wird, verläßt man zunächst nordostwärts zu einem **Freilichtmuseum** (Skansen) der bäuerlichen Holzarchitektur Nordostungarns, bevor man auf der breiten Schnellstraße, an den römischen Ausgrabungen von Aquincum vorbei, in zwanzig Minuten Autofahrt Budapest erreicht.

Malerisches am linken Donauufer

Fährt man von der Hauptstadt, dem linken Donauufer folgend, nach Norden, sieht man bis vor Visegrád die Land-

schaft auf der rechten Flußseite nur von der Ferne, denn die breite, langgestreckte Szentendre-Insel trennt den Strom in zwei Läufe.
Fünf Kilometer östlich von der Hauptstraße Nr. 2 entdeckt man in **Fót** das romantische Schloß der Grafen Károlyi, eines der reichsten Adelsgeschlechter Ungarns: eine Kinderstadt für Waisen wurde hier nach dem Krieg untergebracht. Die 1855 vollendete Kirche vereint romanische, gotische und maurische Elemente zu einem originellen Ganzen. Unternehmen wir wieder einen kleinen Ausflug in die ungarische Geschichte: István Károlyi, der Erbauer, war so wohlhabend und zugleich patriotisch gesinnt gewesen, daß er 1849 die Kosten eines Husarenregiments trug, das gegen die Kaiserlichen in den Kampf geworfen wurde. Zwei Jahre mußte der hohe Herr dann freilich in Festungshaft verbringen. Ein späterer Sproß der Familie, *Mihály Károlyi* (1875–1955), ein demokratisch gesinnter, weltoffener Mann, leitete die Staatsgeschäfte Ungarns von November 1918 bis März 1919. Als Freund des Westens hoffte er, von der Entente die Bewahrung der territorialen Integrität Ungarns nach dem Zusammenbruch der Habsburgermonarchie zu erreichen. Sein Mitarbeiter *Oszkár Jászi* entwarf ein großzügiges Nationalitätenprogramm, doch waren die zentripetalen Kräfte bereits viel zu stark. Im Frühjahr 1919 übergab Károlyi, außerstande, das Land aus seiner schweren, der Niederlage entspringenden Gesellschaftskrise zu retten, aus Verzweiflung und Protest die Macht *Béla Kuns* kommunistischer Räteregierung.

Wieder auf der Hauptstrecke, könnte man von *Szödliget* nach **Vácrátót** abbiegen, wo ein ausgedehntes Arboretum mit Tausenden zum Teil exotischen Pflanzen den Botanikliebhaber erwartet. Die Stadt **Vác** ist, mit fast 35000 Einwohnern, der

Dreifaltigkeitsstatue und Dominikanerkirche

wichtigste Ort des Donautals nördlich Budapests. Ein Bistum seit dem 10. Jahrhundert, spielt Waitzen – so hieß Vác im alten Österreich – die Rolle eines Schnittpunktes zwischen Ebene und Bergen am großen Fluß. Die erste Eisenbahnlinie Ungarns führte 1846 von Pest hierher und wurde später über Neuhäusel und Preßburg nach Wien geführt.

Parallel zur Donau erstrecken sich die alten, von provinziell ernstem Spätbarock und Frühklassizismus geprägten Gassen. Der stille, riesige *Konstantin-Platz* wird von der monumentalen *Kathedrale* beherrscht, die unter den Bischöfen Esterházy und Migazzi noch im 18. Jahrhundert errichtet, doch bereits mit korinthischer Säulenfassade ausgestattet wurde. Das andere Ende des Platzes schließt ein um 1770 gebautes *Diöze-*

sanpalais ab. Schon etwas belebter sieht der kleine, von der barocken Kirche und der stattlichen *Dreifaltigkeitssäule* gekennzeichnete Platz aus, der zum zentralen *Platz des 15. März* führt, mit oberstädtischer Pfarrkirche, Rathaus und zahlreichen Bürgerhäusern im Barockstil. Weiter nördlich erreicht man durch die Köztarsaság-út den schlichten, die Straße überspannenden *Triumphbogen* zu Ehren Maria Theresias, eine bescheidenere Ausgabe des Innsbrucker Prachtstückes. Die Umgebung sieht ziemlich kalt, ja drohend aus, denn auf einer Seite steht ein strengbewachtes Gefängnis, unter Maria Theresia als Schule errichtet, seit 1855 ein untrautes Heim für Gesetzesbrecher. Geht man zur nahen Uferpromenade hinab, kann man am Strom entlang angenehm zurückspazieren, bis einen die Burgstiege hinaufführt zur *Franziskanerkirche* und den deutlich sichtbaren Ausgrabungen einer Arpadenfeste.

Die Orte des Donauknies, **Verőcemaros, Nagymaros,** vor allem aber das malerische **Zebegeny** und der Grenzort **Szob,** geben den Blick auf den unverkennbaren Festungsberg von Visegrád frei. Der einstige Wallfahrtsort **Márianosztra** mit Barockkirche und säkularisiertem Paulinerkloster, hoch über der Donau, dient als Ausgangspunkt für Wanderungen durch das naturbelassene, von den Gipfeln aus weite Rundblicke freigebende **Börzsöny-Gebirge.** Hinter Vác läßt sich der Weg direkt in die nordungarische Bergkette, ins Palozengebiet und bis zu den slowakischen Karpaten fortsetzen.

Die nördlichen Mittelgebirge

Burgruinen, Kirchen und Folklore: Börzsöny, Cserhát und Mátra

Die landschaftlich schönste, von großen, wildreichen Waldkomplexen, seltenen Dörfern, isolierten Erholungsheimen, verlorenen Ruinen, versteckten Gotteshäusern und altüberlieferter Volkskunst geprägte Gegend Ungarns zieht sich entlang der tschechoslowakischen Grenze zwischen Eipel und Hernád auf guten 200 Kilometern Luftlinie dahin. Dieses Karpatenvorland mit seinen breiten Tälern, dem Panorama, das hier von den Höhenzügen, dort von einzelnen Bergkuppen weg die Weite einer sich im Uferlosen verlierenden Welt umfassen möchte, wirkt im ganzen sehr östlich, wenn auch

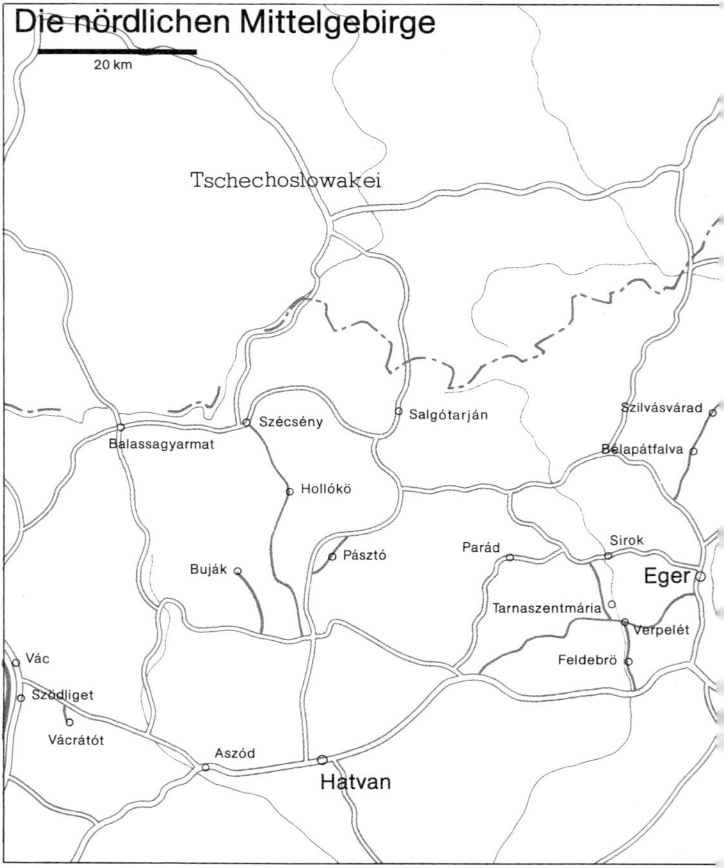
Die nördlichen Mittelgebirge
20 km
Tschechoslowakei
Szécsény
Salgótarján
Szilvásvárad
Balassagyarmat
Bélapátfalva
Hollókö
Sirok
Parád
Pásztó
Buják
Eger
Tarnaszentmária
Verpelét
Vác
Feldebrö
Szödliget
Vácrátót
Aszód
Hatvan

Füzér
Hollóháza
Telkibánya
Pálháza
Gönc
Széphalom
Nové Mesto
Sátoraljaújhely
Sárospatak
Tolcsva
Abaújszántó
Tállya
Erdőbénye
Mád
Szerencs
Szabolcs
Tarcal
Miskolc
Lillafüred
Tokaj
Tiszaeszlár
Ónod
Tiszavasvári
Nagycserkesz
Nyiregyháza
Hajdúdorog
Mezökövesd
Hajdúböszörmény
Hortobágy

der Mátra – die 1000 Meter des **Kékestető** bilden den Gipfelpunkt der Volksrepublik – durchaus an ein zentraleuropäisches Mittelgebirge erinnert.
Noch unweit der Donau durchfährt man, von Budapest über Vác kommend, das vulkanische **Börzsöny**-Massiv, an dessen östlichem Rand die mysteriöse Burgruine **Nógrád,** auf einem einsamen Basaltkegel ruhend, ferne Heldentaten von Arpadenzeit, Türken- und Kuruzenkämpfen heraufbeschwört. Der offiziell zweisprachige Ort zu Füßen der Burg (Novihrad) beherbergt viele Slowaken.
Die nördlich anschließenden, milden Hügel des **Cserhát** erreichen bei **Balassagyarmat** die Slowakei; zu den einst berühmten oberungarischen Bergwerksstädten und Festungen führt die Straße jenseits der Grenze. Auf magyarischem Gebiet können Sie das *Paloczen-Museum* von Balassagyarmat besuchen, das Kleidung und Hausrat dieser längst magyarisierten Menschengruppen kumanischer Abkunft zeigt. Knappe 20 Minuten östlich von Balassagyarmat spielt die Feste von **Szécsény** eine wichtige Rolle in den Kuruzenkämpfen: eine habsburgfeindliche Nationalversammlung wählte hier 1705 Franz II. Rákóczi zum regierenden Fürsten von Siebenbürgen. Das gotische *Franziskanerkloster* entstammt noch dem 14. Jahrhundert, das barocke *Palais Forgách* birgt ein naturkundliches Heimatmuseum. Als besondere Attraktion wird das nahe denkmalgeschützte Dorf **Hollókő** betrachtet, dessen unverfälschte Holzhäuser mit Balken und Vordach, über allem ein stolzer Ruinenfels, staunende Besucherscharen anziehen. Nirgends blieb Paloczen-Kunst so gut erhalten wie da. Die Leute verstehen sich auch aufs Geschäft, bitten einen in die gute Stube mit ihrem bis zur Zimmerdecke aufgestapelten Bettzeug und trachten, wirklich feinbestickte Textilien an den Mann (oder die Frau) zu bringen.

Pásztó, ein Ort unterhalb des **Mátra-Massivs** mit barockisierter romanisch-gotischer Kirche, liegt nicht weit von Hollókő jenseits der Schnellstraße nach **Salgótarján,** einer Industriestadt kurz vor der Grenze. Die kurvenreiche Mátra-Höhenstraße, deren Ferienheime einheimischen Gewerkschaftern, aber nicht Ausländern (die allenfalls Privatzimmer bekommen) Aufenthalt in ozongewürzter Luft bieten, kann man als Ausgangspunkt für längere Waldspaziergänge nutzen.
Durch das Gebiet um **Parád** mit Glashütten, Heilanstalten und Mineralwasserquellen kommt man nach **Sirok,** dessen dräuende Burgruine wie unerreichbar aus nacktem Gestein hervorlugt. Etwas südlich von Sirok zieren sehenswerte romanische Bauelemente die Dorfkirchen von **Tarnaszentmária, Verpelét** und besonders die von **Feldebrő** mit guterhaltenen Fresken. Nun jedoch lockt den müden Wanderer die nahe Stadt Eger mit dem angenehm die Adern durchfließenden Rotwein, dem Erlauer Stierblut.

Eger (Erlau): Barock und Morgenland

Am Fuß des Bükkgebirges, von Norden her windgeschützt, nach Süden hin ohne natürliche Hindernisse, liegt das historische **Eger** auf leicht abschüssigem Terrain, eingebettet zwischen Rebenhügeln vulkanischen Ursprungs. Wer von Westen kommt und vom Mátra-Massiv nach Erlau hinabfährt, den empfangen die 100 Türme der weiträumig angelegten Barockstadt; auf einer Anhöhe im Hintergrund zeichnen sich die Reste einer gewaltigen Festung ab. Das Zentrum vermittelt den Eindruck äußerster Geschäftigkeit, die Fußgängerzone verlockt zum Flanieren in den krummen Gassenzügen mit zweistöckigen Häusern des 18. Jahrhunderts, gebaut von Bürgertum und Geistlichkeit. Reichtum und Kulturbewußtsein der Erlauer Bischöfe spielten bei der Stadtentwicklung im Rokokozeitalter eine entscheidende Rolle.

Die glänzende Hofhaltung der Kirchenfürsten breitete ihren Gnadenstrahl über Erlau aus, in dem sich nach der Türkenbefreiung mehrere Orden niederließen, die Klöster errichteten. Die lange trostlos abbröckelnden Fassaden wurden weitgehend restauriert, und die Instandsetzungsarbeiten werden fortgesetzt. An einigen Stellen hat man leider schwer gesündigt; so entstand aus unerfindlichen Gründen mitten in der Altstadt ein modernes Kaufhaus, dem in einer Wohnsiedlung der siebziger Jahre vielleicht ein Platz zukäme, sicher nicht in derart geschichtsträchtiger Umgebung: die architektonische Harmonie leidet darunter.

Dank der vielen Schulen tummelt sich meistens viel Jungvolk in der Stadt. In Weinkellern, Kaffeehäusern und andern Lokalen (so im alten Fischrestaurant «Zum roten Krebsen», Vörös Rák halászcsárda) herrscht eine Atmosphäre, die zu stimmungsvoller Geselligkeit führt.

Im großen, halbleeren Speisesaal des jugendstilartigen Park-Hotels werden die Gäste mit sehr altväterisch devoter, diskreter Höflichkeit bedient. Das Essen schmeckt vorzüglich. Ein Glas Erlauer Stierblut macht beschwingt, und weil keine Zigeunerkapelle da ist, kann man in trauter Verinnerlichung von den Res Gestae Erlaus träumen. Den Höhepunkt bildet dabei die Belagerung von 1552, als der Burghauptmann István Dobó mit nur 2000 Entschlossenen gegen zehnfache türkische Übermacht Widerstand leistete. Welcher Ungar kennt nicht Géza Gárdonyis packenden Abenteuerroman «Die Sterne von Erlau», der patriotische Herzen höher schlagen läßt? Die Unerschrockenheit heldenhafter Frauen aus dem Volk wird dabei in der Überlieferung besonders geschätzt. Als Gegenstück zu diesem kollektiven Frauenmut gilt den Magyaren die Tapferkeit einer einzelnen Magnatin, der legendären Ilona Zrinyi, die anderthalb Jahrhunderte danach als Kuruzin monatelang die Feste Munkács gegen die Kaiserlichen verteidigte.

Der große *Szabadság tér,* der Freiheitsplatz, ein äußerst würdevolles, wenn auch majestätisch kühles Ensemble, ist Ausgangspunkt für unseren Rundgang. Am unteren Ende des Platzes mit regem Durchzugsverkehr breitet sich die längliche Fassade des spätbarocken **Lyzeums** aus (o tempora mutantur: seit 1950 heißt es Pädagogische Akademie «Ho Chi Minh»), am oberen Ende dominiert die klassizistische **Basilika** auf steiler Anhöhe.

Das Lyzeum wurde zu einem für ungarische Provinzverhältnisse gar so mächtigen Bau, weil es hätte den Traum einer Universität erfüllen sollen. Schon 1700 unterrichteten Jesuiten an der Erlauer theologischen Hochschule; Bischof *Bárkóczy* entzog ihnen, als guter Sohn der Aufklärung, 1754 das Lehrrecht. 1755 gab es bereits – meist von Weltgeistlichen erteilten – Unterricht an drei Fakultäten. 1761 übernahm der Wiener Architekt *Josef Gerl* die Planung eines Universitätsgebäudes. Als bald darauf *Károly Esterházy* anstelle des zum Erzbischof von Gran ernannten Bárkóczy neues Haupt der Diözese wurde, mußte Gerl Jakob Fellner weichen, unter dessen Leitung die Bauarbeiten 1765 begannen. Der ständige Streit zwischen den beiden Kirchenfürsten führte dazu, daß Maria Theresia schließlich kein Gründungsdekret für die Universität erließ. Es blieb bei zwei Akademien, der rechtlichen und der theologischen, die Philosophie behielt als «Lyzeum» nach heutigen Begriffen den Rang eines Obergymnasiums.

Immerhin, 85 Meter Breite bei 21 Metern Höhe sind ansehnlich; Innenhof, astronomischer Beobachtungsturm und Aula samt ihren allegorischen, die vier Fakultäten bildlich wiedergebenden Deckenfresken des Wiener Malers *Franz Sigrist* sind dem Louis-XVI-Stil nachempfunden. Die beiden schönsten Säle erreicht man über das elegante Treppenhaus. Die große Bibliothek mit rund 80000 Bänden erinnert an die bekannten Barockbüchereien der österreichisch-böhmischen Länder. Von *Wenzel Halblechner* stammen die 24 Rundporträts an den Wänden. Das imposante Deckenfresko von *Johann Lukas Kracker* zeigt die Beratungen des Tridentinischen Konzils; Reliquienverehrung, Krankenölung, Schriftenzensur und Priesterweihe sind ebenso skizziert wie das hundertzweiunddreißigköpfige geistliche Beratergremium.
Außer den 14 illuminierten Codices und den wandschmükkenden Werken des Barockzeitalters wurden nach dem Krieg die meisten Bücher in die farbenfrohe Kapelle gebracht, wo man jetzt eine Bibliothek eingerichtet hat. Der Marmoraltar, König Stephan den Heiligen darstellend, bildet zusammen mit dem Himmelsfresko von *Anton Maulbertsch* an der Decke ein wahrhaft anmutiges Ganzes.
Wir bedanken uns auf russisch bei unserem Cicerone für die kleine Führung, lassen die Studenten hinter uns und steigen zum **Dom** hinauf. Erlaus erster Erzbischof, László Pyrker, ließ den fast 100 Meter langen Dom zwischen 1831 und 1837 (nach anderen Quellen 1839) vom führenden Pester Architekten *Josef Hild* bauen. Den Eingang bewacht eine pseudogriechische Säulenreihe, als wäre der Bau ein Tempel. An beiden Seiten der Freitreppe prangen Königs- und Apostelstatuen des Italieners *Marco Casagrande,* der auch für das Kircheninnere die beiden Cherubim aus Carraramarmor und die neutestamentlichen Reliefmotive im zentralen Kuppelraum schuf;

Nicht vergessen!

Wien - Sopron
Neusiedler See
Esterhazieschloß
Fertőszr zw. Sopron + Győr
Győr - Kloster Klosternon
übernachten am
Fluß Raba.

Budapest: Szentendre
Visegrad Donauknie
Esztergom Altst. + Dom
(Eger)

Győr links in die
Altstadt!

Kuppel der Kathedrale

das Hauptaltarbild von Josef Danhauser zeigt den heiligen Johannes, wie er betend im Öl kocht (1835).

Als spezifisch ungarländische Architekturform, wenn auch von nicht magyarischen Meistern entworfen, werden die klassizistischen Monumentalkirchen von Eger, Vác und Esztergom den Besucher interessieren; ob die irgendwie seelenlosen Hallen seine Zuneigung gewinnen, steht auf einem anderen Blatt. Billigen wir ihnen die Absicht zu, edle Einfalt und stille Größe auszustrahlen.

Vom Szabadság tér aus führt die *Széchenyi utca,* alte Hauptarterie der Stadt, nordwärts. Die Bischöfe Erdődy, Bárkóczy und Esterházy verliehen dem *Diözesanpalais* sein barockes Gepräge, Erzbischof Pyrker ordnete den Bau des klassizisti-

schen Seitenflügels an. Mehrere Barockhäuser säumen die Széchenyi utca. Sofort erkennt man am Stil der zweitürmigen, eher düsteren Kirche, die leicht zurückgesetzt die Straße überragt, daß sie eine Gründung der Gesellschaft Jesu gewesen sein muß. *Giovanni Battista Carlone* konzipierte das Gotteshaus, an das sich das einstige Kolleg schmiegt. Die Darstellungen des reichen Hauptaltars berichten vom Alten und vom Neuen Bund; ein Brand beschädigte 1800 den Innenraum, dessen Ausstattung dann nach klassizistischen Begriffen erneuert wurde.
Nahe dem oberen Ende der Széchenyi utca, schon in halbdörflichen Gefilden, steht auf einem Hügel die orthodoxe Kirche, deren Gemeinde sich einst aus makedonischen Greko-Aromunen und Serben zusammensetzte.
Eine Brücke über den schmalen Eger-Bach weist durch verträumte Altstadtgassen den Weg ins eigentliche Herz von Erlau. Die niedrigen Behausungen der Knézich Károly oder der Szaicz Léo utca tragen zum Teil Kennzeichen des Bauernbarocks und des Biedermeiers: oft wohnten hier Kelterer, denn die Weinkulturen liegen in der Nähe. Außer der zweihundertjährigen Servitenkirche ist vor allem das 35 Meter hohe Minarett, als einsames, nördlichstes Zeugnis der türkischen Herrschaft, weithin bekannt; eine Wendeltreppe mit fast 200 Stufen führt auf die Spitze. Die Moschee hat man leider 1841 abgetragen. Originell wirkt das alte, seit 1728 bestehende *Komitatsspital* in der Markhót Ferenc utca. Kaum drei Minuten von hier steht man der wundervollen **Minoritenkirche** mit anliegendem Kloster auf dem *Dobó-Platz* gegenüber, einem der drei oder vier allerschönsten Gotteshäuser des Landes. Im rokokomäßigen Zopfstil sind manche der umliegenden Gebäude gehalten, ähnlich der Architektur in den Seitengassen, die Dobó tér mit Széchenyi utca verbinden und noch jenseits der

Hauptstraße hinter dem Domplatz weiterreichen: es sind die Bürgerhäuser der Alkotmány, Bajcsy-Zsilinszky- und Bródy Sándor utca, manche mit kunstvollen Außenverzierungen, Torbögen und Fenstern. Der Prager *Kilian Ignaz Dientzenhofer* dürfte der Architekt der zweitürmigen Minoritenkirche (1758–1773) gewesen sein, dieses Meisterwerks des böhmischen Spätbarocks. Die Altargemälde stammen von *Kracker,* die Wandbilder vom Preßburger *Martin Reindl.* Alles in dieser Kirche, auch Orgel, Kanzel, Bänke und Chorstühle, fügt sich zu einem harmonisch triumphierenden Ganzen zusammen, das allein schon den Halt in Eger rechtfertigt.

Ein wenig bergauf an zwar barocken, aber vernachlässigten Fassaden vorbei führt das schmale, für Autos gesperrte Gäßchen mit Kopfsteinpflaster zum *Dózsa-György tér,* wo der Aufstieg zur **Burg** beginnt.

Anfangs als Widerstandsnest der Kuruzen (auch Kurutzen) von den Kaiserlichen gesprengt, dann erst richtig dem Verfall preisgegeben, wurde ein Teil der Festung seit der zweiten Hälfte des 19. Jahrhunderts allmählich wieder instandgesetzt. Zu ihrer besten Zeit, durch ihre Ausgestaltung gemäß oberitalienischen Festungsplänen, war die Burg für den jeweiligen Besitzer von großem Wert. Die Türken zogen nach der blutigen Eroberung von 1552 bald wieder ab, sie gedachten zunächst nicht, das Gebiet ihrem unmittelbaren Einfluß zu unterwerfen. Kaum hatten die besten italienischen Fachleute die Burg, wie es hieß, uneinnehmbar gemacht, erschienen die Osmanen 1596 doch vor Erlau. Trotz guter Ausrüstung kapitulierte das deutsch-wallonisch-welsche Söldnerheer ziemlich rasch, da der Besatzung längerer Widerstand sinnlos erschien. Der Heldenmut der einfachen Magyaren von 1552 wurde im nachhinein gern der Gleichgültigkeit der Fremdlinge gegenübergestellt. Die Bekenner des Propheten hätten 1596 auch viele Gefangene massakriert, die übrigen auf Galeeren gesteckt, da ihnen jegliche Achtung vor dem Feind fehlte. Wie dem auch sei, bis 1687 blieb der Halbmond für Eger, den Sitz eines Wilajet, bestimmend. 1687 zog das Sultansheer, begleitet von den meisten islamischen Einwohnern, gegen Zusicherung freien Geleits durch die Kaiserlichen, wieder ab, ohne ernstlich gekämpft zu haben.

Heute sind im gotischen *Bischofspalais* wertvolle historische Exponate ausgestellt. Das 15. und das 16. Jahrhundert hatten, zuerst dank humanistischer Kirchenfürsten, dann auf Geheiß des Magnaten *Péter Perényi,* dem vorosmanischen Erlau goldene Tage beschert. Der Spitzbogengang ist restauriert, hier und da im weiten Burgareal erinnern noch Fragmente an die früheren Bastionen. Im Sommer werden Führungen durch die unterirdischen Kasematten veranstaltet. Das *Museum* zeigt Einrichtungsgegenstände, Werkzeuge, Waffen, Kleider und Kunsthandwerk aus der christlichen wie aus der muselmanischen Geschichte von Erlau.

Auf einem Plateau des Burghügels ruhen die Überreste Géza Gárdonyis, des epischen Verehrers von *István Dobó.* Uns öffnet sich ein umfassender Blick auf die zu Füßen liegende Stadt und die Höhenzüge ringsum.

Über den Dózsa-Platz, an dem die Reste des türkischen Bades zu sehen sind, von dem der osmanische Reiseschriftsteller *Evlia Tschelebi* schwärmte, kommt man zur **Kossuth Lajos utca,** der eleganten Prachtstraße Erlaus. *Matthias Gerl, Carlone* und *Fellner* planten die repräsentativsten Bauwerke jenseits des Eger-Baches, die man erreicht, wenn man an den bescheideneren Frühbarockschöpfungen des Buttler-Hauses und des Hotels Unicornis vorbeigeht. Das Komitatshaus von Heves (1758) mit dem kunstvoll verzierten Schmiedeeisentor *Henrik Fazolas* (Nr. 9), gegenüber das Großpropsteipalais

(1774–1776), heute als Komitatsbibliothek genutzt (Nr. 16), daneben Kirche und Kloster der Franziskaner (1773–1776) mit Krackers Hauptaltar, endlich, am Anfang des Szabadság tér, das graziöse Kleinpropsteipalais, verkörpern die spätbarock vornehme Lebensart geistlicher und weltlicher Mäzene aus gebildeten Magnatenfamilien. Die anmutig geschwungenen Fenstergitter und Balkongeländer erhöhen die Subtilität des Gesamtrahmens, in dem sich die Einzelheiten ganz selbstverständlich zu fast vollkommener Homogenität des Straßenzuges verdichten.

Barockschlösser und Matyó-Kunst zwischen Budapest und Miskolc

Der für Barockschlösser des Magnatengeschlechts *Grassalkovich* typische Kuppelstil sticht sofort ins Auge, bestaunt man – leider nur von außen, die Innenräume dienen hier einer Landwirtschaftsakademie, dort einem Spital – die einst prächtigen Residenzen im **Gödöllő** und **Hatvan,** an der Straße Nr. 30, die Budapest mit Eger und Miskolc verbindet. Gödöllő gehörte im 19. Jahrhundert dem Erzhaus von *Franz Joseph* und *Elisabeth,* deren Ungarnschwärmerei die Monarchin viele Wochen jährlich auf dem Schloß verbringen ließ. Jeden Tag ritt die Königin durch die weiten Forste. Nach 1920 erwählte Reichsverweser *Horthy* Gödöllő zu seinem Sommersitz.

Zwischen Gödöllő und Hatvan liegt in **Aszód** ein anderes Barockschloß, das der *Podmaniczky;* 20 Kilometer weiter nördlich wird das malerische Paloczen-Dorf **Bujak** den Folkloreliebhaber erfreuen. Die *Matyó,* ein längst magyarisierter, in-

Die malerischen alten Trachten werden auch in Ungarn immer seltener

nerasiatischer Volksstamm, haben im Großdorf **Mezőkövesod,** an der Hauptmagistrale östlich von Erlau, ihren traditionellen Mittelpunkt. Die feinnervigen, phantasievollen Stickereien lernt man im alten Matyó-Haus kennen: Werkstatt, Geschäft und Museum in einem. Die Bauernarchitektur von einst bestimmt nach wie vor das Ortsbild.
Nach einer Stunde ist dann, bleibt man auf der Straße Nr. 3, Miskolc erreicht; wer aber nach Norden abbiegt, vertieft sich bald in die grünen Wälder des Bükkgebirges.

Nationalpark Bükkgebirge, Aggteleker Karst und Cserhát-Hügel

Nördlich von Erlau wurden die Buchenwälder, Höhlen, Dolomitfelsen und Wasserfälle des Bükkgebirges zu einem Nationalpark zusammengefaßt. Bis 1945 befand sich hier ein ausgedehntes Jagdrevier des Markgrafen Pallavicini. Das Schloß

der Familie in **Szilvásvárad** dient jetzt als Gewerkschaftsheim. Auf dem Weg von Eger wird man im Industrieort **Bélapátfalva** durch die zementgeweißte, steinbruchverschandelte Umgebung rechts bergauf fahren, um die abseits liegende, ziemlich unversehrt romanische Abtei Kirche eines verschwundenen Zisterzienserklosters anzuschauen.
Durch die Nationalparkstraße sollte man bei schönem Wetter und genügend Muße unbedingt fahren, wenn man von Eger nach Miskolc reist. Am östlichen Ende des Parks, eine Viertelstunde mit dem Auto von Miskolc entfernt, liegt in zauberhafter Umgebung, zwischen Teich und Waldesrand, das 1930 als Luxushotel eröffnete Gewerkschaftssanatorium von **Lillafüred;** in der Nähe sind interessante Tropfsteinhöhlen einen Besuch wert. Miskolc ist ein guter Ausgangspunkt für Ausflüge in die Umgebung.
Nördlich beziehungsweise nordwestlich von Miskolc, zwischen **Jósvafő** und **Aggtelek,** erstreckt sich die unterirdische Stalaktitenhöhle *Baradla,* deren 22 Kilometer lange Gänge zum größten Teil auf ungarischem und zu geringerem Teil auf tschechoslowakischem Gebiet liegen. Imponierende geologische Formationen, ja riesige Hallen unter der Oberfläche, von denen eine sogar zu Konzerten genutzt wird, machen Aggtelek, neben dem kleinpolnischen Salzbergwerk Wieliczka, zu einem besonderen Naturkuriosum des Karpatenraumes. An der kleinen Nebenstraße, die von Jósvafő über **Edelény** – das elegante Barockschloß der Familien *L'Huillier* und *Coburg* verdient Beachtung – hinunter nach Miskolc führt, fallen die restaurierten Kirchen der Reformierten von **Szalonna** und **Boldva** ihrer strengen romanisch-gotischen Form wegen auf, der charakteristische Holzturm gesondert dastehend, in der Nähe Storchennester auf den Telegrafenmasten der verschlafenen Dorfstraßen.

Südlich von Miskolc, schon an der Seitenstrecke nach Debrecen, bemerkt man in **Ónod** die Überreste der Burg, in der 1707 die frondierende Nationalversammlung das Widerstandsrecht der ungarischen Stände in Anspruch nahm und die Habsburger als abgesetzt erklärte, eine wirkungslose, symbolische Protesthandlung. Östlich von Miskolc führt die Strecke zu den interessanten Zielen dieses überwiegend protestantischen Landesteiles: nach Sárospatak und Tokaj.

Miskolc und die Vielfalt des Glaubens

Von Budapestern bekommt man zu hören, die zweitgrößte Stadt des Landes biete nichts als Industrie und Trostlosigkeit – häßliche alte und gesichtslose neue Architektur. Ich ließ mich nicht beirren und besuchte **Miskolc** zweimal: bei winterlich grauem und bei frühlingshaft schönem Wetter. Betriebe und moderne Wohnsiedlungen sind in die Außenbezirke verbannt, die nördliche Umgebung besteht aus waldigen Höhenzügen mit reiner Luft. Zwar wirkt Miskolc insgesamt provinziell, und den Wettstreit mit Erlau, Fünfkirchen oder Raab um den Wert der historischen Bausubstanz müßte es verlieren, dennoch gehört es zu einer «ordentlichen» Ungarnreise, allein schon wegen der Vielfalt an Gotteshäusern von einem halben Dutzend Bekenntnissen.

An jenem eiskalten Dezemberabend fuhr ich mit der vorsintflutlich klapprigen Straßenbahn durch dunkle Nacht vom Bahnhof ins Zentrum. Im kleinen Hotel Pannonia war ein Zimmer reserviert. Trotz der dicken Nebelschwaden, die den schwächlichen Schaufensterbeleuchtungen und dem fahlen Licht der Oberleitungslampen noch den Garaus machten,

Die reformierte Kirche in Miskolc-Diósgyőr

fand ich das bescheidene, durchaus nette Quartier. Hier dürften schon lange vor 1914 Seifenvertreter oder kleine Grundstücksagenten abgestiegen sein. Jetzt empfing uns ein zunächst müder, sogleich hellwacher Portier, abwechselnd deutsch und französisch parlierend, die Frage nach besonderen Wünschen des Gastes auf den Lippen. «Kleine Hotel, nix Speiseraum»: im nahen, auch auf bessere Tage zurückblickenden Avas-Hotel würde man uns Speise und Trank servieren. Das Frühstück am nächsten Morgen, gemütlich eingenommen zwischen ostdeutschen und tschechischen Betriebsabordnungen (hierzulande wie überall in Osteuropa mit dem respektheischenden Namen «Delegation» bedacht), eine handfeste Eierspeise, viel Speck, noch mehr Zwiebel, am meisten Paprika, braungrauer Kaffee-Ersatz, duftend frisches Brot, Käse, daneben die Gespräche von Damen mit strohgelben, hochtoupierten Haaren und blutrot geschminkten Lippen, die Weinbrand trinkenden Männer in blumigen Hemden unter blaßgrauen Anzügen oder Anoraks, der Uniformität Ostberliner und Prager Modeateliers entstiegen.

Draußen konzentriert sich fast alles Leben um die geschäftige *Széchenyi utca,* niedrige Häuser des 19. Jahrhunderts, große Käufermengen aus urbanen wie aus ländlichen Gefilden, reger Auto-, Bus- und Straßenbahnverkehr, da und dort ein Pferdefuhrwerk. Was so die Stilarten des ungarischen Spät- und Neubarock, des Klassizismus oder Historismus zu bieten haben, wir finden es an den Gebäuden wieder. Vis-à-vis vom Avas-Hotel öffnet sich die Aussicht auf den kleinen Avas-Hügel samt gotischer Kirche der Reformierten und angeschmiegtem breitem Holzturm. Ein schmaler Fußweg führt auf die Höhe; vom protestantischen Friedhof, auf dem seit dem elften Jahrhundert beerdigt wird, kann man auf Miskolc schau-

Ungarische Sauerkirschensuppe

Zutaten für fünf Personen: 700 g Sauerkirschen, Saft einer halben Zitrone, 100 g Zucker, je eine Prise Salz und Zimt, je 0,1 l Rotwein und frische Sahne, 60 g Mehl, 0,6 l Milch.
Zubereitung: Die gewaschenen und entsteinten Kirschen mit dem Wasser, dem Wein und den Gewürzen weich kochen. Milch, Sahne und Mehl glattrühren, mit den Kirschen aufkochen und abschmekken. Kalt servieren.

---

en. Der puritanisch strenge Hallenbau des Gotteshauses ist innen ziemlich nackt. Zum Kirchenhügel kommt man über den zentralen, länglich-breiten **Szabadság tér,** der vor dem Krieg den Namen der populären Königin Elisabeth trug. Warnend steht auf dem Denkmalsockel der große Kossuth. Zu seiner Linken liegt, entfernt einem italienischen Neorenaissance-Palästchen nachgebildet, die alte städtische *Badeanstalt.*
Um den *Tanácsház tér,* eine Verlängerung der Széchenyi utca, scharen sich die wichtigsten Gebäude vom Ende des 18. und vom Beginn des 19. Jahrhunderts, wie Rathaus und Komitatsverwaltung. Auf schmaler Grünfläche an der Ecke zur Paloczy utca erinnert ein diskretes Denkmal an *Bertalan Szemere,* einen Borsoder Adeligen, Vorkämpfer der Reformbewegung und glückloser Ministerpräsident des Revolutionskrieges von 1849. Zwei Häuserzeilen weiter, an der Dayka Gábor utca steht die spätbarocke evangelisch-lutherische Kirche. Vom Tanácsház tér führt die Hunyadi út, an eher schäbigen, ebenerdigen, älteren Gebäuden vorbei, geradeaus nach Westen. Mit der Straßenbahn fahre ich eine Viertelstunde bis zur Endstation und komme vorbei an Gruppen neuerer Hochhäuser zum Vorort **Diósgyőr.** Winterliche Stille umhüllte mich, als

Die Burg in Miskolc-Diósgyőr, Ungarns größte Burgruine

ich durch schneebedeckte Seitengassen einem mächtigen, in der unwirklichen Atmosphäre gespenstisch dräuend scheinenden Ziel entgegenstampfte: plötzlich steht sie vor mir – Ungarns größte Burgruine. Die vier erhaltenen, teilweise restaurierten Ecktürme zeugen von der Dauerhaftigkeit des königlichen Festungsbaus.

Auf dem Rückweg nimmt man die Straßenbahn bis zur Mitte der langen *Széchenyi út.* Hier liegt wie ein Arkadenvorsprung über den Gehsteig hinweg ein zwar kaum reizvolles, trotzdem aber denkwürdiges Gebäude: *Ungarns ältester Theaterbau* aus Stein (1819–1823). Biegt man in die nächstgelegene Kazinczy utca links ein, kommt man zum großen *Heldenplatz* (Hősök tere). Die zweitürmige *Minoritenkirche* entstand um 1730 nach Plänen von Carlone; dank ihrer üppig vergoldeten Innenausstattung bildet sie, samt dem angrenzenden Kloster, den gefälligsten Barockkomplex der Stadt. Noch an der Kazinczy utca läßt eine charakteristische Architekturschöpfung aus Backstein sofort auf die Zugehörigkeit des Bethauses schließen: es ist die *Synagoge.* Im kleinen Hof führt noch eine Tür zur Verwaltung, auch eine religiöse Schule (Cheder) gab es hier einmal. Als stumme Mahnmale einer düsteren Zeit sind Tafeln mit Namen ermordeter Juden in die Wand gemeißelt. Der Tempeldiener gestattet uns unter häufigen Verbeugungen, das Innere der großen, für Hunderte Gläubige errichtete Synagoge zu besichtigen. In gebrochenem Deutsch gibt er, ein kleines, armselig gekleidetes Männchen, gutgemeinte aber schwerverständliche Kommentare ab. Ein älterer Herr kommt hinzu, zwei Frauen: ein freundliches, aus Brocken vieler Idiome zusammengesetztes Gespräch kommt zustande. Es gebe 300 Israeliten hier, nur eine Handvoll freilich praktizierten.

Viel stärker vertreten ist eine andere religiöse Minderheit, die der Reformierten: der Gottesdienst in der kleinen Kirche des Deák tér scheint gut besucht zu sein. Von seiner Kanzel aus predigt der schwarzgekleidete Pastor in flammendem Magyarisch zur Gemeinde, es sind meistens alte Leute. Nahe von hier, inmitten eines kleinen Parks wohlversteckt, liegt an Deák Ferenc utca 7 die reich geschmückte, spätbarocke Kirche der Griechisch-Orthodoxen. Die 16 Meter hohe *Ikonostase* gilt als die glanzvollste auf dem Gebiet des heutigen Ungarn. Die Nachkommen der balkanischen Händler, die das Gotteshaus entstehen ließen, sind längst magyarisiert. Der Pope, ein glitzerndes Ornat über den Schultern, betet laut ungarisch. Die wenigen Gläubigen, auch jüngere, finden sich sonntags ein, bekunden dem Ebenbild der schwarzen Muttergottes von Kasan, einem Geschenk der Zarin Katharina II.,

tiefe Ehrfurcht. Viele Kerzen erhellen das dunkle Gewölbe der Kirche.
Wenige Schritte weiter stadtauswärts – nahe der neuen Schnellstraße – erweckt das süße Holzkirchlein der Reformierten (*Deszka Templom*), verschmolzen mit dörflichem Ambiente, das Entzücken des Betrachters. Kaum 500 Meter zurück stadteinwärts stößt man wieder auf die dichten Menschenknäuel der Széchenyi-Straße. Südlich des schmalen Szinva-Bachs, unterhalb der Straße, die zum modernen Thermalbad Tapolca hinaufführt, steht die anmutige Barockpfarrkirche der Katholiken. An der Pápszer utca verbirgt sich hinter den Mauern einer frühbarocken Reformiertenschule das zoologisch und ethnographisch ausgerichtete *Herman-Ottó-Museum,* gewidmet dem Andenken eines bedeutenden Naturforschers.
Bahnreisende werden mit dem überfüllten, verrauchten und lärmenden, aber sehr volkstümlichen Restaurant des Hotels Avas und seinen deftig fetten Speisen vorliebnehmen müssen. Autofahrern sei, auch für die Übernachtung, das stadtauswärts im Grünen gelegene Hotel Juno *(Miskolctapolca)* empfohlen. Abends kann man bei akzeptabler Zigeunermusik anständig und sauber, auch gut bedient, ruhig essen, wobei der Ungarwein und die vertrauten Töne der braunhäutigen Spieler langsam aber sicher den Kopf immer schwerer werden lassen.

Zempliner Hügelland und Tokajs Reben

Ein blendend blutroter Sonnenkegel, der am endlos scheinenden Horizont hinter dem weiten Überschwemmungsgebiet der **Theiß** (Tisza) untergeht, Weiden, verstreut zwischen den spärlich gesäten Kleinsiedlungen, davor der schimmernde Lauf des **Bodrog,** das ist das Bild, das sich an einem schönen Spätnachmittag von der Straße herab bietet, die am Fuß des Zempliner Höhenzuges Sárospatak mit Tokaj verbindet. Dreht man sich um, wird die Aussicht von den vulkanartig stolz aufgerichteten Hügeln begrenzt, die das Land beherrschen, als wären sie nicht 700 Meter hoch, sondern mindestens 1700. Reben schlängeln sich die milden Südhänge hinauf. Der Tokajer, der «ungarischste», originellste pannonische Wein, verleiht der ganzen Umgebung etwas einschläfernd Paradiesisches, Gutartiges, wie es alle echten Weingegenden auszeichnet. Bacchus regiert, wer mag sich schon dieser anheimelnden, jede unangenehme Verantwortung beiseite schiebenden, sorglos passiven Lebensart entziehen... Ist das Wetter noch so frühlingshaft schön, daß man vor Freude jauchzen möchte, atmet man die Wärme der Lößfelder ein, hört man das Vogelgezwitscher, das Zirpen der Insekten, dann muß man sich einem spontanen Wohlgefühl hingeben. An der Seitenstraße nach Tokaj, die von der Hauptroute Sátoraljaújhely–Miskolc abweicht, fährt man an den von wildem Gewächs überwucherten Flußarmen des Bodrog vorbei. Man hält an und genießt.

Wer von Norden kommt, sieht **Tokaj** erst im letzten Moment auftauchen: ein lieblicher, etwas oberhalb des Zweiflußecks angelegter Ort, dessen spätbarockes Gepräge von konfessioneller und ethnischer Vielfalt zeugt. Nur spärliche Ruinen sind von der Burg übriggeblieben, die dreimal vernichtet und wiederaufgebaut, zuletzt 1704 von den Kuruzen niedergerissen wurde. Katholiken, Protestanten, Orthodoxe und Israeliten hinterließen Gotteshäuser. Der orthodoxen Kirche, einer fernen Erinnerung an griechische Weinhändler, ist ein Regionalmuseum beigefügt. Das zweistöckige *Palais Rákóczi-Des-*

sewffy entstand um 1700; hinter hochherrschaftlichem Äußeren verstecken sich heute Gericht und Schule. Das *Rathaus* und eine Reihe eleganter *Winzerhäuser,* samt und sonders renovierungsbedürftig, säumen die alte Durchzugsstraße. Völlig vergessen, während des Krieges verwüstet, nur notdürftig instandgehalten, starrt die entweihte Synagoge traurig dem entgegen, der zufällig am Ende einer Seitengasse auf sie stößt. Wer in der Gegenrichtung etwas hinaufsteigt, kommt an kleinen Kellereien vorbei; die reformierte Kirche ist frisch gestrichen, die Fassade der katholischen hätte eine Erneuerung nötig.

János Zápolyai, Ferdinand von Österreichs siebenbürgischer Konkurrent auf Ungarns Krone, soll angeblich in der Bem József utca 2 ein Jagdschlößchen gehabt haben: heute steht hier ein uraltes Preßhaus. Auf dem *Kossuth Lajos tér,* einer Art Hauptplatz des Ortes, befindet sich unter Nr. 13 der mächtige *Rákóczikeller,* ein weitverzweigtes Labyrinth, das bis zu 20000 Hektoliter Wein aufnehmen kann. Gelegentlich werden Führungen samt Kostproben veranstaltet. Die Tavernen und Fischlokale von Tokaj erlauben auch, außer den allerbesten, kaum als Massenware veräußerten Gattungen, die geschmacklich unverwechselbaren Tropfen süßen und süffigen Weins, des *Aszú,* des *Szamorodni, Furmint* oder *Hárslevelű* in volkstümlicher Umgebung zu probieren.

Italiener und Franzosen wurden bereits im Mittelalter angesiedelt, um die Weinkulturen zu pflegen und zu fördern. Wiederholte Versuche, den Tokajer in anderen Ländern anzubauen, brachten nur Mißerfolge. Nichts kann die besondere Beschaffenheit von Boden, Luft und Fäulnis ersetzen. Die Popularität des Tokajers bei osteuropäischen Nachbarn, die im rauhen Klima ihrer Heimat nördlich und östlich der Karpaten keine Reben züchten konnten, war jahrhundertelang sehr groß. Polnische und litauische Magnaten, Edelleute und Bürger schätzten den Ungarwein so hoch, daß der «Węgrzyn» von keinem Festmahl wegzudenken war. Ein schwungvoller Handel blühte regelmäßig zwischen Tokaj und Krakau, und auch die Kulturbeziehungen zwischen Oberungarn und Kleinpolen waren äußerst vielseitig. Peter der Große von Rußland kaufte sogar einen größeren Weinberg, den er von eigenen Kosaken bewachen ließ. Die jährliche Auslese wurde an den Petersburger Hof transportiert, bis 1810 die russische Kolonie ihre Zelte abbrach. Die Verwaisung des kleinen Gotteshauses wurde dadurch beschleunigt.

Zu reizvollen Spazierfahrten über Nebenstraßen locken auch die traditionsreichen Weinorte der weiteren Umgebung, nordwestlich Tokajs **Tarcal,** dann **Mád,** mit seiner gotischen Kirche der Katholiken, einer klassizistischen der Reformierten und einer spätbarocken Synagoge für sephardische Juden, die sich neben den Griechen als Weinhändler etablierten. Wenige Autominuten hinter Mád, verdankte **Tállya** seinen Aufstieg dem Geschlecht Rákóczi, deren Herrenhaus aus dem 16. Jahrhundert noch ebenso dasteht wie die einstöckige Behausung, die Fürst Grassalkovich zur Zeit Josefs II. als Gartenhäuschen errichten ließ. Ein Nebenaltarbild der barock glitzernden, katholischen Pfarrkirche stammt von Maulbertsch. Die reformierte Kirche ist zwar künstlerisch karg, doch in der nationalen Überlieferung bekannt: 1802 wurde dort der kleine *Lajos Kossuth* getauft.
Nach Tállya kommt **Abaújszántó:** eine gotische Kirche, das klassizistische Herrenhaus der Familie *Patay,* die weißgetünchten, ebenerdigen Häuser, die sich als Gesamtbild harmonisch in die Landschaft einfügen. Über die barocke Hauersiedlung **Erdőbénye,** die den größten Weinkeller der Gegend

Palatschinken, der berühmte ... Pfannkuchen

Palatschinken (palacsinta) hat mit Schinken gar keine Verwandtschaft, sondern es ist ein Pfannkuchen. Hier das Grundrezept (für fünf Personen): 300 g Mehl, 2 Eier, 0,3 l Milch oder halb Milch, halb Mineralwasser, 50 g Fett, 1 Prise Salz. Mehl und Salz mit einem ganzen Ei und einem Dotter mischen, Milch und Mineralwasser hinzufügen, gut verrühren. Aus dem recht flüssigen Teig ganz dünne Pfannküchlein backen und nach Geschmack und Phantasie füllen, mit Quarkcreme und Nüssen oder Mohn, gedünsteten Äpfeln, Marmelade oder den Teig mit gut gewürztem, sehr fein gehobeltem und gekochtem Weißkohl mischen und dann erst backen.

---

mit 22 unterirdischen Gängen, ein elegantes Sommerhaus Budaházi-Fekete und Thermalquellen besitzt, dann über **Tolcsva,** in dessen Nähe lindenblättriger Wein erzeugt wird – ein Schloß Rákóczi-Dessewffy erwartet uns auch da – kommen wir ins berühmte **Sárospatak.** Bleibt man auf der Schnellstraße, ist nach zehn Minuten **Sátoraljaújhely** erreicht, eine Kleinstadt mit offenem Grenzübergang zur ČSSR. Jenseits des schmalen Wasserlaufes Ronyva bemerkt man die Güterzüge im Bahnhof **Slovenské Nové Mesto.**
Sátoraljaújhely trägt die halb dörflichen, halb urbanen Kennzeichen eines auch von Lebensmittel- und Tabakindustrie lebenden Weinhandelsortes, dessen Bewohner teils Bauern, teils Städter sind; viele Zigeuner scheint man in den langgestreckt einstöckigen Barock- und Biedermeierhäusern untergebracht zu haben. Aus der Zeit nach 1850 rühren die kleinen, eklektischen Wohnhäuser des Ady-Platzes; das Rathaus wirkt provinzklassizistisch. Schönstes Bauwerk des Ortes, dessen Leben im allgemeinen sensationslos dahinplätschert, ist die barocke *Piaristenkirche* mit Kollegium.

Der Autofahrer kann den parallel zur tschechoslowakischen Grenze verlaufenden Weg zu den malerischen Höhen des Zempliner Gebirges im Nordwesten kaum verfehlen.
In **Széphalom** lebte *Ferenc Kazinczy,* Erneuerer der ungarischen Sprache um 1820, ein Epigone der Rousseauschen Aufklärung; als revolutionärer Jakobiner wurde er 1795 zu sechs Jahren Gefängnis verurteilt. *Miklós Ybl* baute ihm 1862 ein pseudogriechisches Mausoleum. Wälder und Wiesen, die unberührte Natur des Vorkarpatenlandes erlauben es, von **Pálháza** aus stundenlange Wanderungen zu unternehmen. Hat man die reformierte Kirche samt getrennt dastehendem Glokkenturm aus Holz kennengelernt, reicht die Zeit vielleicht noch zu einem Ausflug mit der Schmalspurbahn.
Hoch über **Füzér** stehen die Ruinen einer Burg, der nach 1526 die Ehre zuteil wurde, die Stephanskrone vor dem Zugriff von Osmanen und christlichen Thronprätendenten – vor allem ging es um den Habsburger Ferdinand – im Gewahrsam des Magnaten *Péter Perényi* zu beschützen. Ein prächtiger Fernblick gestattet es, über den knapp 900 Meter hohen Nagy Milic hinweg, tief in die Slowakei zu schauen. Während der warmen Jahreszeit begegnet man oft wandernden Jugendgruppen aus Ungarn und anderen osteuropäischen Ländern.
1832 ließ Graf *Károlyi* in **Hollóháza** eine Porzellanmanufaktur gründen, die dank ihrer Rosenmuster Popularität genießt. Das Jagdschlößchen dient nun, ganz volksdemokratisch, nicht mehr ausbeutenden Aristokraten, sondern verdienten Werktätigen als Erholungsheim. Fremde sind nicht gefragt.
Bis Pálháza muß man zurückfahren, denn hier ginge es nur über die Grenze weiter, und die ist geschlossen. An dunklen Forsten vobei, die der *Gergely-hegy* (748 Meter) überragt, kommt man nach **Telkibánya.** Die Gold- und Silbergruben sind längst erschöpft. Die äußerlich unscheinbare Kirche der

Reformierten sollte man jedoch, der bunt bemalten Holzdekke wegen, ebenso besuchen wie jene von Füzér. Im Frühling oder Herbst macht der Besuch mehr Spaß: während der Sommermonate blüht sozialistischer Massentourismus, freilich nicht zu vergleichen mit dem Gedränge am Plattensee oder am Schwarzen Meer.
Die Hussitenhäuser von **Gönc** erinnern an die altungarische religiöse Toleranz: fern von den Ländern der Wenzelskrone, ließen sich hier im 15. Jahrhundert Glaubensflüchtlinge aus Böhmen nieder. Die Duldsamkeit kannte allerdings Grenzen, denn Matthias Corvinus' Schwarze Scharen vertrieben später die Ketzer. Romantische Ruinenreste eines gotischen Paulinerklosters stehen unterhalb des nahen Dobogó-Berges.
Eine halbe Stunde weiter südlich erreicht der Autofahrer bei Mád wieder die Sárospataker Hauptstraße. Die Kleinstadt **Szerencs** (an der Nr. 37 Richtung Miskolc), Tor zum Zempliner Hügelland, kannte man im alten Ungarn als festen Platz der Rákóczi. Fürst Sigismund feierte hier 1607 seine Wahl zum Staatsoberhaupt Siebenbürgens; das viereckige Schloß und die reformierte Kirche versetzen uns in jene Tage zurück.

Sárospatak oder die aristokratische Rebellion

In der Mitte der gedrungene Körper einer stolzen Verteidigungsburg der Spätgotik, zu beiden Seiten die eleganten Längsfassaden eines Magnatenschlosses aus Renaissance und Frühbarock, spiegelt sich die minuziös restaurierte Feste **Sárospatak** im trägen Wasser des *Bodrog* wider, grüne Laubbäume ringsum, darüber strahlend stahlblauer Himmel. Die Natur hüllt alles in betörend schönes Licht, die Düfte und das

Rauschen des Frühlings, keine Einbildung, sondern spontanes Empfinden, lassen mich auf dem Flußufer vis-à-vis lange verweilen. Jahrhunderte ungarischer Geschichte des nimmermüden Kampfes um ständische, nationale, ja religiöse Selbstbehauptung spielten sich hinter diesen Mauern ab.
Der Name des Ortes freilich ist slawisch: der «graue» oder «schlammige Strom» (Blatný Potok heißt es auf slowakisch) entspringt im Gebirgsland der Karpaten.
Ketel, ein magyarischer Stammesführer, ließ sich mit seinem Gefolge 896 in der Gegend nieder. Seine Erben traten den Besitz an König Andreas I. ab, dessen reußische Frau die Abgeschiedenheit der meilenweiten Wälder liebte. Auch spätere Arpaden zog es oft zu den wildreichen Jagdgebieten. 1201 bestätigte König Emmerich die Privilegien wallonischer Siedler, die sich durch Urbarmachung und Weinanbau Verdienste erwarben. Schon damals entwickelte sich der Handel mit dem nördlichen Nachbarn Polen. Dominikaner, dann Franziskaner gründeten Klöster. Die Mongoleninvasion von 1241 verschonte den Ort, 1285 vernichteten die asiatischen Reiter das Umfeld der Burg, die bereits zu den mächtigsten des Staates zählte.
Zur Zeit der *Anjou-Dynastie* stand die Feste im Besitz selbstbewußter Kastellane, die auch dem König eigenwillig entgegentraten. Sigismund der Luxemburger schenkte zunächst Sárospatak dem Banus *Miklós Perényi,* verlieh aber 1429 der Siedlung das Stadtrecht und übergab sie samt der Burg an die Familie Pálóczi, der die Perényis dann den Platz wiederholt mit List oder Gewalt entrissen. Ein Vertrauter des Matthias Corvinus, *László Pálóczi,* verwandelte die «curia» in ein starkes «castellum». Er und seine Nachkommen, bereits gebildete Humanisten, riefen italienische Architekten herbei, die den Stil des Quattrocento nach Nordostungarn verpflanzten.

In der Schlacht bei Mohács fiel *Antal Pálóczi,* der junge *Péter Perényi* riß Sárospatak an sich, und da er die Kroninsignien verwahrte, buhlten die beiden Thronprätendenten, *Ferdinand* von Österreich und *János Zápolyai,* um seine Gunst: die Herrschaft der Perényis blieb besiegelt. Péter trieb ein schlaues Spiel zwischen Ferdinand und János, 1537 fanden sogar in

Das Rákóczi-Schloß, Innenhof mit Berényi-Flügel

Patak Verhandlungen der beiden Widersacher statt. Die Festung wurde außen gewaltig ausgebaut, das Innere glich jetzt angeblich den feinsten Renaissanceschlössern des Westens. Bald darauf trat Péter zum Kalvinismus über. Er wähnte sich allzu sicher vor dem Zugriff des fernen Wien; wegen türkenfreundlicher Verschwörung mit adligen Freunden ließ ihn Ferdinand verhaften. Kaum freigelassen, starb er 1548. Sein Sohn, *Gábor Perényi,* schlug sich vorerst auf die Seite Siebenbürgens, einigte sich jedoch mit Maximilian und blieb den Rest seines Lebens friedlich in Sárospatak, wo er der Gartenkunst frönte und die protestantische Schule förderte.

1573 kam ein treuer Anhänger des Kaisers in den Besitz von Sárospatak: es war *István Dobó,* den die nationale Überlieferung als Verteidiger Erlaus gegen die Türken hochhält. *Bálint Balassi,* der edelblütige Versepiker, Abenteurer und skandalumwitterte Liebhaber, heiratete 1584 heimlich Istváns Tochter *Krisztina Dobó.* Mit wenigen Mannen okkupierte er bei Nacht und Nebel die Feste, mußte aber schon am nächsten Morgen vor der aufgebrachten Bevölkerung fliehen.

1602 belegten kaiserliche Truppen unter General Basta die Burg und konfiszierten die Schätze, deren wertvollsten Stücke der Prager Sammlung Rudolfs II. einverleibt wurden. Dann gab man Sárospatak den Erben zurück. Doch war die Freude kurz: *Bocskays* Heiducken ließen sich häuslich nieder. Bocskay selbst empfing auf der Burg den Firman des Padischah, der ihn als Fürsten von Siebenbürgen bestätigte. 1616 wurde durch Heirat *György Rákóczi,* ehemaliger Herr Siebenbürgens, Eigentümer von Sárospatak und erhob 1619 auf seiten Gábor Bethlens das Schwert gegen den Kaiser. 1630 übernahm er zum zweitenmal die transsilvanische Fürstenwürde. Rákóczi und seine Frau, *Zsuzsánna Lorántffy,* beide eifrige Verfechter des Kalvinismus, scheuten keine Mühe, um das

Renaissancefenster an der Burg

Kolleg zu einer der besten protestantischen Schulen Osteuropas zu machen. Auch für mährische Anabaptisten entdeckten sie ein Herz: Dutzende Familien tüchtiger Handwerker, daheim verfolgt, durften sich in Sárospatak ansiedeln. Der böhmische Pädagoge *Johannes Comenius* schrieb hier sein Hauptwerk «Orbis Pictus» und lehrte am Kolleg. Das Glück, so meinten die Protestanten, wandte sich vom Ort ab: der junge *Zsigmond Rákóczi* und seine Frau Henriette von der Pfalz starben 1652, ein Jahr nach ihrer prunkvollen Hochzeit. Zsuzsánna Lorántffy starb 1660. Der junge *Ferenc I. Rákóczi,* von seiner Mutter katholisch erzogen, öffnete den Jesuiten die Tore der Stadt. Allerdings beteiligte er sich danach an der großen Adelsverschwörung *Wesselényis.* Das Zimmer, in dem sich die Habsburg-Gegner trafen (es wird wegen der Decke «sub rosa» genannt), zeigt man noch heute. Doch auch die Gefangennahme des kaiserlichen Kommandanten von Tokaj, des Fürsten *Starhemberg,* half nichts: die Revolte wurde niedergeschlagen, ihre Rädelsführer wurden in Wiener Neustadt 1670 hingerichtet. Nur Rákóczi entging, dank inniger Fürbitte seiner Mutter *Zsófia Báthory,* dem schon sicher scheinenden Tod. Der befreite Starhemberg wies die Theologen des Kollegs aus der Stadt. Die rechtmäßige Schloßerbin *Ilona* aus dem Hause *Zrinyi* ehelichte nach Rákóczis Tod 1677 als zweiten Mann *Imre Thököly.* Er meinte 1683, zur gewaltsamen Rücknahme des Besitzes berechtigt zu sein. Schon 1685 eroberte Caprara nach mehrwöchiger Belagerung Patak erneut für den Wiener Hof. Die kaum zurückgekehrten Pastoren mußten das Weite suchen, die vertriebenen Jesuiten durften heim. Thökölys Frau verschanzte sich im heute sowjetukrainischen Munkács, harrte unter schwersten Bedingungen so lange aus, bis sie vor den Kaiserlichen kapitulieren mußte. Ilonas einzige Strafe war dann die Zwangsübersiedlung nach Wien mit den beiden Kindern, die eine habsburgfreundliche Erziehung genießen sollten.

1694 erlaubte *Leopold* dem jungen *Ferenc II. Rákóczi,* in Begleitung seiner frischgebackenen Ehefrau nach Sárospatak zu übersiedeln. Ein paar ruhige Jahre wurden nur 1697 durch die Revolte unzufriedener Bauern unterbrochen, deren Anführer man kurzerhand aufknüpfte. 1701 ließ der Kaiser, Verrat witternd, Rákóczi internieren, dem allerdings leicht die Flucht nach Polen gelang. 1702 befahl der Hofkriegsrat die Sprengung der Befestigung von Sárospatak. Das hinderte die mehrheitlich protestantischen Kuruzen nicht, 1703 die beschädigte Burg zu besetzen. 1707 zog auch Rákóczi als Anführer der Kuruzen in Sárospatak ein und versammelte sogar 1708 unter freiem Himmel den Reichstag. 1710 trat er, durch die Kaiserlichen besiegt, von hier aus den Weg ins türkische Exil an. Das konfiszierte Gut ging nun auf die Fürsten *Trautson*, ein niederösterreichisches Geschlecht, über. Stabilität und wirtschaftlicher Aufschwung dank jüdischer und griechischer Weinhändler kennzeichneten das Los der folgenden Generation. Das Schloß setzte man neu instand; viel später, während des 19. Jahrhunderts, wurden noch architektonische Umgestaltungen im Sinne von Neugotik und historisierender Romantik durchgeführt, die dann 1949 staatliche Restauratoren zum Teil wieder rückgängig machten.

Ab 1703 herrschte mehr religiöse Toleranz in Sárospatak, denn die Kalvinisten durften ihr Kolleg weiterführen, zugleich aber ließ man die Jesuiten bis zur Auflösung ihrer Gesellschaft 1773 ungestört arbeiten. Auch die Trinitarier, ein Orden, der sich die Befreiung gefangengehaltener Christen aus türkischem Gewahrsam zum Ziel setzte, entfalteten ihre Tätigkeit; sie fielen 1784 Josephs II. Säkularisierungsmaßnahmen zum Opfer. Ihre Gebäude übertrug man der Gutsverwaltung, die Einrichtung kam unter den Hammer. 1776 schon bewirkte der Tod des kinderlosen *Johann Wilhelm Trautson* die Unterstellung von Sárospatak unter die kaiserliche Hofkammer; 1806 verlieh Franz I. den Besitz dem deutschen Fürstengeschlecht der *Bretzenheim*, die es 1875 an die *Windischgraetz* vererbten. *Ludwig Anton*, der «rote Prinz», magyarischer Patriot und Politiker, bekannt seiner originellen Ansichten wegen, unterstützte 1921 als Legitimist die Rückkehrversuche König Karls. 1925 sah man ihn in die dubiose Francfälscheraffäre verwickelt, einen abenteuerlichen Plan, durch Schädigung der französischen Währung Geld für die ungarische Irredenta – eine Bewegung zur Rückgewinnung der im

Frieden von Trianon abgetretenen Gebiete – gegen die Nachbarstaaten der Kleinen Entente zu beschaffen. Ein Großteil des fürstlichen Vermögens ging bei dieser Aktion verloren.
Die Verstaatlichung von 1945 brachte, so steht es in ungarischen Publikationen geschrieben, die historisch gerechte Übertragung des Gutes an die Nation, gemäß dem Wunsch Zsuzsánna Lorántffys. Den Rákóczis ist nun das historische *Museum* in den adaptierten Räumen gewidmet, zweifellos eine der sehenswertesten Sammlungen des ganzen Landes, jedem zu empfehlen, der das geschichtliche Selbstverständnis der Ungarn besser begreifen will. Arkadenhof und Loggia, der Renaissanceschmuck der Gemächer des Roten Turms, Dokumente, Möbel, Waffen, Bilder (strenge ungarische Nationalgesichter, schnurrbärtige Gestalten in Magnatentracht, schauen uns nach) und Kleidungsstücke, endlich der Ausblick von den Zinnen auf den alten Ort und die weite, von Mittelgebirgsketten am Horizont ins Slowakische sich ausdehnende Landschaft hinterlassen bleibende Eindrücke.
Gotik, Barock und Klassizismus bestimmen das Bild des Städtchens. Der Turm der großen spätmittelalterlichen Hallenkirche stammt von 1800. *Mihály Polláck* errichtete 1806 bis 1814 den klassizistischen Bibliothekssaal des Kollegiums der Kalviner, das bis heute als Zentrum des protestantischen Geisteslebens gilt. Ein *Museum,* das man über den Hof erreicht, gibt Aufschluß über die Geschichte der Reformierten.
Ich trenne mich immer ungern von Sárospatak: es ist der schönste Herrensitz des magyarischen Ostens, Inbegriff kuruzischer Tradition. Sein Gegenstück, das prächtige Schloß Eszterháza bei Ödenburg, wird man ebenfalls unbedingt kennenlernen wollen, soll das katholisch-habsburgfreundliche Westungarn der Labanzen in seiner barock-übernationalen Milde gebührend berücksichtigt werden.

Tiszántúl, Land östlich der Theiß

Szabolcs – Szatmár: Hochburg der Reformierten

Ein erfrischend bäuerliches, den Unsitten der modernen Zivilisation nur wenig verfallenes Stück Ungarn, fruchtbares, diskret gewelltes Flachland mit dichtgesäten, freundlichen Orten verkörpert das **Nyírség** samt dem Landstrich entlang des oberen Theißlaufs. Bis hierher drangen die Türken nicht vor; reformierte Kirchen im Stil der Romanik und Gotik, stattliche Herrenhäuser, blühende Apfelgärten säumen das Gebiet.
Die Fahrt durch schmale, oft holprige Nebenstraßen eröffnet erst den Genuß des unmittelbaren Kennenlernens. Man kann stundenlang umherstreifen, Privatautos sieht man selten, dafür um so mehr Leiterwagen mit Pferden. Die Atmosphäre stimmt auf die noch viel schönere, mindestens ebenso zurückgezogene Gebirgsregion ein, deren sanfte, mit Wäldern oder Obstbäumen überzogenen Hänge jenseits der Theiß, entlang der slowakischen Grenze, von der Sonne bestrahlt werden.
In den Dörfern des Nyírség folgt ein beschaulicher Tag auf den anderen. Die Alten, Männer mit Hut und Pfeife, stickende Frauen mit Kopftüchern, sitzen vor den weißgetünchten, manchmal strohgedeckten Häuschen, die nicht selten noch Lehmböden haben. Sie blicken verwundert auf, wenn ein fremdes Auto die Fahrt verlangsamt. Die Gespräche verstummen; man will gern und bedächtig Auskunft geben, doch in welcher Sprache? Eine Flut wohlmeinender ungarischer Wor-

te ergießt sich aus zahnlos grinsendem Munde. Die Geste der gichtgekrümmten, gegerbten Hände läßt die einzuschlagende Richtung erahnen. Von **Nyíregyháza** aus (das Hotel Szabolcs bietet eine bescheiden-saubere Provinzunterkunft) entdeckt man in wenigen Stunden einen Kranz entlegener, wenig bekannter Kostbarkeiten. Es gibt kaum ordentliche Gasthäuser unterwegs, deshalb empfehle ich Ihnen, sich in Nyíregyháza mit Proviant einzudecken. Unvergeßlich bleibt dann ein Picknick in freier stiller Natur, vielleicht am Rand der urwüchsigen Theißauen, unweit der rumänischen oder sowjetischen Grenze.

Kisvárda liegt an der Hauptstrecke nach Karpatorußland. Die einst stolze Burg machte sich zur Zeit der Türkenkriege einen Namen, dann verfiel sie. In einem Turm der romantischen Ruine sind heute Dokumente zur Ortsgeschichte ausgestellt. Die gotische, der katholischen Minderheit dieses Komitats gehörende Kirche wurde barock umgestaltet. Nordwestlich von Kisvárda, etwa 20 Kilometer vor Sátoraljaújhely, einige Steinwürfe von der Slowakei entfernt, bietet in **Pácin** ein Renaissanceschloß der Familie Mágocsy in üppiger Parkvegetation ein gutes Beispiel für oberungarische Adelsresidenzen. Sehenswert ist das liebliche Kirchlein von **Karcsa,** ein romanischer Rundbau mit gotischem Chor und Längsschiff. Eine Sage behauptet, Wassernixen hätten die Kirche errichtet, aber aus Angst vor einem Hahnenschrei bei Sonnenaufgang den Turm vergessen und fluchtartig das Weite gesucht.

An der Theiß, deren sowjetisches Ufer von Stacheldraht und Wachtürmen gesäumt ist – bei Záhony führen eine Straße und eine Bahnbrücke hinüber, umrahmt von übergroßen kitschigen Heldenplakaten, die die Völkerfreundschaft lobpreisen –, steht neben der reformierten Kirche aus dem 18. Jahrhundert der hölzerne Glockenturm von **Zsurk,** einer der schönsten seiner Art. Der Idee nach an italienische Kampanile erinnernd, doch in der Bauart völlig anders, gibt es diese Glockentürme an protestantischen Gotteshäusern im gesamten nordöstlichen Ungarn, in den historischen Landschaften von Bodrogköz, von Szatmár, von Bereg oder Máramaros, die heute auf vier Staaten verteilt sind.

Auch die nahe Gegend von Vásárosnamény, dem letzten noch ungarischen Teil des Bereg, erstreckt sich weltabgeschieden entlang der toten Sowjetgrenze, hinter der noch immer eine magyarische Volksgruppe lebt. Die reformierte Kirche von **Tákos,** ein turmloses Denkmal lebensfreudigen Barocks, entzückt durch ihr Inneres, die Holzbemalung an Bänken, Dekken und Kanzel. Noch heute stellt man in Tákos die charakteristischen Bereger Stickereien her.
Gleich weiter lockt die romanische Dorfkirche von **Csaroda,** die restaurierten Fresken entstammen dem 13. Jahrhundert, die Decke wurde erst 1777 bemalt. Der Turm ist noch romanisch, später setzte man ihm den Holzhelm auf. In **Vámosatya** steht eine frühgotische Kirche mit einfachem Schiff und anmutig wirkendem hölzernem Turm (1691).
Ohne Ergebnis verlief die Begegnung zwischen dem Führer der frondierenden Kuruzen, Ferenc Rákóczi, und dem der habsburgtreuen Labanzen, János Pálffy, auf **Schloß Vaja,** Ende Januar 1711. Ádám Vay, Eigentümer der stattlichen Renaissanceburg, war Rákóczis Hofmarschall gewesen. Viel später wurde der Bau im Geist der Romantik umgestaltet, doch bleibt die Grundform gut erkennbar.
Die Kleinstadt **Mátészalka** hat ihre dörflichen Urtöne noch nicht eingebüßt, die Szatmárer Volkskunstsammlung berichtet von den Gebäuden der umliegenden Gegenden, deren naher Hauptort Szatmár seit 1920 als Satu Mare zu Rumänien

gehört. Leider gibt es in der Umgebung noch immer keinen offenen Grenzübergang, so daß man das landschaftlich und ethnographisch so reizvolle Maramures von hier aus nicht besuchen kann. Die gotische Reformiertenkirche in **Csenger** und die noch grundsätzlich romanische in **Nagygéc** verdienen vor allem Beachtung, ebenso in **Jánkmajtis** das barocke Kastell samt spätgotischer katholischer Pfarrkirche.

Über Nagyecsed, **Nyírbátor** und **Nagykálló** führt der Streifzug zurück nach Nyíregyháza. Verstaubte Glorie des Geschlechts Báthory schlägt uns entgegen: was diese Region einst war, verdankt sie im Guten wie im Bösen der weitverzweigten siebenbürgischen Fürstenfamilie, ihrem politischen Geschick, der Machtgier, dem Kunstsinn, der Großzügigkeit, dem Abenteuertum von Menschen, die teils Staatsmänner, Könige von Polen, Feldherren, Mäzene und kalvinistische Theologen waren, teils als kleine Satrapen ihrer Untertanen den grausamen Schlächter, Tyrannen, ja Perversen hervorkehrten. Faszinierend wirkt das Schicksal dieser Renaissancegestalten auf uns Heutige. Unscheinbare Reste deuten in **Nagyecsed** auf das in fernen Tagen so prächtige Stammschloß der Ecseder Báthory-Linie hin. 1718 schleiften kaiserliche Truppen die Feste, damit es «Malkontenten» – so wurde zuweilen Ungarns frondierender Adel genannt – nicht mehr möglich sei, sich hier einzunisten. Zuletzt hatten Rákóczis Kuruzen in den Mauern gehaust.
Düstere Mären erzählte man sich früher am abendlichen Kaminfeuer über merkwürdige Eigenschaften der Ecseder Báthorys: Sigismunds epileptische Anfälle, seine kaschierte Impotenz, manch fürchterlicher Einfall; bei Gabriel und Anna, zwei Geschwistern, die Maßlosigkeit der Ausschweifungen, ja inzestuösen Neigungen, dann wiederum verwirren-

Das Sterngewölbe in der gotischen Hofkapelle

de Eskapaden, die Anna in blankes Elend stürzten. Der religiöse Denker *István Báthory* richtete jahrelang ohne ersichtlichen Grund kein Wort an seine Frau, überhaupt liebte er es, tagelang verbissen zu schweigen. Als schauerlichen Vampir in Menschengestalt bezeichnen die Annalen die «Blutgräfin» *Erzsébet Báthory,* Istváns Schwester und Gattin des westungarischen Grafen Ferenc Nádasdy. Mit Vorliebe ließ sie, unterstützt von ergebenen Henkersknechten, jungfräuliche Mädchen zu Tode foltern, versteckt in dunklen Kerkern. Es heißt, die weibliche Bestie habe Kannibalismus geübt, in Mädchenblut gebadet, ja unheimliche Hexensabbate glaubte man nächtens bemerkt zu haben; 1610 flog die Sache auf: die böse Dienerschaft wurde auf Befehl von König Matthias hingerichtet, das geisteskranke Ungeheuer nur zu lebenslanger Internierung verurteilt. 1614 nahm sich Erzsébet das Leben. Andere Báthorys traten als fromme Katholiken auf, so Andreas, Kardinal und Bischof von Ermland, oder Christoph, Eroberer der Walachei und Jesuitenfreund.

Die imposanten gotischen Gotteshäuser von **Nyírbátor** erinnern an den freigebigen *István Báthory,* vor fünf Jahrhunderten Woiwode von Siebenbürgen. Auch ausländische Kunsthistoriker schätzen den hohen Hallenbau der reformierten Kirche, die auf einem kleinen Hügel die Stadt überragt. Der gedrungene, von einer Säulengalerie umgebene Holzturm (1640) samt reliefgeschmückter Glocke steht daneben. Kindergruppen, von jungen Erzieherinnen im Zaum gehalten, spielen auf dem abschüssigen Sandplatz vor der Kirche. Mühsam frage ich mich, vom zufällig getroffenen Deutschlehrer unterstützt, zum Pfarrer durch. Der leutselig schmunzelnde, gesprächige Mann winkt mit kiloschwerem Schlüsselbund. Viele Freunde hat er unter den Pastoren des Westens. Sogar der Erzbischof von Canterbury besuchte ihn. Die Kirche, hoffnungslos nackt

im Innern, strahlt trotz ihrer leeren Kälte Atmosphäre aus: immerhin, ein paar Fürstengräber gibt es, das Báthory-Wappen, die Harmonie von Schiff, Chor und Netzgewölbe. Die köstlichen Weisheiten, die der Geistliche, magyarogermanische Wortschwalle sprudelnd zu berichten weiß, vom psalmendichtenden Iudex Curiae István Báthory, der 1605 starb, von den Nischenverzierungen italienischer Meister, von den großen Traditionen des magyarischen Kalvinismus («aber wir sehr ökumenisch»), bleiben im Gedächtnis haften.
Jenseits des provinziellen Marktplatzes – Obst- und Gemüsestände, Zigeuner, Pferdewagen, Lastautos zwischen ebenerdigen Gebäuden, ein modernes Warenhaus voll kaufwilliger Scharen – spürt man in einer Seitengasse die renovierte katholische *Minoritenkirche* auf. Den schönen gotischen Hallenraum schmücken frühbarocke Altäre: Christi Passion, die Statuen König Stefans und seines heiligen Schutzpatrons fallen auf. Erinnerungen an das bewegte Wirken der Báthorys zeigt das Ortsmuseum im ehemaligen Klostergebäude.
Schade, daß die Grenzfestung von **Nagykálló** den Kämpfen des Kuruzenaufstands fast restlos zum Opfer fiel. Immerhin blieb die spätgotische Reformiertenkirche erhalten, daneben der zweihundertjährige Glockenturm, unweit davon das stilgemischte katholische Gotteshaus.

Als typische Ackerbürgerstadt des 18. und 19. Jahrhunderts empfängt uns das Zentrum von **Nyíregyháza** mit klassizistischen und neuromantischen Bürgerhäusern; die Seitengassen bestehen aus typischen, adrett gepflegten, ebenerdigen Einfamilienbehausungen mit kleinen Vorgärten. Überschwenglich heißt uns die Verwandtschaft willkommen, mit Würsten und Schnaps: das holprige, zugleich herzliche intime Gespräch verläuft in einem Gemisch aus deutschen, russischen, franzö-

Gesang vom Schweinehirt

Kenntlich macht den Schweinehirt
Schon des Gangs Getänzel,
Sein verschnürter Bundschuh auch,
Sein Riemenzeug und Ränzel.
Alle Schweine sind verschwunden,
Sichtbar sind nur Schwänzchen,
Im Gebüsch der Schweinehirt
Spielt mit schönem Mädchen.

---

sischen und ungarischen Brocken, alles läßt sich ausdrücken, wenn die richtigen Worte fehlen, mit Gesten. Sprachen bewähren sich als elementare Kommunikationssysteme. Wer braucht da noch Grammatik?
Wir fahren später noch in eine zweite Wohnung – auf den modernen Wolkenkratzer (die Spielflächen davor noch unfertig, ebenso der Rasen) scheinen die Bewohner mächtig stolz zu sein. Aus der Gemütlichkeit wird brüderliche Hingebung, die auch vage Bekannte sofort in den Kreis der «bácsis» und «nénis» – der geduzten Onkel und Tanten – einschließt. Welche Rührung bei allen, daß Gäste aus dem fernen und doch so nahen Wien den Weg hierher nicht gescheut haben!
Man vergleicht die Lebensbedingungen, den Alltag, die Hoffnungen. «Wir Ungarn, zuerst Menschen, dann Ideologie, eine glauben katholisch, andere reformiert, dritte marxistisch, aber wollen leben in Ruhe – Blut genug geflossen...» Bescheidener Wohlstand, die kleinen Freuden des Daseins, ein gutes Buch, neue Möbel, der sonntägliche Ausflug ins Grüne, geselliges Beisammensein, man schätzt die Vorzüge provinziellen Stil-

lebens, frei von materiellen Sorgen ebenso wie von Höhenflügen.
Das Freilichtmuseum von **Sóstó,** einige Autominuten von Nyíregyháza, verberge hinter schattigen Laubwäldern urwüchsige Beispiele magyarischer Bauernarchitektur, erzählt die Familie begeistert. Vom Thermalbad *Sóstófürdő* führt der Weg links durch den Wald zur Lichtung, wo auf weiter Fläche tatsächlich Höfe aus mehreren Gegenden des Landes samt gackerndem Geflügel, Inneneinrichtung und Werkzeugen zu sehen sind. Obwohl wir am eigentlich besucherfreien Montag erscheinen, sind wir als Ausländer herzlich willkommen; der Direktor erklärt eifrig, mitunter nach Worten suchend, jede Einzelheit. Man darf alles fotografieren – mag die Welt doch sehen, wie schön das Ungarland ist.

Nach Tokaj, wo das Paradies des Weins, der Berge und Burgen beginnt, kommt man von Nyíregyháza direkt auf der Nr. 38. Nähme man den Umweg über **Nagycserkesz,** ließe der kleine Ort **Tiszaeszlár** keine markanten Eindrücke entstehen, außer dem eines typisch farblosen, abgelegenen, ziemlich modernisierten Straßendorfs. Vor gut 100 Jahren, 1882, erschütterte den Ort ein tragisches Ereignis, das hätte lokalisiert bleiben können, aber zur lauten Kulturschande gedieh: ein jüdisches Mädchen war erdrosselt worden, es folgte der Prozeß wegen angeblichen Ritualmordes.
Mancher Weiler besitzt noch, von knisternden Zweigen und gefallenem Laub gegen neugierige Blicke geschützt, irgendwie auf einem Hügel oder unter einer Baumgruppe halb umgestürzte, im Boden versunkene Grabsteine, deren hebräische Inschriften auf Judenfriedhöfe hindeuten. Nur Wind und Wetter kümmern sich um die Überbleibsel dieser untergegangenen Gemeinschaft.

Alföld: das Große Tiefland

Weite Pußta, fruchtbare Felder, feuchte Flußauen

Sandig ist der Boden des Flachlandes zwischen Donau und Theiß, doch ergiebig, nicht arm, hergeweht vom Westen, vermischt mit dem Kalk der Alpen. Das sonnige, kontinentale Klima fördert den Anbau: bei Szeged wird scharfer Paprika geerntet, Gurken gibt es bei Nagykőrös, Obst in der Umgebung von Kecskemét und Szentes – hier Aprikosen, dort Weichseln. Freunde guter Schnäpse kommen auf ihre Rechnung. Geflügelfarmen säumen das Gebiet. Statt der früheren Einzelhöfe (*tanya*) meist kalvinistischer Landwirte wirtschaften nun Kollektivbetriebe: Produktionsgenossenschaften sorgen für die Ausbeutung der weitausgedehnten Felder.

Wenige Orte, sogenannte Ackerbürgerstädte, ziehen sich zwischen Budapest und der Staatsgrenze hin. Man merkt, es waren ursprünglich ausgedehnte Dörfer. Eher niedrige Häuser an breiten Straßen, im Hintergrund vielfach Gemüsegärten, gackernde Hühner; zur Architektur der Vorkriegszeit, die sich in den Zentren gern urban gibt, gesellt sich die moderne Bauweise des Sozialismus. Auf Industriebetriebe und Silos ist man stolz – verständlicherweise. Zum Glück zerstört man nicht die ohnedies spärlichen Zeugnisse der Vergangenheit.
Östlich der Theiß erstreckt sich eine Ebene, in der die Dörfer noch großflächiger sind, zahlreicher, sieht man von der eigentlichen naturgeschützten Pußta ab. Das **Nyírség** im Norden, Mittelpunkt des Kartoffelanbaus, war traditionell eine Gegend großer Latifundien. Die Apfelkulturen der Flußtäler

---

153 Hirsch im **Bükkgebirge**
Szilvásvárad, Lipizzaner-Gestüt

154/155 **Tokaj,** Mündung des Bodrog-Flusses in die Theiß; rechts die Theiß-Brücke

156 Die **Bugac-Pußta,** der «Csikós» (Pferdehirt) reitet ein Fünfergespann: die «Ungarische Post»
Pferdefarm in der **Pußta Hortobágy**

157 **Kalocsa,** «pingáló asszony» (Volkskunstmalerin)
Pécs, Széchenyi-Platz; links das Reiterstandbild Hunyadi János, in der Mitte die Dreifaltigkeitsstatue

158 **Der Plattensee** (Balaton) mit dem vulkanischen Kegel des Badacsony-Berges
Szigliget, Burgruine und vulkanischer Bergkranz des Tapolca-Beckens

159 Der **Szentgyörgy-Berg;** Basaltfelsen
Várpalota, die Burg

160 **Székesfehérvár,** die Kathedrale
Zsámbék, Ruine der romanischen Kirche

lassen an Theiß und Szamos im Frühling ein weißes Blütenmeer entstehen.
Der Süden und Südosten kennt hochwertiges Getreide, auch Mustergestüte wie das zweihundertjährige **Mezőhegyes,** Mühlen, Zuckerfabriken, Hanfmanufakturen. Hier gedeiht Mais, der Schweinezucht verdankt man Würste wie Salami und Kolbász. Die gute Tonerde fördert Töpfereien; *Hódmezővásárhely, Mezőtúr, Szarvas* und *Szentes* sind für ihre Keramik bekannt.
Vor der Türkeninvasion des 16. Jahrhunderts war die Tiefebene dicht bevölkert. Danach zogen die Menschen lieber in wenige, größere Orte. Die verlassene Ebene verwandelte sich in Brachland: staubartiger Flugsand beherrschte den Horizont. Einsame armselige Ruinen, dürftige Gasthöfe (*Csárda*), da und dort ausgetrocknete Bäume, bisweilen Heerscharen, Zigeunerkolonnen oder zwielichtige Elemente, endlich seltene Reisende, die eilig das Gebiet zu durchziehen trachteten, prägten das vom Romantiker Sándor Petőfi so beklemmend geschilderte Bild des schwermütigen Alföld. Bald nach Petőfis Tagen besann man sich der gottverlassenen Gegend. Akaziensträucher banden den Sand, der bald schwere, süffige Weine und gute Früchte trug.
Für die Viehzucht benötigte man freilich weiterhin Weideflächen. Wirkt die Tiefebene teils völlig flach und vegetationsarm, teils wellig, durchbrochen von kleinen Laubbaumgruppen, an den Flußufern Trauerweiden, dahinter Pappeln, etwas höher Eichen, an schilfumkränzten Teichen Birken, die im Wasser stehen, niedrige Sträucher am Wegrand, so bewahrte die **Pußta Hortobágy** westlich von Debrecen und die **Bugac-Pußta** südlich von Kecskemét Steppencharakter. Kaum Vegetation gibt es hier, die Erdoberfläche, zumal bei sommerlicher Gluthitze, scheint zu schwimmen –, nicht um-

Traditionelle Tracht der Hirten im Gebiet von Hortobágy

sonst kennt man in Ostungarn die Fata Morgana – während sie im Winter von heulenden Winden durchweht wird. Es ist die räumlich heute sehr eingeschränkte Heimat der Pferde- und Rinderhirten *(csikós);* sie treiben reitend, mit Hilfe einer ellenlangen Peitsche, die Herden an. Abends wärmen sie sich in den aus Reisig zusammengefügten kegelförmigen Windschirmen, davor brennt ein Lagerfeuer.

Faszinierend wirkt der Vogelbestand der Ebene. Hier die weißen Hausgänse, die an den Feldern nahe der Straße einherwatscheln, da die Wildgänse, deren riesige Schwärme im Herbst und Frühling fort- oder zurückstreichen. Europas größter Vogel, die Trappe, dem Aussterben nahe, überlebt noch, dank strenger Schutzbestimmungen, in offenen Pußtaweiten. Andere Vögel, die dem Autotouristen häufig begegnen – Fasane, Rebhühner oder Schnepfen – bilden für Jäger eine willkommene Beute.

Das klassische Dorfhaus des **Alföld,** gedrungen, die unverwüstlichen gekalkten Wände aus gestampfter Erde, mit Schilf zusammengehalten, bei den Wohlhabenden durch einen dem Hof zugekehrten, pfeilergetragenen Gang *(tornác)* ergänzt,

gibt es noch vielerorten. Gelbe Maiskolben hängen vom Dach herab, zwischen den Bögen des Säulenganges schlingen sich rote Paprikagirlanden. Traditionell müßten farbige Tongefäße das Hausinnere zieren, auf den kurzen Schlafstätten türmt sich buntbesticktes, hochaufgestapeltes Bettzeug. Die moderne Bauweise in der Provinz verzichtet hingegen auf volkstümliche Akzente der Vergangenheit: die durchaus schmucken Einfamilienhäuser, außen häufig halb rosa, grau oder weiß gestrichen, sehen im gesamten Gebiet der Volksrepublik gleich aus.
Im wesentlichen kennt die Niederung zwei durch die *Theiß* (Tisza) voneinander abgegrenzte Hauptregionen. Der südliche Streifen der Ebene zwischen Donau und rumänischer Grenze wirkt durchschnittlich eintöniger als der nördliche. Die historischen Gegenden, **Kiskunság** (Kleinkumanien) südlich von Budapest, **Jászság** (Jazygenland) östlich der Hauptstadt, dann jenseits der Theiß, von oben nach unten, **Hajdúság** (Heiduckenland) und **Nyírség, Hortobágy, Nagykunság** (Großkumanien), endlich **Maros-Körös köz,** leiten ihre Namen von alten Überlieferungen ab.

Der Autofahrer, unterwegs in die südlichen und östlichen Nachbarstaaten Ungarns, stößt gelegentlich auf sehenswerte Orte oder Landschaftsabschnitte. Will man die Gegend, der manch ein kaum bekannter Reiz anhaftet, bewußt kennenlernen, gehört gute Vorbereitung dazu. Bei eiliger Durchfahrt entdeckt man wenig Beachtliches, das Kilometerfressen inmitten scheinbar reizloser Ebene ermüdet, zumal an heißen Sommertagen, denn kein Schatten spendet Schutz. Im Winter verliert sich eine riesige weiße Fläche am grauen Horizont, zwischen trostlos kahlen Ästen erheben sich Krähen dumpf kreischend vom Boden.

Karcag, in der Töpferei des Meisters Kántor Sándor

Abwechslungsreicher ist zweifellos der nördliche und östliche Grenzstreifen zwischen dem oberen Lauf der Theiß nahe der sowjetischen Karpatoukraine bis hinunter zur *Weißen Kreisch* (Fehér Körös) bei **Gyula.** Wenn wir auf menschenleeren Nebenstraßen diesen noch urwüchsigen, vor allem in seiner südlichen Hälfte spärlich besiedelten Landstrich durchqueren, dringt am späten Nachmittag der betörende Geruch der satten Niederungsvegetation zu uns. Im stehenden Wasser spiegeln sich Laubbäume, leichter Nebel bedeckt den Rand kleiner Forste, ein paar äsende Rehe oder aufgescheuchte Fasane geraten in Bewegung, Millionen von Insekten summen, unsichtbare Frösche veranstalten quakend Abschiedskonzerte. Wir halten inne, genießen die ungestörte Atmosphäre des Augenblicks. Müde von den Eindrücken eines langen Reisetags in Ostungarn kommen wir zur nächsten Kleinstadt. Man wird uns höchstwahrscheinlich lächelnd aufnehmen im kleinen Hotel, auch wenn keiner die Sprache des anderen versteht. Der Kellner bringt von selbst die richtigen Speisen, etwas scharf, stellt sie auf ein graues, löchriges Tischtuch, dazu kommen duftendes, frisches Brot und Rotwein inmitten pseudorustikaler Einrichtung. Zigeuner spielen nach eigenem Takt, mag es auch nicht der des Komponisten sein. Im Nebenraum wird feuchtfröhlich Hochzeit gefeiert: unbeschwerte, osteuropäische Menschlichkeit.

Es gibt einige Hauptstrecken in der Tiefebene, denen die meisten Autotouristen folgen; unterwegs von Budapest nach Jugoslawien, über die Nr. 51 genau südwärts, begegnet man, nur leicht abzweigend, der alten Serbensiedlung *Ráckeve,* dann der Erzbischofsstadt *Kalocsa,* endlich dem historischen Donauhafen *Baja.* Weiter fährt man über *Hercegszántó* auf das jugoslawische Sombor zu. Bei *Solt* auf die Nr. 53 wechselnd, berührt man auf dem Weg nach *Subotica* (Szabadka) über *Tompa* die kleinkumanischen Orte *Kiskörös* und *Kiskunhalas.* Die E 5 erlaubt uns, das an Kunstdenkmälern reich gesegnete *Kecskemét* kennenzulernen, dann Kleinkumaniens Mittelpunkt Kiskunfélegyháza, schließlich Szeged, die typische große Provinzstadt der Ausgleichsära Franz Josephs. Dort gabelt sich die Straße, hier nach Jugoslawien, da nach Rumänien. Nimmt man von der Hauptstadt ostwärts die E 15 (Nr. 4), kann man schnurgerade die rumänische Grenze vor *Großwardein* (Oradea, Nagyvárad) erreichen. Nur das kriegsversehrte und neu aufgebaute *Szolnok* liegt an der Europastraße. Wen

neuere Geschichte interessiert, dem bedeutet der kleine Abstecher über *Cegléd* keinen Zeitverlust.
Reisende, die «das kalvinistische Rom» oder den Nordosten aufsuchen wollen, zweigen bei *Püspökladány* nach *Debrecen* ab. Hat man das rumänische *Arad* zum Ziel, wird man die E 15 in *Törökszentmiklós* verlassen, um über *Békéscsaba* und den hübschen Kurort *Gyula* das Zollamt zu erreichen.
Die nördliche Route durch die Tiefebene führt entlang der Nr. 31 über *Jászberény* und die Nr. 33 auf dem Pußtapfad bis nach Debrecen.
Die besten Unterkünfte bieten *Debrecen, Szeged, Kecskemét, Szolnok,* doch jeder mittelgroße Ort verfügt wenigstens über ein kleines, bescheidenes Hotel, das eine ungestörte Nachtruhe verspricht.

Nach Debrecen, ins «kalvinistische Rom»

Einen Waffenerfolg ohne Zukunft feierten die Magyaren im März 1849 bei **Szolnok;** dem siegreichen General Damjanich sind in der Stadt am alten Theißübergang das *Regionalmuseum* und ein Denkmal geweiht. Einige klassizistische Gebäude, die barocke Franziskanerkirche und die uralten Bauernhäuser am *Zagyva*-Flüßchen, vor allem jedoch die Künstlerkolonie an der Mündung der beiden Wasserläufe werden Besuchern gern gezeigt. Die vielen Fabriken und modernen Wohnsiedlungen, Zeugnisse nüchterner sozialistischer Sachlichkeit, bringt man am besten schnell hinter sich.
Wer morgens von Budapest nach Ostungarn gestartet ist und den kleinen Umweg über **Jászberény** nicht gescheut hat, um das dortige *Jazygenmuseum* zu besuchen, kann in Szolnok eine Mittagspause einlegen.

Das 900-Jahr-Denkmal

Bis 1876 besaßen die Jazygen, ein ursprünglich iranischer Nomadenstamm aus Asien, Privilegien, die ihnen Béla IV. im 13. Jahrhundert gewährt hatte; schon lange vordem galten sie als tüchtige Bogenschützen. Den barocken Sitz des Jazygenkapitäns, gar das Museum sollte man beachten: das elfenbeinerne Lehel-Horn stammt aus dem Byzanz des 11., manche behaupten sogar des 8. Jahrhunderts. Früher ging eine Legende um, nach der der heidnische Heerführer Lehel 955 mit dem Horn Kaiser Konrad bei Augsburg getötet habe. Ist es nicht mitunter reizvoller, der Volksüberlieferung mehr Glauben zu schenken als exakter Wissenschaft?

Wer ruhige Nebenstraßen liebt, dem verspricht die Nr. 31, weiter die Nr. 33, schwachen Verkehr, vor allem aber die Begegnung mit der Pußta, den 1000 Gänsen und kleinen Teichen; kaum 40 Kilometer vor Debrecen überspannt eine Brücke mit neun Bögen das Flüßchen **Hortobágy.** Wenn Sie

Hortobágy: die Neun-Bogen-Brücke (Ausschnitt)

Glück haben, führen gerade die *Csikós* (Pferdehirten) oder die *Juhász* (Schafhirten) ihre reitenden Kunststücke vor. Breite Hosen, riesige Hüte und blaue Hemden sind ihr Markenzeichen, manchmal freilich auch Bluejeans. Meistens muß man sich leider mit parkenden Autos und fotografierenden Touristen begnügen. Man kann natürlich auch das *Hirtenmuseum* anschauen. Die altbekannte Nagycsárda bietet Labung bei rekonstruierter Volksseligkeit. Immerhin, wir wollen's glauben, obgleich nicht der flimmernde *Délibáb,* die Fata Morgana, sondern eine sehr reale Tankstelle unseren Blick draußen am Horizont festhält.

Als wäre es aus dem Boden geschossen, wirkt **Debrecen** in der Ebene wie eine weitausgedehnte, mutige Pionierstadt des amerikanischen Westens. Dabei besteht es schon seit 800 Jahren. Die Chronisten des Spätmittelalters erzählen vom regen Handel, dessen Wege, von Konstantinopel nach Danzig und von Augsburg nach Kronstadt, über Debrecen führten.
Unter den Zünften, die seit 1320 belegbar sind, gewann allen voran die der Kürschner an Bedeutung. Zu Matthias Corvinus' Zeiten wurden berühmte Markttage abgehalten. Auch nach Einnahme durch die Türken 1555 gelang es Debrecens Bürgern, nicht nur Freiräume, sondern auch Prosperität zu bewahren: Die Stadt lag im osmanischen Landesteil, unweit von Siebenbürgen, und verlor auch nie die Geschäftsverbindung zu habsburgischen Gebieten.
Schon 1540 hatten sich die Einwohner zum Kalvinismus bekehrt. Die Hohe Pforte übte nicht nur aus muselmanischer Sitte religiöse Toleranz, ihr kam auch die Schwächung der katholischen Kirche in Ungarn, mithin möglicher Anhänger des Kaisers, sehr zustatten. Das reformierte Kollegium entwickelte sich allmählich zu einer bedeutenden höheren Lehranstalt.

In der Aula der Universität

Die Unduldsamkeit den Katholiken gegenüber ging freilich so weit, daß 1552 die letzten Ortsansässigen fort mußten, ja den «Papisten» jegliches Wohnrecht in Debrecen abgesprochen wurde.

Während der Kriege des 17. Jahrhunderts brannten die kaiserlichen Söldnerheere Caraffas und Strassoldos die Stadt zweimal nieder; was nicht niet- und nagelfest war, nahmen sie mit. Für ihren faulen Kompromiß mit den Kuruzen sollten die Protestanten empfindlich bestraft werden.

Nach einer langen Stagnation, die dem letzten Adelsaufstand Ferenc Rákóczis folgte, nahm Debrecen erst wieder zur Reformzeit einen merkbaren Aufschwung. Vertreter der jungen Intelligenz, so Vörösmarty, Wesselényi und Deák, hielten Diskussionsrunden ab. Die meisten Gebäude, mit Ausnahme zweier unscheinbarer Barockkirchen (einer katholischen von Carlone und der reformierten Kleinen Kirche), stammen aus dem Jahrhundert zwischen Wiener Kongreß und Erstem Weltkrieg.

Debrecen erhielt landesweite Bedeutung 1849 als Sitz von Kossuths Nationalregierung, und 1944, als erste Hauptstadt der antifaschistischen, unter dem Schutz der Sowjetarmee gebildeten Behörden Ungarns. Ein länglicher Platz *(Kossuth tér),* abgeschlossen durch die imposante Kirche der Kalvinisten, den klassizistisch-neubarocken, zweitürmigen *Nagytemplom* (1805–1819), eine gepflegte Grünfläche in der Mitte, ist das Herz der Stadt mit rund 200 000 Einwohnern. Eine Hauptavenue führt vom Platz weg ziemlich gerade, an früher reichen, einstweilen frisch getünchten Glanzfassaden des Historismus und des Jugendstils vorbei, zum Bahnhof. Ohne diese Straße, die den Namen der Roten Armee trägt *(Vörös Hadsereg útja)* und das Sichzurechtfinden erleichtert, deren pulsierendes Leben (bei schönem Wetter wimmeln die Freiluftcafés von fröhlichen jungen Leuten, lange Schlangen warten vor den Eisständen) durchaus sympathisch wirkt, wäre Debrecen nicht vorstellbar. Menschenmengen schieben sich zähflüssig an den Auslagen der für osteuropäische Maßstäbe gut ausgestatteten Geschäfte entlang. Auf dem Gehsteig werden Bücher feilgeboten. Zigeuner, alte Bäuerinnen, Soldaten in Uniform, ihre Bräute am Arm, kleine Beamte, Arbeiter und Sekretärinnen nach Dienstschluß, Studenten wie Touristen trifft man hier kunterbunt. Welch vielfältige Muster, Fresken und Verzierungen prangen zwischen bemalten Fenstern an den Zinspalästen des Fin de siècle! Das traditionelle Hotel Arany Bika, der Goldene Stier, lebt noch im Andenken an ferne Glorie. Auch heute wohnt man dort gern, nicht nur weil es weiterhin das beste Haus am Platz ist. Hinter dem gelbgestrichenen Nagytemplom steht auf dem Kalvin tér das klassizistische *Seminar der Reformierten* (1805–1816). Wenige Schritte davon zeigt das *Déri-Museum* fernöstliche archäologische und ethnographische Exponate, voll eingerichtete Bauernstuben und kunstvoll gestickte Hirtenmäntel sowie eine gute Gemäldegalerie ungarischer Realisten.

Die Nebengassen wie *Péterfia* (nahe dem Kalvin tér) oder *Béke utca* (abseits der oberen Vörös Hadsereg útja) sind von Häusern gesäumt, die geschlossen den Stilarten von anno dazumal verpflichtet bleiben. An der wichtigen Querstraße *Kossuth út* dominiert das *Csokonai-Theater,* ein Gemisch romantisch-mitteleuropäischer und maurisch-byzantinischer Elemente. *Mihály Csokonai Vitéz,* den unruhigen Dichter der magyarischen Aufklärung, durchdrang die sentimentale Menschen- und Naturliebe Rousseaus. Neben gefühlvoller Lyrik schrieb der geborene Debrecener auch beißende Satiren, die das Hinterwäldlertum einer träge dahindösenden, selbstzufriedenen Provinz aufs Korn nahmen.

Steppenpoesie?

Hui, wie das schnaubt, wiehert, sich bäumt, stampft, schlägt und jagt, tausend Rosse ohne Reiter, ein köstliches Schauspiel nicht nur für den Sportsmann, sondern für jeden Tierfreund und ein herrlicher Stoff für den Pinsel des Künstlers Ja, der Magyare ist stolz auf seine Steppe wie auf sein Steppenpferd...

Schon vor nahezu einem Jahrtausend, als Arpads wilde Kriegerscharen über die Grenze Deutschlands stürmten, mußte mancher deutsche Ritter auf schwerem Schlachtrosse in ungewohntem Kampf gegen die Reiter auf ihren windschnellen asiatischen Steppenpferden Leib und Leben lassen; und noch heute wird diese Schnelligkeit manchem Nachfolger jener Ritter auf unblutigem Kampfplatz gefährlich, wenn er allzu hohe Summen gegen die flüchtigen magyarischen Vollblutrenner eingesetzt hat. Denn hat sich auch die Steppe in einem Jahrtausend nicht geändert, das Steppenpferd erfuhr dank den sportbegeisterten Magnaten so viel veredelnde Pflege, daß es sich heute mit den besten Rennern aller Nationen messen darf.

Gleichwohl ist es nicht die «Windeseile, womit der Csikos auf seinem Rößlein über die Pußta saust», was das magyarische Pferd, namentlich für den Armeebedarf, so wertvoll macht. Ein Kavallerieregiment auf Pfleglingen berühmter Rennställe, so prächtig der Anblick auf dem Paradeplatz auch wäre, würde in einem Winterfeldzug doch wahrscheinlich schon nach wenigen Wochen zu Fuße marschieren! In einem solchen Falle aber bewährt sich die Ausdauer, Genügsamkeit und Wetterhärte des magyarischen Pußtapferdes ebenso glänzend wie der magyarische Reiter, welcher meist eher reiten als ordentlich gehen und laufen lernt...

Dunkle Nacht senkt sich auf die Erde. Ringsum herrscht tiefe Stille. Nur die wachsamen Hunde geben bisweilen... Laut. Und aus der Csarda klingt des Zigeuners Fiedel... in die weite Pußta, über welche sich der unendliche Himmelsbogen mit seinen Millionen schimmernder Sterne wölbt – ein Bild von unsagbar ergreifender echter Steppenpoesie.

Die Gartenlaube 1890

Unweit vom Csokonai-Theater gibt es einige Häuser der Rokokozeit, wie das der Familie Balogh (Kossuth utca 18). In der *Széchenyi utca,* Fortsetzung der Kossuth utca, steht noch ein stark umgestaltetes, früheres Wohnhaus der Diószeghy, das der Schwedenkönig Karl XII. 1714, aus türkischer Gefangenschaft heimkehrend, mit seiner Anwesenheit beehrte. Die *Csapó utca,* parallel zur Kossuth utca, bietet ebenfalls Relikte klassizistischen Schönheitsideals. Die Vororte wechseln im Stil zwischen Altväterisch-Dörflichem und dem gesichtslosen (Un-)Stil des sozialistischen Realismus; eine rege Wirtschaftsaktivität strahlt von Debrecen, einer Stadt, die nicht nur knusprig fette Würste erzeugt, auf die ferne Umgebung aus. Ausländischen Studenten, die wenigstens Grundlagen des schwierigen ungarischen Idioms erlernen möchten, sind die Sommerkurse der Universität seit langem ein Begriff.

Ich lade Sie ein, mir jetzt ins **Heiduckenland** zu folgen. Die *Hajdú,* von Siebenbürgens Fürsten István Bocskay auf dessen Gütern zur Belohnung für treue Dienste im Kampf gegen die Habsburger mit Land beschenkt, ließen sich zu Beginn des 17. Jahrhunderts, durch die Türkenkriege besitzlos gewordene Räuber und Wegelagerer, als freie magyarische Wehrbauern nördlich von Debrecen nieder. 1876 verschwanden im Zuge der Modernisierung Ungarns die letzten Vorrechte der Heiducken.

Die jodhaltigen Quellen von **Hajdúszoboszló,** an der Bahnlinie nach Rußland, sollen Rheumaleiden lindern, doch auch für Gesunde ist im Kurort gesorgt. Ein Kirchturm der Spätgotik und Fragmente des Festungsgürtels rangieren für den Kenner hinter der Bausubstanz von **Hajdúböszörmény.** Die runde Kette kleiner Häuser, die sich um die reformierte Kirche ranken, lassen die Anlage eines alten Heiduckenortes gut

erkennen. Das historische *Hajdú-Museum* kündet mit Geräten, Werkzeugen und Trachten von den Bräuchen dieser Menschen. Das weltabgeschiedene **Hajdúdorog** ist seit 1912 Sitz der griechischen Bischöfe, die Kathedrale des östlichen Ritus stammt noch aus dem Barock. Sie dient Magyaren ruthenischer oder wallachischer Herkunft.
Verschwunden sind, mit Ausnahme der winzigen Unitariergruppe Siebenbürgens, die radikalsten protestantischen Sekten, die sich während der unruhigen Zeiten des 16. und 17. Jahrhunderts ausgebreitet hatten. Ein erleuchteter Antitrinitarier, Ferenc Dávid von Klausenburg, verkündete mystische Gedankengänge vom tausendjährigen Reich des Glücks und der Gerechtigkeit, das der Niederlage der Ungläubigen folgen würde, er geißelte das Dogma der Heiligen Dreifaltigkeit als frevlerisch. Die leidenden und ausgebeuteten Bauern der oberen Theiß, im weiten Umfeld von Debrecen, erhoben sich 1570 unter György Karácsony, um die Weissagung zu vollziehen. Verzweifelt wandten sie sich gegen die Türken, dann gegen ihre eigenen Gutsherren, die aber den Aufstand bald unterdrückten.

Durch die Tiefebene nach Szeged

Den Ruf, Ungarns Obstgarten zu sein, genießt die Umgebung von **Kecskemét.** Die Stadt selbst, knapp 100000 Einwohner, 85 Straßenkilometer von Budapest an der E5 gelegen, ist eine der angenehmsten und hübschesten im ganzen Land. Barock, Historismus und Jugendstil prägen das von Grünanlagen in der zentralen Fußgängerzone verschönte Bild. Die halb dörfliche Bauweise einstöckiger Häuser kennzeichnet die ruhigen

Gassenzüge um den belebten Ortskern. Schon unterwegs begrüßen uns die Türme der Gotteshäuser.
Niedliche Herrenhöfe mit Laubengängen haben bereits in *Dabas* die Nähe von Kecskemét angekündigt. Wer auf dem altmodischen Provinzbahnhof den Zug verläßt, dem fällt sogleich ein schattiger Park mit klassizistischem Schlößchen auf, dem **Katona-József-Museum.** Die archäologischen Sammlungen enthalten interessante Stücke aus Spätantike und Frühmittelalter; ein mit goldenen Figuren bemaltes byzantinisches Glas aus dem 4. Jahrhundert gilt als kostbarstes Objekt.
Dem Namen József Katona begegnet man an mehreren Stellen: Straßen, Plätze, das Theater stehen im Zeichen dieses Mannes, eines dichtenden Stadtsyndikus aus dem Zeitalter der Romantik. Sein historisches Drama «Ban Bánk» spielt im Ungarn des 13. Jahrhunderts: an der Spitze einer Adelsverschwörung ermordet der Held die verhaßte fremdländische Königin Gertrud, während ihr Mann Andreas II. in Galizien Krieg führt. Politik und Liebe verwoben sich zu einer Tragödie, die von den Magyaren als ihr nationaler «Hamlet» empfunden wurde. Katona starb 1830 mitten auf der Straße an einem Herzschlag.
Die *Nagykőrösi út* dient als Fußweg ins Zentrum. Den heutigen *Komszomol tér* rechts säumen barocke Gebäude. Ein hilfsbereiter Pater zeigt mir das Piaristenkolleg; vor allem die Innenausstattung der Kirche hat es mir angetan. Gegenüber zeugen Bibliothek und Gymnasium von der alten Bildungsaufgabe des Ordens. Geradeaus an der Ecke des Széchenyi tér steht die *serbisch-orthodoxe Kirche,* links, im schmalen *Lutherköz,* die evangelische; überquert man den grünen *Szabadság tér* (Bänke laden zum Verweilen ein), steht dort das *reformierte Kollegium* – getrennt davon die alte Kirche – in der Mitte

Turm der ehemaligen Synagoge, heute Haus der Wissenschaft und Technik

des Platzes: das ist echt altungarische Vielfalt von Konfessionen auf kleinster Fläche.
Halten wir jetzt Umschau, fällt sofort die *maurisch-historisierende Synagoge* von János Zitterbarth (um 1870 gebaut, 1966 renoviert) auf, außen stilrein, innen zu einem modernen Haus der Technik umgewandelt. Die schönsten Kirchen sind römisch-katholisch: sie liegen am Südende des langen Platzes, an dieser Stelle *Kossuth tér* genannt. Die älteste Kirche, die der Franziskaner, Turm und Ausschmückung barock, stammt deutlich aus dem Mittelalter. Die große *Pfarrkirche Christi Himmelfahrt* aus der Zeit Josephs II. liegt zwischen dem Nachkriegshotel *Aranyhomok* und einem prächtigen Jugendstilhaus.
Man sollte unbedingt, vielleicht nach freundlicher Überredung des Wachpersonals, den großen **Festsaal des Rathauses** von Ödön Lechner besichtigen: mächtige Glasmalereien an den Fenstern zeigen Franz Joseph bei der Königskrönung 1867 samt Hofstaat und Geistlichkeit; allegorische Bilder und Wappen aus der nationalen Vergangenheit schmücken den Saal. Auch das Treppenhaus blieb intakt. Überall auf dem Gebiet der ehemaligen Stephanskrone, besonders in Jugoslawien und Rumänien, lohnt es sich, vielerlei Abarten dieses noch gut erhaltenen «ungarischen Stils» von anno dazumal zu besichtigen.
Hinter der Franziskanerkirche beherbergt das frühere Kloster der Fratres Minores seit 1975 ein Musikinstitut von internationalem Rang: das *Kodály Zoltán Zenepedagógiai Intézet.*
Zoltán Kodály, 1882 in Kecskemét geboren, stützt sich in seinen Kompositionen auf volkstümliche Motive und Rhythmen. Die hinreißende Melodik seiner impressionistisch angehauchten Werke, des Psalmus hungaricus, der Oper Háry János oder der Tänze, aus Galánta, verschaffte ihm Berühmtheit.

An der *Cifra-Palota* vorbei, einem farbig geschmückten Zinshaus im Jugendstil, führt der Weg über die Rákóczi-Allee, umrahmt von franzisko-josephinischer Architektur, zurück zum Bahnhof.

Mit dem Wagen können Sie in zwanzig Minuten nach **Kiskunfélegyháza** fahren. Im Unterschied zu Kecskemét, einem von den Türken geschützten Khas (Marktflecken), wurde der Ort zur Osmanenzeit völlig zerstört. Die einschiffige Pfarrkirche, eine Mischung aus Rokoko und Klassizismus, und der kleine Gasthof des Vaters von Alexander Petőfi fallen dem Durchreisenden kaum auf. Origineller ist das *Kiskun Múzeum,* 1794 im Zopfstil vergrößert, der 1733 errichtete Sitz des einstigen Hauptmanns der Kumanen. Diese innerasiatischen Nomaden flohen im 13. Jahrhundert vor den Mongolen ins Alföld, ließen sich nach längeren Widerständen taufen, lernten Magyarisch, bewahrten aber bis spät in die Neuzeit hinein ihre Stammesprivilegien.
Ein wenig vom Flair des abenteuerlichen Hirtendaseins der Vergangenheit vermitteln die Gestüte, Viehherden, Entenfarmen und Ziehbrunnen der Bugac-Pußta, eine Viertelstunde mit dem Wagen westlich von Kiskunfélegyháza.
Bleibt man der E5 treu, kommt man schnurgerade nach Szeged. Über **Csongrád,** ein kleinindustrielles Städtchen an der Theiß mit Bauten der Ausgleichsära nach 1867, führt die Nr. 451 ostwärts nach **Szentes,** einer Ackerbürgerstadt mit Kirchen der Katholiken, Orthodoxen und Reformierten. Rathaus und Komitatsgebäude sind eklektisch, die Gotteshäuser barock oder klassizistisch. Die alten Landhäuser mit Laubengängen wirken sauber und behaglich.
Nicht weit ist es nun nach **Hódmezővásárhely,** einem typischen Provinzort der Tiefebene: man merkt den bäuerlichen

Ursprung, die unvermutet inmitten weiter Felder thronende Siedlung, deren gewollt urbaner Tünche der bürgerliche Hintergrund im Sinne des westlichen Europa fehlt. Freilich, es gab hier vor dem Krieg etliche Beamte, Lehrer oder Angehörige freier Berufe, zu Maria Theresias Tagen auch serbische, späterhin magyarisierte Kaufleute, aber man wundert sich nicht, wenn man hört, daß der Ort besonders vor 1914 als Mittelpunkt agrarproletarischer Bestrebungen galt. (Auch andere Gefilde im östlichen Zentraleuropa, sei es der ruthenische Teil Galiziens durch den Landarbeiterstreik 1902 oder das rumänische Regat beim Bauernaufstand 1907, erlebten Unmutsausbrüche einer bitterarmen Dorfbevölkerung.)
An den blutigen Kumanenaufstand, den Ladislaus IV. 1280 niederschlug, erinnert nichts mehr, es sei denn der hierzulande noch eher als in Transdanubien ab und zu vorkommende mongolische Menschentyp: klein, gedrungen, schwarzhaarig, mit hervorstehenden Backenknochen. Manch ein dunkelhäutiger Magyare dürfte allerdings von Zigeunern, Südslawen oder Rumänen stammen.
Um den *Kossuth tér,* häufiger Name zentraler Plätze, gruppieren sich die üblichen Gebäude: das *Komitatshaus,* 1723 barock, 1820 klassizistisch ausgestaltet, die *Alte Kirche* der Reformierten (1713) und das eklektische, Formen der Renaissance und des Barock verbindende, von einem hohen Turm gekrönte *Rathaus* (1894). In nächster Nachbarschaft vervollständigen die 1799 beendete reformierte *Neue Kirche,* die spätbarocke katholische *Pfarrkirche* und die wegen einer prunkvollen Ikonostase bedeutendste *orthodoxe Kirche* das Bild. Urgeschichtliche Funde bietet das *Tornyai-János-Museum.*

Szeged, knapp 180000 Einwohner, fünftgrößte Stadt Ungarns, liegt an der Theiß, unweit der jugoslawischen Grenze

Gulasch-Geheimnisse

Ursprünglich war Gulasch eine Hirtensuppe – ein deftiges, nahrhaftes Gericht ohne Raffinessen, bereitet aus Zutaten, die die Jahreszeit und die Region hergaben. Heute gibt es 1001 Gulaschvarianten, jede als garantiert echt und ursprünglich angepriesen.
Ebenfalls ein Gemüse-Fleisch-Eintopf ist der auf allen ungarischen Speisekarten auftauchende Pörkölt.

Hier ein Kesselgulasch für fünf Personen:
750 g Rindfleisch, 60 g Schweinefett, 200 g Zwiebeln, 2 Knoblauchzehen, 2 g Kümmel, etwas Majoran, Salz, 1 kg Kartoffeln, 150 g Paprikaschoten, 150 g Tomaten, 60 g Mehl, 1 Ei.
Das in kleine Würfel geschnittene Fleisch mit Fett, feingehackten Zwiebeln und den Gewürzen mischen und mit wenig Wasser zugedeckt langsam dünsten. Von Zeit zu Zeit umrühren und nur soviel Wasser nachgießen, daß das Fleisch nicht anbrennt. Wenn das Fleisch anfängt weich zu werden, die in Streifen geschnittenen Paprikaschoten, die Tomaten- und Kartoffelwürfel hinzufügen, mit Wasser bedeckt weichkochen. Aus 60 g Mehl und einem Ei einen Teig bereiten, Nocken zupfen, in Salzwasser garen und vor dem Servieren zum Gulasch geben.

Ähnlich ist das Gulasch Klausenburger Art. Statt einem Kilo kocht man nur ein halbes Kilo Kartoffeln und ein halbes Kilo Weißkohl mit, die Nocken bleiben weg.

Beim Szegediner Gulasch nimmt man 750 g Kartoffeln und 250 g in Streifen geschnittenen Lauch, die Serben ersetzen die Hälfte der Kartoffeln durch 750 g Wirsing, im Gulasch auf Csángo-Art werden Kartoffeln und Majoran weggelassen und statt dessen 500 g Sauerkraut und 60 g Reis mitgekocht und am Schluß 0,4 l saure Sahne beigefügt.

und des Zuflusses der *Maros,* an der Kreuzung der Strecken Budapest–Subotica–Belgrad und Budapest–Arad–Bukarest; in Richtung Westen kommt man nach Pécs, Richtung Norden nach Békéscsaba.
Schon vor der Türkenherrschaft war Szeged reich geworden, konnte aber erst nach dreihundertjähriger Pause zur Reformzeit die einstige Bedeutung wiedergewinnen: Die Voraussetzungen hatte die maria- theresianische Epoche geschaffen. 1848/49 ein Herd der habsburgfeindlichen Revolution, vorübergehend sogar Hauptstadt der Oppositionellen, spielte Szeged 1919 wieder eine Schlüsselrolle als Ausgangspunkt der militärischen Gegenbewegung Admiral Horthys, die zum Schlag auf die kommunistische Rätediktatur Béla Kuns ansetzte: Befreiung vom roten Joch für die einen, blindwütiger Terror der weißen Reaktion für die anderen. Doch gab es noch blutigere Kapitel in der Geschichte der Stadt. Das abgeschlagene Haupt des Rebellen György Dózsa spießte man 1514 auf, für alle sichtbar zur Abschreckung, bevor es mit Schimpf und Schande bestattet wurde.
Die ständige Bedrohung durch die Osmanen hatte Erzbischof Bákocz veranlaßt, den Papst zur Ausrufung eines Kreuzzuges zu überreden. György Székely (Dózsa), der sich in Grenzscharmützeln mit den Anhängern Mohammeds einen Namen gemacht hatte, beauftragte man mit der Aufstellung eines Freiwilligenheeres aus Bauern, Handwerkern und mittellosen Kleinstadeligen. In der rasch gebildeten Armee begann es jedoch zu rumoren; der äußere Feind war weniger verhaßt als der innere – die großen Herren. Die versuchte Entwaffnung des Volkes mißlang. Ein fürchterlicher Aufstand machte Südostungarn zum Flammenmeer. Zerstrittene Adelsfraktionen einigten sich gegen die mordenden Scharen, deren Schicksal bei *Temesvár* besiegelt wurde. Die Rache der Sieger überbot

Das pseudogotische «schwarze Haus»

an Grausamkeit, was entfesselte Massen angerichtet hatten. Dózsa setzte man auf einen glühenden Thron, eine glühende Krone bedeckte seinen Kopf, so daß der entsetzlich verspottete «Bauernkönig» bei lebendigem Leibe zu Tode briet. Tausende seiner Mitkämpfer mußten sterben. Der Reichtag beschloß das Tripartitum, ein Grundgesetz, durch das die Gemeinen an den Boden gebunden wurden und nur der Adel persönliche Freiheiten genießen durfte. Ein für allemal sollte dem Lumpenpack die Lust zum Ungehorsam vergehen. Die schrecklichen Begebenheiten schilderte der liberalkonservative Staatsmann und Publizist *József Eötvös* (1813–1871) in seinem packenden Roman «Ungarn 1514».

Überraschend heftiges Tauwetter ließ im März 1879 eine andere Katastrophe hereinbrechen: die fürchterliche Flut riß in wenigen Stunden fast 600 Häuser weg. Ganz Europa sprach vom Unheil, man half von weit her. Franz Joseph kam als ungarischer König nach Szeged, um den Verzweifelten Mut einzuflößen. Die bald neu errichtete Stadt stellt heute ein europäisches Musterbeispiel der bürgerlichen Architektur von Historismus und Jugendstil dar, ein stolzes Klein-Budapest, ja Klein-Wien oder Klein-Paris. Die ungestörte, ältere Bausubstanz fügt sich darin gut ein. Schattige Bäume säumen den belebten *Széchenyi-Platz,* dessen meist eklektische Bauten – Rathaus, Postamt, Hotel Tisza, Palais Kiss Dávid, Jerney-Haus – samt dem klassizistischen Zsótér-Haus, 1849 Landtagssitz, sowie dem sezessionistischen *Palais Csongrádi* nostalgische Erinnerungen an die 1914 zu Grabe getragene Welt wecken. Die *Kárász utca* war damals schon ein lebhafter Promenadenkorso und ist es auch jetzt noch. Beim Überqueren des *Klauzal tér* fällt das Kárász-Haus auf, von dessen Balkon am 2. Juli 1849 der Revolutionär Kossuth seine letzte Rede auf ungarischem Boden hielt.

Auch der nahe *Dugonics tér* bleibt dem Eklektizismus verhaftet; die Jugend beherrscht den Platz, die Gebäude ringsum gehören zur Universität. Ein Denkmal erinnert an Attila József, den stark sozialkritischen Vorkriegsdichter, Sohn eines Seifensieders, der wegen Abfassung linksgerichteter Lyrik von der Hochschule relegiert wurde. Seine zweifellos kunstvollen Balladen scheinen von Majakovskij inspiriert; er war eine Art idealer Vorkämpfer des Proletariats und vor 1945 weitgehend unbekannt; im kommunistischen Ungarn wird er sehr geschätzt. Auf dem Weg zum *Dóm tér* kommen wir am gleichfalls stilgetreuen *Aradi-Vértanúk tere* vorbei: wie viele andere Plätze im Land ehrt auch dieser das Andenken der 13 Arader

Detail am Domportal

Märtyrer, die 1849 als Aufstandsführer der unheilvollen Rachejustiz Wiens zum Opfer fielen. Die Exekution fand unter den Klängen der Haydn-Hymne statt, die später, nach dem Ausgleich, in Ungarn nie wieder gespielt wurde.
Die zwischen 1911 und 1929 gebaute *neuromanische Votivkirche* mit byzantinischer Kuppel versinnbildlicht den Dank der Menschen für den Wiederaufbau der Stadt nach 1879. Die Konstruktion beeindruckt ebenso durch ihre Größe wie durch ihre Häßlichkeit. Immerhin stammt der einsam wie ein Kampanile davor stehende St.-Demetrius-Turm wirklich aus dem 13. Jahrhundert. Die Laubenhäuser am Platz muten sowohl italienisch als niederländisch an: unter den Arkaden schuf man 1931 eine Nationale Gedenkhalle, großen Gestalten der Vergangenheit geweiht. Vor dem Dom findet jährlich ein Theaterfestival unter freiem Himmel statt, das Gotteshaus selbst birgt eine der mächtigsten Orgeln Europas. Trotzdem gefällt mir die serbisch-orthodoxe Barockkirche am anderen Ende des *Dom tér* besser; schon allein wegen der leuchtenden Ikonostase lohnt sich die Besichtigung.
Die nordwärts, parallel zur Theiß von hier wegführende *Óskola utca* zeigt noch die frühere gemütliche Bauweise Szegeds: manche von den gedrungenen, einstöckigen Häusern haben sogar die Ära des Halbmondes miterlebt. Nr. 6 beherbergte angeblich ein griechisches Kaufgewölbe.
Triumphierende Millenniumsatmosphäre des Jahres 1896 umgibt den anschließenden *Roosevelt tér,* von dem aus eine neue Brücke den Fluß überquert; korinthische Säulen schmücken ein mächtiges Gebäude, das Bibliothek, Regionalmuseum und Kulturpalast enthält. Was von der alten Burg übrigblieb, erkennt man dahinter inmitten der Grünanlage, es sind nur noch Kasematten. Das eklektische *Nationaltheater* ist von Häuserzeilen der gleichen Epoche umgeben.

Weiter nach Norden, an der József-Attila sugárút, liegt noch die barocke *Minoritenkirche;* man könnte sich nun zum Teil durch andere, von Stilarten des 19. und 20. Jahrhunderts geprägte Gassen des Zentrums wieder in Richtung Aradi-Vértanuk tere wenden. Mehr ländlichen Charakter trägt die Hunyadi-János sugárút. Plötzlich steht man aber vor der großen *Franziskanerkirche,* die sich – ursprünglich gotisch, dann barockisiert – von den benachbarten, schon dörflichen Häusern merklich abhebt.
Über den breiten, zu Ehren europäischer Städte, die Szeged nach der Überschwemmung halfen, benannten Außenring erreicht man das ehemals jüdische *Rokus-Viertel.* Kleinhändler, Gewerbetreibende, auch bescheidene Handwerker und Fuhrunternehmer lebten hier. Zwei *Synagogen,* die klassizistische von 1843 und die stolz von einer Kuppel überragte neue (1900–1903), erinnern an eine zum Großteil verschwundene Bevölkerungsgruppe. Die Szegeder Gemeinde bleibt trotzdem auch jetzt die zahlenmäßig stärkste im Land nach Budapest. Die reiche Innenausstattung des jugendstilartigen *Neologentempels* einer im ungarischen Judentum starken Reformbewegung lohnt den Besuch.
Im noch spätbarocken, vom nachfolgenden Klassizismus wesentlich geformten **Makó** östlich von Szeged, einst Sommerresidenz der Bischöfe von Temesvár, gibt es neben der katholischen auch eine reformierte Kirche: konfessionelle Vielfalt und Toleranz kennzeichneten dieses Land allerorten. Nicht weit ist es bis zur rumänischen Grenze, zu den geschichtlich ungarländischen Regionen des Banats und Siebenbürgens.
Nordwestlich von Szeged, bei Gyula, kann man auch einen kleinen Übergang nach Rumänien benützen; so bleibt man länger in Ungarn und muß meistens weniger Zeit für Zollab-

fertigung aufwenden. Hódmezővásárhely, dann das halbstädtische, zweihundertjährige Großdorf **Orosháza** mit evangelischer Kirche (1786), endlich Békéscsába und Gyula liegen am Weg.

Die Sturmecke: Ackerbürger, Slowaken, Landarbeiter

Die flache Ackerbürgerstadt **Békéscsaba,** ein Gemisch von Völkern und Religionen, wurde durch slowakische Siedler während des 18. Jahrhunderts neu belebt. Noch immer hört man aus dem Stimmengewirr des Stadtzentrums slawische Laute heraus, ein Kulturheim und ein Gymnasium der Slowaken zeugen von staatlicher Anerkennung. Die gewohnten Stilformen magyarischer Städte finden sich auch hier: den breiten, langen Platz in der Mitte, mehr eine Hauptstraße, umgeben stattliche Amtsgebäude und Kaufmannshäuser des 19. Jahrhunderts. Man merkt rückblickend den zunehmenden Reichtum jener Tage, die so sehr gewollte und doch nur halb verwirklichte Urbanisierung agrarischer Lebensart. Emporgekommene Getreidehändler, Beamte, Journalisten, ein Rechtsanwalt, ein Notar, ein Arzt, Ungarn kleinadeliger Herkunft, dem Getto entkommene Juden, magyarische Söhne von Deutschen und Slawen bildeten diese Gesellschaft. Zwei evangelische *Kirchen,* eine katholische, die kleine Synagoge, das bombastische *Rathaus,* ein- und zweistöckige Häuser, heute auch das moderne, durchaus gut ausgestattete, stark besuchte Kaufhaus, gleich in den Nebengäßchen der Einbruch des Bäuerlichen, stadtauswärts die unpersönlichen Wohnviertel von heute, doch insgesamt ein freundlicher Provinzialismus: das ist Békéscsaba.

Ein Besuch des *Munkácsy-Mihály-Museums* vermittelt eine Vorstellung vom Werk des wohl bedeutendsten ungarischen Malers (1844–1900), dessen Landschafts- und Genrebilder Meisterstücke des Realismus sind: alle Gesellschaftsschichten des vorigen Jahrhunderts bannte er auf die Leinwand. Seine besten Werke hängen in der Budapester Nationalgalerie.

Beschauliche Thermalbadfreuden bei üppiger Parkvegetation an einem trägen, schmalen Flüßchen bestimmen den Aufenthalt im historischen **Gyula**, einem Städtchen mit über 30000 Seelen, nur fünf Kilometer von Rumänien entfernt. Die Inschriften in der unscheinbaren *orthodoxen Kirche* zeugen von der Präsenz einer walachischen Volksgruppe, die große Mehrheit bilden freilich Magyaren. Vom Landesinneren strömen ruhebedürftige Kurgäste herbei. Der Liebhaber der Vergangenheit flaniert an der stattlichen Front des ehemals gräflichen *Harruckern-Almássy-Schlosses* aus dem Spätrokoko vorbei zur alten *Wasserburg* aus Ziegelstein in oberitalienischem Stil: hier die lustigen Rufe der Kleinen des Kindergartens, da nur vereinzeltes Knistern von Kieselsteinen unter den Füßen des einsamen Besuchers. Die berühmte, zwischen 1506 und 1694 von einer türkischen Garnison besetzte Festung wurde teils 1700, teils 1812 ihres äußeren Bastionsringes beraubt. Der restaurierte Bau birgt jetzt ein *Regionalmuseum,* der Hof bildet im Sommer eine Kulisse für Theatervorstellungen. Die beleibte Wächterin vor dem Tor schmatzt, gleichgültig auf einem Stuhl sitzend, Wurstbrote; mehrere Katzen um sie herum räkeln sich gähnend in der Sonne.
Im klassizistischen Ortskern mit der *barocken Pfarrkirche* der Lateiner erinnern ein Museum und eine Gasse an zwei berühmte Söhne Gyulas. Am *Ápor-Vilmos-Platz* Nr. 7 ist das *Ferenc-Erkel-Museum* dem Komponisten der ungarischen Na-

Moderner ungarischer Wohnungsbau in Dunaújváros, nordwestlich von Kalocsa

tionalhymne gewidmet. Die zur *Albrecht-Dürer-Gasse* gewandte Seite des Museums trägt eine Gedenktafel, die von der Abstammung der Familie des deutschen Renaissancekünstlers aus Gyula, genauer aus dem heute zu Gyula gehörenden Ajtósfalva, berichtet.

Von Békéscsaba zehn Kilometer entfernt, lockt das kleinstädtische Straßendorf **Békés** nicht nur wegen seiner drei *barocken Gotteshäuser* der Orthodoxen, der Katholiken und der Reformierten, sondern auch wegen der niedrigen, aber stattlichen Großbauernhäuser, die unter Denkmalschutz stehen, weil ihr Stil unverfälscht erhalten ist und bleiben soll. Jodquellen spenden Kranken Linderung ihrer Leiden.
Über *Gyoma* läßt sich, auf dem Weg nach *Kecskemét,* **Szarvas**

erreichen. Unterwegs stößt man auf die legendäre *kondorosi csárda* (Wirtshaus von Kondoros), einst Sitz berüchtigter Betyaren, also streunender Banditen oder auch Freiheitshelden, die den Reichen nahmen und den Armen gaben. Heute empfängt uns hier bloß ein stilgerecht magyarischer Landgasthof mit dem Speisenangebot der Tiefebene. Szarvas, zur Zeit der Paschas ganz entvölkert, wurde um 1720 neu von Slowaken besiedelt. Einer Gestalt der Aufklärung, dem protestantischen Pfarrer des Ortes, Sámuel Tessedik, der als überzeugter Physiokrat 1780 eine Agrarschule einrichtete, verdankte Szarvas den raschen Aufstieg. Die Architektur bietet kaum Überraschungen: in der *Szabadság utca* ragt das klassizistische *Kleinstadtpalais* der Grafen Mitrovszky hervor, an der *Vajda-Péter utca* liegt das *Barockschlößchen* der Familie Bolza, daneben stehen niedliche Bauernhäuser mit bunter Ornamentik. Den Botaniker wie auch jeden, der einen schattigen Platz zum Ausruhen sucht, lockt das vom Grafen Pál Bolza noch zur Rokokozeit begonnene *Arboretum:* exotische Bäume wie kalifornische Sequoidas, Sumpfzypressen und Kakteen vermitteln die Illusion, auf einem fernen Kontinent zu weilen.

Wild wuchernde, oft schwer zugängliche Auen entdeckt man an der der Theiß entlang führenden Nr. 441 nördlich von **Cserkeszőlő.** Die üblichen, west-östlichen Theißbrücken hingegen geben nur kurz den Blick auf scheinbar undurchdringliches Dickicht oder sumpfiges Gelände frei: so ergeht es einem auch, wenn man weiter westwärts schnurgerade nach Budapest fährt. Von Kecskemét aus bietet der Rückweg über Nagykőrös und Cegléd historische Reminiszenzen. Die sprichwörtliche Ackerbürgerstadt **Nagykőrös,** unter den Türken ein beschützter Marktflecken, bestand kontinuierlich seit dem Mittelalter: die *reformierte Kirche* zeigt deutlich Spuren ihres gotischen Ursprungs, das *katholische Rokokokirchlein* sieht daneben bescheiden aus, lebten doch die «Papisten» nur als Minderheit. Einfache Adelsfamilien, im Grunde nur Gemeinfreie wie auch Polen sie kannte, hinterließen schmucke, wenngleich unauffällige Kleinhöfe, von fern her barock oder klassizistisch stilisiert. Das alte Gymnasium der Reformierten, in das die Gentry ihre Söhne schickte, hält seine Tore auch für Besucher des Arany-Gedenkmuseums offen. János Arany, treuer Freund Petőfis, gehörte zum Dichterkreis des Reformzeitalters: gewollt volksverbunden, frönte er nationaler Romantik; Tragik wie auch Ironie kennzeichnen seine Epik. Ein Gequälter, gab er seiner Verzweiflung über die Niederlage von 1849 Ausdruck. Unter Bachs Regiment zunächst ohne Arbeit, durfte er dann als Mittelschulprofessor in entlegener Provinz ungestört seine Werke schreiben.

Das bedeutendere, gegenwärtig von der Leichtindustrie geprägte **Cegléd** entspricht den Erwartungen: durchaus adrette, im Stil des späten 18. und frühen 19. Jahrhunderts geschaffene Bauten, aus denen die kuppelförmige *Kirche der Reformierten* (1836–1857) deutlich hervorsticht. Wie so oft im Alföld, erwecken hauptsächlich Menschen und Schicksale das Interesse des Betrachters; die Bauten ähneln einander von Ort zu Ort. Sie strahlen eine heimelige Atmosphäre aus, einprägsame künstlerische Merkmale haben sie kaum.
Von diesem heute so bieder wirkenden Städtchen breitete sich 1514 die lodernde Fackel des Dózsa-Aufstandes aus. Anfang Oktober 1848 rief Kossuth in Cegléd die Nation zum organisierten Kampf gegen den Kaiser-König auf. Das *Lajos-Kossuth-Museum* schildert den Werdegang dieses Mannes, der unversöhnt mit Habsburg 1894 fern der Heimat starb.
Der Advokat aus protestantischem Kleinadel des Komitats Zemplén machte schon als Dreißigjähriger 1832 durch flam-

mende Reden vor der Nationalversammlung auf sich aufmerksam. Ein Gefängnisaufenthalt verschaffte ihm die Anhängerschaft der nationalliberalen Jugend. 1841 Gründer und Chefredakteur der neuen Tageszeitung «Pesti Hirlap», wurde er zum Sprecher des oppositionellen Adels und radikaler Intellektueller: unabhängige Industrie, Schutzzölle, Bauernbefreiung lauteten die zunächst verkündeten Programmpunkte. Konstitutionelles Regierungssystem und Pressefreiheit forderte Kossuth auf dem Reformreichstag von 1847/48. Unabhängigkeit vom Wiener Hof galt ihm als wichtigste Aufgabe. Nach der Märzrevolution zum Finanzminister ernannt, setzte er die Mobilmachung einer 200000 Mann starken ungarischen Armee durch, um die Einheit des Staates gegen die österreichische Reaktion wie gegen die Selbständigkeitsbestrebungen der Nationalitäten zu verteidigen.
Hier lag auch die Tragik des magyarischen Strebens, eine Ausweglosigkeit, die man durch kluge Selbstbeschränkung, durch Akzeptieren der ethnischen Eigenart von Slawen und Rumänen hätte vermeiden können. Mangelnde Nachgiebigkeit führte zum Krieg Ungarns mit allen inneren und äußeren Feinden: als die Russen in Siebenbürgen eindrangen, ging der blutige, lange Feldzug zu Ende. Die polnischen und italienischen Freiwilligen konnten ebensowenig helfen wie Europas Anteilnahme. Kossuth mußte fliehen, als ruheloser Wanderer das Asyl der Türkei, Englands und des piemontesischen Königshauses in Anspruch nehmen. Ungarn «verwirkte» alle Rechte. Doch Kossuth begann seinen Fehler einzusehen: nur eine Donaukonföderation freier Völker erschien ihm jetzt als tragbare Zukunftslösung für Mitteleuropa. Aber den Ausgleich von 1867 verwarf er und glaubte auch nicht an die Lebensfähigkeit der Monarchie. Erst sein Leichnam fand, von einer Riesenmenge begrüßt, den Weg aus Turin ins Vaterland.

Ungarland – Donaustrand

Am Strom entlang nach Jugoslawien

Am südlichen Ende der schmalen Donauinsel **Csepel** südlich von Budapest liegt, etwas abseits der Staatsstraße 51, der kleine Ort **Ráckeve.** Der Name «Rác» (im Deutsch des 17. Jahrhunderts «Raitzen») weist auf serbischen Ursprung hin.
1440 gründeten Serben, die ihre Heimat vor den Türken flüchtend verlassen hatten, mitten in den Flußauen eine wohlgeschützte Siedlung. 1487 bauten sie die heute erneuerungsbedürftige gotische Kirche, ein Wahrzeichen des dörflich verschlafenen Ortes mit ebenerdigen, alten Behausungen und holprigen Gassen. Wie der kampanileartige alleinstehende Glockenturm, der zwischen 1758 und 1776 ein barockes Gepräge erhielt, stammt die Kirchentür auf der Südseite aus der Frührenaissance.
Bis heute dient das Gotteshaus dem orthodoxen Glaubensbekenntnis. Die west-östliche Stilmischung ist kulturhistorisch besonders interessant: Ein spätgotisches Netzgewölbe überspannt typische Elemente des griechischen Ritus, Altarraum, Schiff und Vorhalle; auch die Seitenkapellen haben Spitzbögen. Die jetzt sichtbaren Fresken, um 1770 gemalt, verdecken wahrscheinlich ältere, in früheren Quellen erwähnte Wandmalereien. Die Darstellungen von Fodor Gruntovics wirken spätbyzantinisch. Die Südwand zeigt eine Geburt Christi, die Nordwand eine Himmelfahrt, die Westwand ein Jüngstes Gericht. Den Christus Pantokrator des Gewölbes umgeben Erz-

engel. Das rotmarmorne Grabmal der Vorhalle schuf 1525 der italienische Renaissancebildhauer *Giovanni Fiorentino;* die schmuckreiche Ikonostase entstand 1768.
Ráckeve bietet noch vor allem, außer einer gotischen Weinstube und einer katholischen Rokokokirche, das ungarische *Lustschloß des Prinzen Eugen von Savoyen.* Von der *Gräfin Heißler* erwarb der Türkenbezwinger 1698 sein Gut, den jungen *Lucas von Hildebrandt* beauftragte er, ihm eine Sommerresidenz zu bauen. 1702 war Hildebrandts erster Prunkbau vollendet. Das niedrige Gebäude erinnert eher an kleinere Marchfeldschlösser als an das Wiener Belvedere und gilt als eines der gelungensten Beispiele weltlichen Barocks in Ungarn. Dem Ehrenhof zugekehrt ist der mächtige, achteckige Risalit. Statuen der griechischen Mythologie blicken würdig von der Dachbalustrade herab, darüber wacht das Wappen des Savoyers.
Von der einst hell leuchtenden Stuckverzierung der eleganten Innenräume blieb kaum etwas erhalten. Erst 1958 begann man zögernd, das Schloß vor dem totalen Verfall zu retten. Es bleibt noch viel zu tun, bis Ráckeve wieder im alten Glanz erstrahlt.
Freilich waren damals, vor drei Jahrhunderten, die von der magyarischen Herrenschicht mit der Türkenbefreiung verbundenen Hoffnungen weitgehend bitter enttäuscht worden. Der Reichstag 1687 mußte das Nachfolgerecht des Hauses Habsburg garantieren, der Adel bis dahin unbekannte Kriegssteuern leisten. Die alten Familien sahen sich bei der Rückgewinnung verlorengegangener Ländereien vor großen Schwierigkeiten: die neugegründete *Neoacquistica Commissio* ließ nur schriftlich belegbare Ansprüche gelten. Vieles von dem, was die Osmanen einst genommen hatten, ging nun auf die Kammer über, die manches an Vertraute des Wiener Hofes

Zigeunerprimas

weitergab. Die kaiserliche Armee, so berichtet die ungarische Geschichtstradition, plünderte die erworbenen Gebiete aus. Die Wiederbesiedelung verödeter Landstriche mit Nichtmagyaren half allerdings, das billigt man zu, die Wüstenei wieder fruchtbar zu machen. Eine wichtige Rolle kam dabei Magnaten zu, Magyaren wie frischbedachten Fremden: Prinz Eugen etwa rief bayrische Bauern an die mittlere Donau. Das Dorf **Soroksár** – man durchquert es auf der Fahrt von Budapest nach Ráckeve – kennt bis heute eine deutsche Volksgruppe und führt offiziell auch den Namen Schorokschar.

Leopold Kollonich, neuer Erzbischof von Kalocsa, holte viele Siedler nach Ungarn. Aber sein «Einrichtungswerk», das die alten Privilegien des Adels zugunsten des Wiener Absolutismus ganz beschnitten hätte, kam nur beschränkt zur Geltung. Manche Ideen einer kameralistischen Belebung der Wirtschaft konnten aber verwirklicht werden. Trotzdem erfreut sich der Kirchenfürst keines guten Andenkens; es heißt, ihm habe ein «armes, deutsches, unterwürfiges» Ungarn vorgeschwebt. Seine Nachfolger jedenfalls errichteten den majestätischen Dom, dessen hohe Türme uns schon von weitem willkommen heißen.

Kalocsa, ein beschauliches Provinzstädtchen, steht ganz im Zeichen des triumphierenden Barockkatholizismus. Nur wenig Verkehr stört die Ruhe dieses heißen Spätnachmittags, an dem ich die Stimmung auf mich einwirken lasse. Man muß sich den Hals verrenken, wenn man an der monumentalen Domfassade hinaufschaut. Vielleicht setzen Sie sich auf die Stufen der Dreifaltigkeitssäule (1786): von dort schweift das Auge rechts hinüber zum Erzbischöflichen Palais, links zur breiten, von zweistöckigen Häusern des 18. Jahrhunderts gesäumten *István Király út.* Hier gibt es seit 1760 ein Priesterseminar, Domherren wohnten in würdiger Umgebung. Ämter und Schulen sind nun in die Räume gezogen. Nahe zur Dreifaltigkeitssäule bildet ein Salon aus den Tagen *Maria Theresias* den Rahmen für ein nettes Kaffeehaus. Etwas Rast in kakanischer Umgebung, dann geleiten uns bereitwillige Passanten durch Nebengassen zur *Tompa Mihály utca* 1: das auf Hochglanz gebrachte Gebäude mit Schilfdach und Veranda birgt ein Haus der Volkskunst *(Népművészeti Ház):* Stickereien, bemalte Möbelstücke, bunte Wandpartien sind hier zu sehen.

Auf dem Rückweg zum Dom zeichnen sich die beiden Barocktürme, jetzt von hinten gesehen, gegen den Himmel ab, davor belaubte Baumwipfel: ein echtes Stimmungsbild. Die einstige gotische Kirche brannte 1602 ab. 1728 entwarf An-

dreas Mayerhoffer das neue Gotteshaus, dessen Innenschmuck erst 1770 fertig wurde. Die Statuen auf dem Giebel stammen teils aus dem 18., teils aus dem 19. Jahrhundert. Böhmisches Kappengewölbe überdeckt den Innenraum. Die romanische Grabplatte des Chors mit der lateinischen Inschrift «Martinus Ravegu lapicida iacet hic» erinnert an einen Steinmetz des Mittelalters.
Die Stuckreliefs des Hauptschiffes, italienische Rokokoarbeit, sind mit dem Hauptaltar aus der Zeit um 1850 – in der Mitte prangt eine Himmelfahrt Mariä des Österreichers *Leopold Kupelwieser* – eine Art Vernunftehe eingegangen: obgleich aus verschiedenen Epochen stammend, stören sie einander nicht. Als Gesamteindruck bleibt glitzernder Spätbarock; die Krypta freilich entstand vor 800 Jahren.
Man sollte auch versuchen, in das benachbarte Palais des Erzbischofs, das diskret hinter Parkbäumen verschwindet, hinein zu kommen: Fresken von *Franz Anton Maulbertsch* (1785) zieren Kapelle wie Prunksaal. Die Bibliothek aus diesen Tagen erinnert an ähnliche Säle in Klöstern des gesamten habsburgischen oder wittelsbachischen Kulturraumes.
Friede und Harmonie begleiten uns in Kalocsa: wer dächte da an die furchtbaren Verwüstungen und Blutopfer dieses Landes, wenn er zum Abschied noch die Statue des Kirchenfürsten *Pál Tomory* vor der Kathedrale bemerkt, jenes Erzbischofs, der 1526 bei Mohács gegen die Türken fiel!

Von der Landstraße nach **Baja** sind es nur drei Kilometer zum Donauufer. Kaum verläßt man eines der sauberen Dörfer, holpert das Auto über unzumutbare Erdpfade. Das ist eigentlich ganz gut so; der schlechte Straßenzustand hat nämlich zur Folge, daß man den träg-breiten Strom ungestört beobachten kann, wenn man das dichte Gestrüpp überwunden

Wer Ungarn sagt... muß auch Paprika sagen

Paprika ist im Ausland fast ein Synonym für Ungarn. Die Türken brachten ihn im 17. Jahrhundert ins Land. Es soll etwa hundert verschiedene Arten geben; in Ungarn wird eine einjährige Art vor allem bei Szeged und Kalocsa – wo es sogar Paprikaforschungsinstitute gibt – in großem Stil angebaut. Dort bieten die langen Sommer und die Feuchtigkeit von Theiß und Donau ideale Bedingungen für das Gedeihen des Nachtschattengewächses. Aber auch in der großen Tiefebene wächst Paprika.
Zur Erntezeit hängen an Häusern und Zäunen, unter Vordächern und in Gärten Paprikakränze zum Trocknen. In der Umgebung von Kalocsa haben Paprika-Motive auch Einzug in die Volkskunst gehalten: Hausmauern und Wände werden mit Paprika-Motiven bemalt.
Paprika ist nicht nur Gewürz, Gemüse und Zierpflanze, sondern auch Heilmittel. Gegen Fieber gibt es einen Paprikaschnaps, angeblich half er auch gegen das mittlerweile ausgerottete Sumpffieber. Paprikapflaster soll gegen Geschwüre gut sein, Paprikatee gegen Nachtblindheit, und früher, als Wanderapotheker das Land durchstreiften, gehörte Paprika zum festen Sortiment in deren Bauchläden.

---

hat. Die Mühe lohnt sich. Den Wagen läßt man an einer Lichtung stehen. Im Spätsommer drohen Mücken; nach Hochwasser ist der Boden aufgeweicht und unpassierbar. Irgendein seltener Vogel könnte aber wenigstens gerade zum Flug ansetzen; aus den ufernahen Tümpeln melden sich quakend Frösche, Myriaden von Insekten summen. Auch an Theiß und Bodrog, im Osten Ungarns, blieb die Natur unverfälscht, zum Teil noch urwüchsiger als hier.
Nun, die Donaustadt Baja, in deren Nähe der Strom Seitenarme und Inseln bildet, lockt während der Saison viele, meist osteuropäische Touristen auf den Campingplatz. Man findet hier auch Fischlokale; die Gaumenfreuden halten sich freilich

in Grenzen. Der Ort könnte sonst nirgends liegen, außer in ungarischen oder doch habsburgischen Landen. Der große Platz mit Kopfsteinpflaster aus dem 19. Jahrhundert beherrscht das Zentrum; ein- bis zweistöckige Häuser umgeben den *Béke tér* von drei Seiten; die vierte, unbebaut, läßt den Abstieg zum Stromufer frei. Das Hotel *Duna*, ein wunderbar verfallenes Relikt des Fin de siècle, birgt riesige Zimmer, jedes wie für eine halbe Schulklasse. Man darf auch allein drin übernachten, zu symbolisch niedrigen Preisen. Die schöne Ausstattung aus den Tagen von Erzsébet-királyné ist verschwunden – nur das Stiegenhaus bewahrt noch stilechte Fenster – und mußte sozialistischer Strenge aus den fünfziger Jahren weichen. Gäste und Personal wirken zugleich proletarisch und jovial.

Wann verirren sich schon Fremde aus dem Westen hierher? Die Jugendkneipe daneben bietet Popmusik à la hongroise. Ansonsten versinkt die 40000-Einwohner-Stadt in nächtlichem Halbdunkel. Bei Tage sieht alles viel freundlicher aus. Gespenstisch still ruht in einer Seitengasse die innen stark beschädigte *Synagoge*. Das klassizistische Bethaus der Juden (1845), einem griechischen Tempel leicht nachempfunden, könnte durch gründliche Renovierung gerettet werden. Der angeblich böse Hund, der den Komplex bewacht, springt uns aus dem Garten freudig entgegen. Seine zahnlose, altersgebückte Herrin mit Kopftuch gibt sich ganz dem Wäschewaschen im Freien hin.

Auch Serben und Deutsche gab es im alten Baja. Zwei orthodoxe Kirchen des späten 18. Jahrhunderts und der Name eines Donauarmes (Sugovica) erinnern an die Südslawen, von denen noch eine kleine Gruppe hier lebt. Die Schwaben nennen ihren Heimatort Frankenstadt; sie bekommen Gelegenheit, im *Leo-Frankel-Gymnasium*, das den Namen eines frü-

hen Kämpfers der ungarländischen Arbeiterbewegung, ja Mitglieds der Pariser Kommune trägt, Deutsch zu lernen.
An der Ecke der *Deák Ferenc utca,* gleich neben dem *Rathaus,* wurde in einem früheren Herrenhaus klassizistischer Bauart das *István-Türr-Museum* eingerichtet. Die schillernde Gestalt dieses Militärs, Ingenieurs und Politikers erweckt Vorstellungen vergangener Kämpfe und fremder Länder. 1825 in Baja geboren, diente Türr 1848 in der kaiserlichen Armee gegen die Piemontesen, auf deren Seite er 1849 eine ungarische Legion bildete. Zum Exil in England genötigt, focht er während des Krimkriegs für die britische Krone. Da erwischten ihn die Österreicher 1855 in Bukarest: die Hinrichtung stand bereits fest, als die persönliche Fürsprache *Königin Viktorias* ihm das Leben rettete. Er ging nach Turin, kämpfte für *Garibaldi* und durfte 1867 in seine Heimat zurückkehren. Kurz zuvor hatte er noch an den Plänen für den Bau des Suez-Kanals mitgewirkt – jetzt widmete er sich der Entwässerung des Alföld.
Das Museum seines Namens bietet lokalhistorische und ichthyologische Schaustücke neben der Kunst von heute. Durch die Gassen an zwei katholischen Barockkirchen vorbeischweifend, bemerkt man auf dem *Platz des 4. April* die Statue von *András Jelky,* eines Ungarn der Rokokozeit, der als Weltreisender unglaubliche Abenteuer erlebte.
Unweit davon, in der *Arany János utca,* trägt das alte, 1830 von Josef Hild gebaute Herrenhaus typische Merkmale des ungarischen Provinzklassizismus. In dem mit Adelswappen an den Säulen unauffällig geschmückten Gebäude hat sich eine Künstlerkolonie niedergelassen.

Von Baja aus kommt man nun westwärts über die Donau nach *Pécs,* ostwärts nach *Szeged* oder in südlicher Richtung ins nahe Jugoslawien. Wäre man schon in *Solt* von der Straße

Nr. 51 abgezweigt, hätten auf dem Weg nach Subotica zwei Orte Kleinkumaniens zum kurzen Verweilen eingeladen: Kiskőrös und Kiskunhalas.

Das gepflegte, sauber schilfbedeckte Bauernhaus an der Hauptstraße von **Kiskőrös** birgt das Geburtszimmer von *Sándor Petőfi*, dem großen Romantiker, dem ungarischen Dichter slowakischer Herkunft. Als Sándor 1823 auf die Welt kam, war sein Vater Petrovics Schankwirt und Metzger. Dem Erstgeborenen sollte es besser gehen: er wurde auf die Schule geschickt, um den Aufstieg zum Bildungsbürger zu schaffen. Vom 17. Lebensjahr an mußte Sándor für sich selbst sorgen, als Statist, Schauspieler, Soldat und Hilfsredakteur; er zog, manchmal zu Fuß, durch das Land, dem er ein verklärt ironisches, volkstümlich-progressives Denkmal setzte. Als revolutionärer Demokrat der Pester Jugendszene kämpfte er 1849 unter dem legendären Polen General *Józef Bem* gegen die russische Intervention. Die Schlacht bei Schäßburg in Siebenbürgen brachte ihm im gleichen Jahr den Heldentod:

«Freiheit und Liebe sind all mein Streben! Für meine Liebe könnt' ich das Leben, doch für die Freiheit die Liebe selbst geben.»

In **Kiskunhalas** fallen das zweihundertjährige *Pfarrhaus* der Reformierten und das hundertfünfzigjährige einstige *Rathaus* als typische Beispiele ungarischer Architektur mit Laubengang ebenso auf wie die Windmühle von 1850. Die Gemälde von János Thorma im *Stadtmuseum* sind eine ungarische Version des Impressionismus: als Mitglied der Malerschule von *Nagybánya* (heute Baia Mare in Rumänien) schuf er um die Jahrhundertwende Landschaften, deren Stil mit dem der Schule von Barbizon verwandt ist. Berühmt sind die Halaser Spitzen, besonders gute Beispiele finden Sie in *Czipkeház.*

Weinkombinat Baranya

Völkervielfalt und historisches Heldentum

Eine sonnige, balkanisch-mediterrane, weiche Hügellandschaft, das waldige, stark gewellte, aber niedrige **Mecsek-Massiv** als nördlicher Vorposten Fünfkirchens, südlich von Pécs die Weinhänge von Villány, Erinnerungen an türkische Herrschaft und ungarische Verteidigung, die ausgeprägte Folklore von Magyaren, Südslawen und Donauschwaben kennzeichnen die originelle, stark eigenständige *Region Baranya.* Der kosmopolitische, nach weiteren Gefilden hin geöffnete Charakter des alten Pannonien kommt hier vielleicht deutlicher zum Vorschein als irgendwo sonst auf dem Gebiet des heutigen Ungarn.
Wer aus Budapest oder Szeged anreist, sollte unterwegs, in den Donauauen zwischen *Baja* und *Szekszárd,* das Naturschutz- und Jagdgebiet von **Gemenc,** der Wasservögel, Wildschweine, Rehe und Hirsche wegen aufsuchen. Die nahen Dörfer des *Sárköz* genießen dank ihrer bunten Volkskunst landesweites Ansehen. An der Straße Nr. 56, die Szekszárd mit der jugoslawischen Grenze bei *Udvar* verbindet, liegt manches zweisprachige oder mehrheitlich donauschwäbische

Im Weinkeller

Dorf, am Ortseingang angekündigt durch ungarisch-deutsche Schilder.

Seit dem tiefen 18. Jahrhundert gibt es hier deutsche Streusiedlungen von Bauern, die unter Maria Theresia gerufen wurden, um bei der Urbarmachung des durch lange Kriege verwüsteten Landes mitzuhelfen. Das Donaustädtchen **Mohács** trägt bis heute multinationale, wenn auch im wesentlichen magyarische Züge; die drei *Barockkirchen* der Reformierten, Katholiken und Orthodoxen zeugen von der historischen Vielfalt. Das jährliche, auf serbische Bräuche zurückgehende Frühlingsfest *Busójárás* («Poklada») gibt Anlaß zu freudigen Maskenumzügen, die ihres perchtenhaften Aussehens willen auch alpenländische Einflüsse vermuten lassen. Die bedeutendste Begriffsverbindung mit Mohács ergibt sich freilich aus dem fürchterlichen Gemetzel des 29. August 1526, als das Osmanenheer unter *Sultan Suleiman* die ungarischen Krontruppen *König Ludwigs* zerschlug. Der Monarch fiel ebenso wie die Blüte des Hochadels und kirchliche Würdenträger, von denen mehrere damals selbst im Feld standen. Sechs Kilometer südlich der Stadt wurde nach 450 Jahren ein Mahnmal für die Opfer der Entscheidungsschlacht errichtet.

Über die, im Gegensatz zum düsteren Schlachtfeld den Lebensfreuden des Bacchus gewidmeten Rebenhänge von **Villány** erreicht man **Siklós,** die stärkste erhaltene Festung Südungarns. Von weitem wird sie auf ihrem einsamen Bergfried sichtbar, ihr zu Füßen eine niedliche, von spätbarocker und eklektizistischer Architektur durchzogene Kleinstadt. Die ältesten Teile der Burg gehen auf das 13. Jahrhundert zurück. Unter der barocken Tünche des 18. Jahrhunderts holte man bei den Renovierungsarbeiten ältere, gotische Elemente hervor; der Besuch des *Regionalmuseums* lohnt sich wegen der vielen Schaustücke aus dem Mittelalter und der Türkenzeit, wegen der Möbel und der Keramik. Die *Burg,* immerzu bewohnt, erlebte die Gefangenschaft Sigismunds von Luxemburg, die Herrschaft der osmanischen Begs und schließlich die des Grafengeschlechts Batthyány-Strattmann.

Dreißig Kilometer westlich kommt man über den Badeort **Harkány** zum kleinen Volkskunstgebiet **Ormánság** um den Ort **Sellye** herum. Holzgeschnitztes, fein gemaltes Bauernbarock besticht in der reformierten Kirche von **Drávaiványi.**

Geschichtsbewußte Herzen schlagen höher angesichts der berühmten **Burg Szigetvár** auf halbem Weg von Pécs westwärts Jugoslawien zu. Die 33 Tage der heldenmütigen Verteidigung *Miklós Zrinyis* und seiner Besatzung gegen Suleiman den Prächtigen, im Spätsommer 1566, endete mit einem verzweifelten Ausfall der Magyaren, die im Bewußtsein der Niederlage den sicheren Tod einer Kapitulation vorzogen. Hohe Ver-

luste hatten auch die Türken einstecken müssen, deren 100 000-Mann-Armee nur bei größter Kraftanstrengung der 2500 Ungarn Herr werden konnte. Der gleichnamige Urenkel von Miklós Zrinyi schilderte in einem feurigen Poem die ungebrochene Tapferkeit seines Vorfahren.
Von den Türken noch 1566 als Festung benutzt, erhielt Szigetvár dann italienische Bastionen hinzu. Zwei *Moscheen,* eine im Burgareal, eine andere im Ort, beschwören die Tage der Bekenner Mohammeds herauf.
Nordöstlich von Pécs erinnert eine romanische Kirchenkrypta innerhalb der **Burg Pécsvárad** an die frühmittelalterliche Benediktinerabtei, die nach 1541 verfiel.
Wer von Pécs nordwärts zum 90 Kilometer entfernten Balaton fahren will, durchquert das kurvenreiche, von Hochplateaus aus großzügige Fernsichten freigebende *Mecsek-Massiv* und die franzisko-josephinische Provinzstadt **Kaposvár,** die mit dem Rippl-Rónai-Museum das Andenken des Jugendstilmalers (1861–1927) ehrt.

Pécs (Fünfkirchen): Domherren und Moscheen

An den südlichen Abhang des Mecseker Hügellandes schmiegt sich malerisch **Fünfkirchen,** das Quinque Ecclesiae mittelalterlicher Chroniken, als Sopianae einst wichtiger Stützpunkt der Römer in Pannonien, heute Zentrum des Komitats Baranya.
Nähert man sich der drittgrößten Stadt Ungarns vom Villányer Weingebiet oder vom nächsten jugoslawischen Grenzübergang bei Drávaszabolcs, beherrscht die gewaltige Silhou-

ette des Doms den Horizont. Bald entdeckt man auch in Fortsetzung der schnurgerade bergaufsteigenden Einfallstraße ein Bauwerk, das die unverwechselbaren Merkmale einer Moschee trägt. Die Stimmung, schon eher balkanisch-mediterran als mitteleuropäisch, verzaubert den Besucher, zumal an sonnig warmen Prachttagen des Frühlings, wenn die aufkeimende Natur und das vorzügliche, reichlich begossene Mahl im Restaurant des Hotels *Nádor* die richtige Seelenverfassung geschaffen haben.

Voller Menschen jeder Altersstufe, viel sorglose Jugend darunter, fordern die Einkaufsstraßen der zentralen Fußgängerzone zum Bummel auf: Folklore, Kunsthandwerk, Leder, Bücher oder Schallplatten, während der Karwoche traditionellen Vorschriften gemäß buntbemalte Ostereier in kleinen Geschäften der manchmal ebenerdigen, meistens ein- oder zweistöckigen Häuser der *Sallai* oder der *Kossuth Lajos utca.* Der längliche abschüssige *Scéchenyi tér,* ein lustiger Korso, die Moschee am oberen Ende, liegt dazwischen. 19. Jahrhundert, auf die gesunden Maße einer größeren Provinzstadt zugeschnitten, gibt den Ton der mittleren und unteren Gassen des Zentrums an. Die spätromantische *Synagoge* (1839) am Ende des *Kossuth tér* dient noch dem Gottesdienst; ein bärtiger Greis steht, philosophisch lächelnd, vor dem Eingang. Bereitwillig übersetzt er die hebräische Inschrift, er freut sich, wie schön der Tempel renoviert wurde. Von seinem Denkmal aus wacht Kossuth über das rege Geschehen auf dem Platz: ein Autobusbahnhof, schwerbeladene Bauern drängen sich in die Ikarusse, die sie heimwärts bringen.

Durch kleine Gassen, deren Bauweise den Stil der Jahrhundertwende verrät, kommt man zu den Wahrzeichen der repräsentativen Kossuth utca, dem eklektischen *Nationaltheater* und der barocken *Lyzeumskirche,* die einst den Paulinern ge-

hörte, ähnlich dem angeschlossenen Klostergebäude, heute Széchenyi-Gymnasium.
Die Gasi-Kassim-Pascha-Moschee (Széchenyi tér) entstand nach 1580 aus den Überresten der zerstörten Bartholomäuskirche; dieses bedeutendste Zeugnis der Türkenzeit auf ungarischem Boden wurde von den Jesuiten 1702 zu einer Kirche umgestaltet und ist bis heute katholisches Gotteshaus geblieben, wenngleich man ihr um 1940 wieder das Aussehen einer Moschee gab. Zur Osmanenzeit gab es in Pécs 17 muselmani-

Gasi-Kassim-Pascha-Moschee (Gázi Kászim pasa dzsámija) mit Hunyadi-Standbild und Dreifaltigkeitsstatue; die Moschee ist Ungarns größtes Gebäude aus der Türkenzeit, sie wird heute als katholische Kirche benutzt

sche Betstätten und nur eine christliche Konzentrationskirche für Katholiken, Reformierte und Lutheraner; diese Allerheiligenkirche, nun römisch-katholisch, erreicht man bergaufgehend am nordöstlichen Stadtrand, unweit vom *Havi-Hügel* mit seinen gemütlichen, alten Weinbauernhäuschen. Unter türkischem Schutz veranstalteten Reformierte und Unitarier 1588 in der Kirche nach damaligem Brauch ein Religionsgespräch, das allerdings keine Annäherung der theologischen Standpunkte brachte.

Der südwestliche, wesentlich vom Zeitalter *Franz Josephs* geprägte Stadtteil wird nicht nur des modernen Pannonia-Hotels wegen aufgesucht: außer der hübschen, nicht ganz stilreinen *Barockkirche der Franziskaner* (das alte Kloster, jetzt Touristenherberge, verwendeten die Türken teils als Bad, teils als Medresse) steht am Rand der stark frequentierten *Rákóczi út,* die unzerstört gebliebene, aber innen restaurierte *Hassan-Jakowali-Moschee.* Sie zu besichtigen gehört zum Interessantesten, das man in Ungarn erleben kann, besonders wenn einem muselmanische Architektur wenig vertraut ist.

Durch die nahe *Sallai utca* kommt man schneller zum *Széchenyi Platz.* Die halbkreisförmig etwas nördlicher verlaufende *Geisler Eta Gasse* lädt, der ansprechenden rokokomäßigen und klassizistischen Architektur wegen, zum Verweilen ein: die *älteste Fünfkirchner Apotheke* existiert seit 1697, die *Komitatsbibliothek* stammt aus der Zeit der Aufklärung.

Fast vornehme Beschaulichkeit, die Stille des ruhenden Alters, umgibt die alten Häuserzeilen der **Oberstadt.** Die viertürmige *Kathedrale,* 1822–1891 in einen romanischen Dom zurückverwandelt, war über drei Jahrhunderte zweckentfremdet gewesen: zunächst als Moschee, dann als Schule, Arsenal, ja als Speicher. Im 18. Jahrhundert wurde die Kirche barockisiert; Bischofspalast und Kapitel am Rand des weitläufigen, von üppigem Grün umgebenen Platzes blieben dieser Stilform so weit treu, als sie nicht eklektizistischen Eingriffen zum Opfer fielen.

Friedrich von Schmidt, Erbauer des neuen Wiener Rathauses, nutzte die romanischen Grundelemente des Domes, um das Äußere so umzugestalten, wie man sich damals Romanik vorstellte. *Mihály Polláck* bezog die barocke Phase der Kirche geschickt in seine historistische Innenausstattung mit ein. Unter dem Dom sieht man zwei echte, altchristliche Grabkammern noch aus römischer Zeit. Prunkvoll, originell, nicht unhübsch kommt uns Heutigen das Restaurierungswerk vor. Das viele Gold und Blau, allzu perfekt und geometrisch präzise, um echtes Mittelalter glaubhaft mimen zu können, verzeihen wir, denn schon hat die Patina von drei Generationen das Ganze überdeckt.

Die Bänke entlang der früheren Stadtmauer haben Rentner, die in der lauen Luft ein Schläfchen halten, Liebespaare, die Gott und die Welt um sich vergessen, und Mütter, die ihre Kinder unter den Sonnenstrahlen spielen lassen, zum friedlichen Verweilen auserkoren. Vom dicken Basteiturm aus genießt man ein weites Panorama. Am angenehmsten ruht es sich aber östlich vom Domplatz, unter schattigen Laubbäumen um einen Rundpavillon. Der Nachmittagskaffee wird dort eingenommen wie eh und je. Nur das Publikum dürfte sich «demokratisiert» haben: Zigeunern, Kleinrentnern oder Bauarbeitern etwa ist man seinerzeit wohl kaum begegnet.

Das älteste Haus von Pécs, Káptalan utca 2, scheint unzweifelhaft gotischen Ursprungs; das *Zsolnay-Museum* darin zeigt Fünfkirchner Porzellan. Das barocke Türwappen gehörte einem Kanonikus, auch die anderen Barockhäuser, Nr. 4, 5 und 6, wurden im 18. Jahrhundert von Domherren bewohnt. Im klassizistischen Gebäude Nr. 3 ist ein *Museum* für den be-

Der mächtige Dom wurde zur Türkenzeit als Moschee benutzt

rühmten, 1908 in Pécs geborenen Maler *Viktor Vasarély* eingerichtet worden; die ausgestellten Bilder hat der Künstler seiner Heimatstadt geschenkt. Die prächtigen alten Häuser an der *Kulich Gyula utca* scheinen im Dornröschenschlaf zu versinken; hinter den kunstvoll geschmückten Fassaden, unter denen die Apostelfiguren von Nr. 1 hervorstechen, verstecken sich heute nicht mehr ein Bischofspalast, ein Priesterseminar und das Komitatshaus, sondern zwei Schulen und die Bezirksbibliothek; es ist der Stadt eindruckvollstes Barockgebäude, in dessen kopfsteingepflastertem Innenhof die Schritte der Passanten widerhallen.

Ein Stückchen zurück bis zum Vasarély-Museum, und die *Leonardo-da-Vinci-Gasse* leitet uns an der klassizistischen Universitätsbibliothek vorbei hinab zum Széchenyi tér. Das

Altes Volkslied

Sterne, liebe Sterne,
Leuchtet ja recht helle,
Führt den armen Burschen
Zu der Liebsten Schwelle.
Laßt ihm bis zur Schwelle
Euer Licht nicht schwinden,
Denn das Haus der Liebsten
Würd' er nie sonst finden.

---

18. und das 19. Jahrhundert haben dem Platz um die Moschee sein Antlitz verliehen, auf der Grünfläche um Szechenyis Denkmal wird manchmal Volkskunst feilgeboten, auch Tanzgruppen in farbigen Regionaltrachten präsentieren ihr Können.

Nr. 11, eines der barock-klassizistischen Wohnhäuser der *Janus Pannonius utca* (der bedeutende ungarisch-kroatische Humanist und Bischof von Pécs unter Matthias Corvinus gab der Gasse den Namen), birgt ein Museum mit Werken des genialen geisteskranken Malers der Jahrhundertwende, Csontváry Kosztka.

Die anmutigste und fröhlichste Stadt Transdanubiens verläßt man schweren Herzens. Die *Idris-Baba-Türbe,* ein türkisches Grabmal im Hof des Kinderspitals an der *Nyári utca* 8, und die vielen Aussichtspunkte an den Mecsek-Hängen sollte man noch besuchen, ehe man sich verabschiedet. Vielleicht gelingt es, in der Nähe des Domes die jüngsten Ausgrabungen kennenzulernen: ein Archäologenehepaar hat hier verschüttete Säle der ersten ungarischen Universität ausgegraben, sie war 1367 gegründet und schon bald wieder geschlossen worden. Erst 1923 wurde die Alma Mater wieder eröffnet.

Der Balaton (Plattensee), ein «ungarisches Meer»

Das sandige Südufer und sein hügeliges Hinterland

Einer flachen Binnenriviera Osteuropas gleicht das in der Saison von Urlauberscharen dicht bevölkerte, familienfreundliche sandige Südufer des fischreichen Plattensees. Hotels, Pensionen, Ferienheime, Campingplätze und Privatquartiere, austauschbar moderne, sauber funktionelle Wolkenkratzer, Pavillons, Reihenhäuser und Badestrände befriedigen das Entspannungsbedürfnis von Besuchern, denen weniger die Kommunikation mit ungarischer Seele und Landschaft, sondern mehr die mit Sonne und Wasser am Herzen liegt.
Schultzes und Travničeks aus Leipzig oder Brünn treffen hier ihre Düsseldorfer oder Wiener Verwandten. Selbst Holländer und Belgier scheuen die weite Anfahrt nicht. Doch überwiegen die Besucher aus den Bruderländern, gilt ja der Balaton dort (sofern man sich nicht lieber am bulgarischen Goldstrand suhlt) als besonders erlesene Aufenthaltsgegend, in die man leicht ohne Paß- und Devisenprobleme kommt.
Auch hier, am See und in seiner Umgebung, läßt sich manches sehenswürdige Gebäude und die Erinnerung an interes-

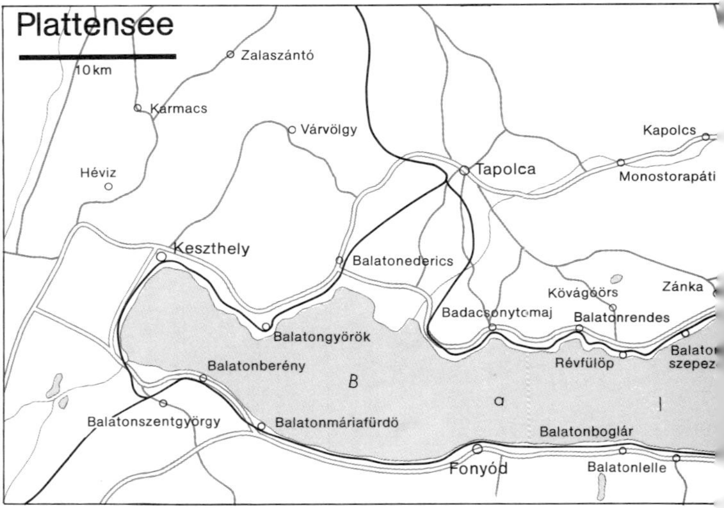

sante Gestalten der Vergangenheit entdecken. Bei gutem Wetter macht einem die Aussicht auf die eigenartig schönen Vulkanformen des Nordufers jenseits des glitzernden Wasserspiegels mit den weißen Segelbooten das ganz spezifische, undefinierbar südliche Gepräge so recht bewußt.

Siófok, die bedeutendste Großgemeinde des Südufers, erstreckt sich 15 Kilometer am Balaton entlang und ist der Inbegriff einer Badesiedlung. Viele Privatwohnungen werden an Gäste vermietet, und die Einheimischen profitieren ganz direkt vom Tourismus.

Liebliche Operettenklänge aus «Czardasfürstin» und «Gräfin Maritza» ertönen im musikalischen Gedächtnis dessen, der das Geburtshaus *Emmerich Kálmáns* (Kálmán Imre sétány Nr. 5, nicht weit vom Bahnhof) aufsucht. Neun Kilometer

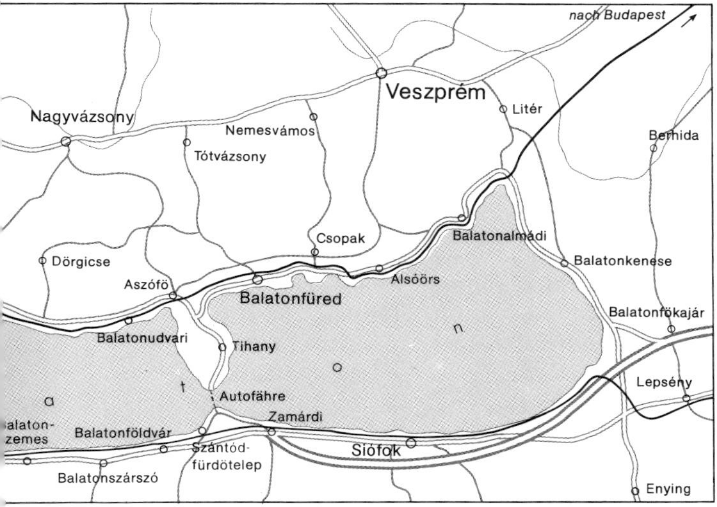

südlich von Siófok sieht man in **Ságvár** die Überreste eines römischen Castrums mit Heizungsteilen und Fußbodenmosaiken. Eine Seitenstrecke führt weiter nach **Zala**, dessen *Schloßmuseum* dem bekannten Hofmaler der Romantik des vorigen Jahrhunderts, Graf *Mihály Zichy*, und seinen historischen Gemälden gewidmet ist; den schönen Park verläßt man ungern.

Das alte Straßendorf **Zamárdi** liegt am Plattensee gegenüber der Halbinsel *Tihany*. Gute Schwimmer können hier, an der engsten Stelle des Gewässers, den größten See Mitteleuropas – mit knapp 600 Quadratkilometern Fläche rund 60 Quadratkilometer größer als der Bodensee – überqueren. Unverfälschte Bauernhäuser mit Laubengängen, eines sogar als Landschaftsmuseum eingerichtet, geben in **Szántód** ein Bild der Bauweise von einst. Der typisch magyarische Meierhof (1740) samt Wirtshaus (1840) dient jetzt touristischen Veranstaltungen. Eine Gedenktafel erwähnt den adeligen Dichter *Ádám Pálóczi Horváth* aus den Tagen der Spätaufklärung und Frühromantik, der den Balaton stolz als «Ungarisches Meer» apostrophierte. Unmittelbar angrenzend bietet **Balatonföldvár** schattiges Grün und elegante Villen aus vergangenen Tagen, da die feinste Budapester Gesellschaft zur nahen Sommerfrische herkam. Landeinwärts in **Kőröshegy** werden in der ehemaligen Franziskanerkirche (15. Jahrhundert) Konzerte und Singabende veranstaltet. Zum Weinkeller des Széchenyi-Schlößchens brachten die Fronabhängigen die dem Grafen zustehenden Früchte ihrer Arbeit, den guten Riesling.

Balatonszárszó erinnert an die tragische Gestalt des Arbeiterdichters der Zwischenkriegszeit, *Attila József*, der sich 1937 in einer Pension (József Attila utca 7) das Leben nahm. Zum Vergnügen für jung und alt gereicht das *Postmuseum* im alten Stationshaus von **Balatonszemes:** von den Kutschen, Uniformen und der Atmosphäre verflossener Reiseromantik kann man sich nur schwer trennen.

Der klassizistische Edelhof mit Laubenvordach dient heute als Kulturzentrum des Betriebsurlaubsparadieses *Boglárlelle,* das vor dem Krieg gern von Angehörigen des Mittelstandes aufgesucht wurde. Ein Haus in *Bélatelep,* dem vornehmen Villenviertel der Jahrhundertwende über **Fonyód**, gehörte dem daheim mehr als auswärts bekannten Operettenkomponisten Jenő Huszka. Ruhig und unprätentiös wirkt durch seine Weingärten und Wochenendhäuser das langgezogene *Balaton máriafürdő*. Volkskunsterzeugnisse der Gegend kann man im hübschen «Sockelhaus» (Talpasház, auch Tájház, Landhaus, 1836) des abseits vom See liegenden **Balatonszentgyörgy** erstehen.

Der Phantasie eines Magnaten entsprang die merkwürdige

Warum am Balaton Wein wächst

Es war einmal ein dummer Riese, der bedrohte eine kluge und listige Fee. Durch Zaubermacht und Überredungskunst gelang es ihr, ihn in ein unterirdisches Verlies zu sperren. Um die Flucht des Riesen zu verhindern, verschloß die Fee dessen Gefängnis mit dem Wasser des Balaton. In seinem Zorn ließ der Riese rund um den See Vulkane aufbrechen und heftige, warme Winde wehen. Seither gedeiht hier ein prächtiger Wein.

Sternburg (Csillagvár), die László Festetics vor eineinhalb Jahrhunderten als sternförmiges Jagdhaus am Waldesrand errichten ließ. Hinter dem Ort, heute nur für Ornithologen, Limnologen oder andere Naturforscher nach Sondergenehmigung zugänglich, erstreckt sich das Sumpfgebiet des Kleinen Plattensees, **Kis Balaton**. Im dichten Röhricht nisten seltene Reiherarten, Graugänse und Kormorane.

Zwanzig Fahrminuten westlich von Balatonszentgyörgy legte man die Überreste der Residenz des altslawischen Fürsten *Pribina* frei, der sich vor 1100 Jahren ins uneinnehmbare Sumpfgebiet von **Zalavár** zurückzog. Am besten erkennbar sind die Grundmauern eines bald nach 1000 von *Stephan dem Heiligen* gestifteten Benediktinerklosters.

An der westlichen Seespitze liegt **Keszthely**, einer der ansprechendsten, von alten Parkanlagen und historischen Bauwerken gesäumten Orte am Plattensee. Schon während der Völkerwanderung entstand an diesem klassischen Wegkreuz eine eigene, germanisch-awarisch-slawische Mischkultur. Der zunächst gräflichen, dann fürstlichen Familie *Festetics* verdankt Keszthely seinen Aufschwung: zu den frühesten Landwirtschaftsakademien Europas gehörte das 1797 eröffnete Georgikon, nach den napoleonischen Kriegen Treffpunkt der frü-

Musiksaal im Festetics-Schloß

hen Reformergeneration Ungarns. Nur die barock umgestaltete, eigentlich gotische *Franziskanerkirche* an der zentralen *Kossuth Lajos utca* überdauerte die Türkenkriege. Nicht weit vom *Rathaus* (1790) kam im spätbarocken Pethő-Haus 1830 der Komponist *Karl Goldmark* auf die Welt: 1875 fand in Wien die Uraufführung seiner Oper «Die Königin von Saba» statt; auch den «Götz von Berlichingen» gestaltete er zu einem Musikdrama. An der Ecke Georgikon-Berzsényi utca berichtet ein *Museum* von der Geschichte der Lehranstalt, wenige Schritte von deren ursprünglichem Gebäude entfernt. Das spektakulärste Zeugnis versunkener Lebensart steht am Ende der Straße, vorn mit einem französischen Garten, hinten mit einem englischen Park: *Schloß Festetics.* Der 1750 errich-

tete Komplex bekam 1883–1887 seine jetzige, neubarock-eklektische, etwas wuchtige Form. Die *Helikon-Bibliothek* bildet den Stolz der eindrucksvollen Residenz, in deren Spiegelsaal vorzügliche Kammerkonzerte stattfinden.
Einige Fahrminuten von Keszthely entfernt, zwischen sanften Hügeln des nördlichen Hinterlandes eingebettet, empfängt der rundliche, von Bäumen umgebene Thermalsee von **Hévíz** den rheumageplagten Kurgast. Die moderne Nutzung des Heilwassers geht, ebenso wie das Georgikon, auf den unternehmungsfreudigen György Festetics zurück. In der Ära Franz Josephs war Hévíz bereits bekannt, heute lockt es auch ausländische Gäste an. Am Rand des hübschen Ortes entdeckt man in friedlicher entrückter Umgebung das romanische Friedhofskirchlein von *Egregy,* dessen irgendwie rührender Anblick zur Andacht einlädt.

Abwechslungsreich gebirgiges Nordufer

Die bewaldeten, aus erloschenen Vulkanen hervorgegangenen Höhenzüge des Nordufers bieten landschaftlich viel mehr Abwechslung als das Südufer. Reizende Täler, saftiges Grün, Weinreben, Kirchen, Burgruinen, authentische Kelterhäuser, trotz des Anwachsens charakterloser Modernität im Architektonischen noch viel der stimmungsvollen Bausubstanz früherer Generationen. Lange Pappelalleen führen von Keszthely nach Osten. Von den Lößhöhen, auf denen immer wieder Einfamilienhäuser und betagte Villen auftauchen, genießt man ferne, kaum von Erhebungen begrenzte Ausblicke ins Unermeßliche, nach Südungarn, hinter dem der Balkan weiter und weiter führt, bis ans Goldene Horn und nach Anatolien.

Ballade vom Räuber Bandi Patkó

Bin ein großer Räuber,
Bandi Patkó heiß' ich,
Dreizehn Komitate
Suchen mich, das weiß ich.

Auch wo's keiner dächte,
Sieht man oft mich gehen,
Alle Leut' bewundernd
Um mein Pferd dann stehen.

Sporn ich's an, so kann ich
Grenzen überspringen,
Kein Pandure wird mich
Fangen und bezwingen.

Szígligets schilfgedeckte Weinbauernhütten und stuckverzierte Keltereien, die Herrenhäuser des Kleinadels in steinernem Provinzbarock, das klassizistische Schloß Esterházy, jetzt Heim des Schriftstellerverbandes, darüber die wettergezeichneten, wackligen Mauerreste der verschwundenen, von den Türken nie eroberte Feste gebieten Halt. Gleich danach erreicht man den flachen, als Ursprung erlesener Tropfen oft zitierten Basaltberg Badacsony, Mittelpunkt einer kleinen, gleichnamigen Landschaft. Im Ort **Badacsony** fällt das schmuckarkadenförmige Róza-Szegedy-Kelterhaus (1790) auf, benannt nach der Jugendliebe und späteren Frau des sentimentalen Dichters *Sándor Kisfaludy* (1772–1844), dem ein Literaturmuseum im ersten Stock des Hauses gewidmet ist.
In den Ferienorten **Revfülop** und **Balatonszepezd** gibt es alte Gotteshäuser: im einen die Reste einer romanischen Kirche,

Die Kirche der einstigen Benediktinerabtei

im anderen ein unzerstörtes, gotisches Kirchlein. Das nahe Hinterland bietet in **Szentbékkálla** neben mittelalterlichen Kirchenruinen ein großes «Steinmeer» herumliegender Felsblöcke. Mauerteile romanischer Kirchen sind über das Gemeindegebiet von **Dörgicse** auf den Hängen hinter dem denkmalgeschützten Winzerort **Balatonakali** verstreut. In **Balatonudvari** kann man die beiden einfachen Dorfkirchen anschauen – die katholische entstand im 13., die reformierte Ende des 18. Jahrhunderts – und die typischen Giebelfassaden der niedrigen Dorfhäuser. Interessanter sind die Kalkgrabsteine in Bauernbarock und Herzform auf dem Friedhof.

Die tief in den See eingeschnittene **Halbinsel Tihany,** das «Herz des Balaton», gilt zu Recht aus mehreren Gründen als schönster Abschnitt des gesamten Ufers. Hoch über den reizvollen, strohgedeckten Bauern- und Winzerhäusern thront, den Balaton weit dominierend, die *Benediktinerabtei,* jetzt ein Museum. Durch ihre leuchtend barocke Oberkirche – die kunstvollen Schnitzarbeiten an Altären, Orgel und Kanzel schuf Sebastian Stuhlhof – steigt man zur romanischen, von dicken Säulen und Rundbögen gekennzeichneten Unterkirche mit dem Grabmal des 1060 verstorbenen Königs Andreas I. herab.

Den Südwesten der Halbinsel zeichnet eine originelle Seltenheit aus: die in Fels gehauenen, verwitterten Zellen orthodoxer Basilianermönche, die sich vor bald 1000 Jahren in dieser tiefen Abgeschiedenheit niederließen.

Über **Balatonfüred** mit seinen prunkvollen Kurbauten des königlichen Ungarn, über *Alsóörs* mit den beiden romanischen Kirchen und das gotisch und barock nachgestaltete *Felsőörs* kommt man, schon abseits des Plattensees, in die befestigte Bischofsstadt Veszprém.

Alte Städte, Klöster und Burgen um Bakonywald und Vertés

Bischofsstadt Veszprém

Die restaurierte, einstige Grenzburg von **Várpalota,** ein extrem vorgeschobener Platz des christlichen, dann den Türken unterlegenen Ungarn, außerdem die merkwürdige, massiv romanische Rundkirche von *Öskü* liegen an der Straße von Székesfehérvár nach **Veszprém.**
Schon der mährische Fürst *Svatopluk* verlegte seine Residenz in die später magyarische Bischofsstadt. Fünf Hügel, dazwischen enge, kurze Täler, ein schmaler Bach, Brücken und Mühlen, das majestätische Diözesanviertel in imposanter Höhe und Abgeschiedenheit dem Alltagstrubel entrückt; uninteressante, moderne Vororte, doch dichte Stimmung bei allem Historischen – die seltsame Stadt zieht uns in ihren Bann.
Vom belebten Szabadság-Platz führt der Weg über den von Zopfstil-Rokoko-Architektur gesäumten *Vörös Hadsereg tér* (Platz der Roten Armee) und ein Heldentor (1936) ins umfriedete Domviertel. Spätbarocke, geistlichen wie weltlichen

Detail der Dreifaltigkeitsstatue im Burgviertel

Zwecken bestimmte Häuser stehen entlang der einzigen, heute nach Sowjetmarschall Tolbuchin benannten Straße dieses Quartiers. Das *Alte Rathaus,* die *Kloster- und Kirchenensembles* der Piaristen und der Franziskaner, *Domherrenhäuser,* das *Bischofspalais* von *Jakob Fellner* (1765–1775) und die üppige *Dreifaltigkeitssäule* stammen aus dem 18. Jahrhundert. Dem *St.-Michaels-Dom* versuchte man um 1900 das Aussehen der Ursprungszeit nach 1050 wiederzugeben. Die nahe gotische *Gisela-Kapelle* enthält Fresken aus dem 13. Jahrhundert; erst 1957 grub man die kleine *St.-Georgs-Kapelle* aus, ein konserviertes Zeugnis der Romanik. Sie gehörte im Mittelalter zur Burg. Hinter dem Dom läßt sich von der Anhöhe aus ein weites Panorama «urbis et orbis» entdecken.

Im Herzen des Bakony

Dicke Staubwolken hüllten meinen Wagen ein, als ich an der Fernstraße Nr. 82, nördlich Veszpréms, von dröhnend vorbeirollenden Panzerkolonnen aufgehalten wurde. Die Folgen von Jalta und Potsdam, Europas künstliche Teilung, werden einem plötzlich brutal bewußt, durchstreift man diese insgesamt doch so friedlich und offen wirkende Gegend. Das christliche Abendland eines pannonisch-habsburgischen, katholischen Donauraumes kehrt unvermittelt wieder, kommen wir in **Zirc** zur mächtigen, 1182 gegründeten *Zisterzienserabtei.* Eine herrliche, außen dunkelgelbe Barockkirche mit zwei Türmen, drinnen Altarbilder von Maulbertsch, im klassizistisch umgestalteten Abteigebäude ein hochgewölbter, blauer Kuppelsaal – die Bibliothek, nach dem Sprachforscher des Ugrofinnischen *Reguly-Antal*-Könyvtár benannt – empfan-

gen uns. Die Bücherei – sie stammt großenteils aus dem 1810 aufgegebenen Stift Heinrichau in Schlesien – enthält 70 Inkunabeln von vor 1500 und eine Reihe wissenschaftlicher Werke aus den Tagen der Renaissance und des Barock. Seit Auflösung des Ordens 1950 durch das Rákosi-Regime erfüllte das Stiftsgebäude verschiedene Funktionen; jetzt dient es als Schule, mehrere Räume aber wurden zu einem naturkundlichen *Museum* der Bakony-Region umgewandelt.
Tatsächlich formen die großen, dunklen Wälder, in der milden Wesensart den Forsten der Oststeiermark verwandt, eine besonders einladende, romantische Landschaft, die zum Wandern einlädt. Nördlich von Zirc, in **Csesznek,** scheint die strenge *Burgruine* Furchterregendes in ihrem Gemäuer zu verbergen. Westlich von Zirc bildet das kleine **Bakonybél** den wichtigsten Ferienort des Mittelgebirges. Die Kirche des bescheidenen Benediktinerklosters enthält ein Wandgemälde der Heiligen Familie von *Dorfmeister.* Nach einer knappen halben Stunde durch tiefstes Grün, das Rauschen des Bachs im Ohr, erreicht man **Pápa,** eine der angenehmsten Barockstädte Transdanubiens. Das prunktvolle *Schloß Esterházy,* wo Otto Nicolai *Die lustigen Weiber von Windsor* komponierte, ist von einem schattigen Park umgeben. Der enge Ort selbst quillt über von barocken Klöstern und Kirchen. Die römisch-katholische *Pfarrkirche* von Jakob Fellner birgt beachtenswerte Maulbertsche Fresken; auch die *Benediktiner-* und die *Franziskanerkirche* sucht man gern auf. Die Reformierten haben nicht nur ein Gotteshaus ohne Turm, sondern auch eine Sammlung ihrer Kirchenkunst zu bieten. Die spätbarocken Stadtpalais der *Zichy* und *Kenessey* in der Fő utca, das *Renaissancehaus* (Corvin utca 9), die *Synagoge* (Petőfi utca), ja die zweihundertjährige Blaufärberei auf dem Platz des 15. März entdeckt man ebenso wie das *Reformierte Kollegium*

Hoch über dem Bischofspalais thront die Burg

(1797, Petőfi utca 12), zu dessen Schülern Jókai und Petőfi zählten. Aus der Kossuth-Gasse mit ihren denkmalgeschützten, alten Häusern wurde der Autoverkehr verbannt, und man kann sich ungestört dem Reiz ungarischer Provinzgeschäfte hingeben, die hier konzentriert ihre Waren anbieten.
Über Sárvár und Szombathely in einer Stunde, über Sopron in 90 Minuten erreicht man bereits die österreichische Grenze. Eine Fahrt durch satte Felder und Wiesen, dichte Akazienhaine zu beiden Seiten, die sympathischen Dörfer mit viel Blumenschmuck liebevoll dekoriert, vereinzelt Ziehbrunnen, bringt uns den Konturen der Ostalpen entgegen.

Die Weite des südlichen Bakony

Westlich von Veszprém, an der Bahnlinie Budapest–Graz, kann man in **Herend** die berühmte Porzellanmanufaktur besuchen, und dann das Städtchen **Sümeg** mit der eigentümlichen Burg: auf einzelnem Basaltkegel taucht eine konservierte Ruine auf, zur Türkenzeit Residenz des Veszprémer Bischofs; sie beherrscht den Horizont, gleich einer Feste weit in Zentralasien, Anatolien, ja im Maghreb. Verschwommen Orientalisches kennzeichnet diesen Teil Ungarns. Den Ort aber, von sattem Hochbarock geprägt, besucht man wegen des *Bischofspalais* (1748–1753) und der *Franziskanerkirche*, vor allem aber der von herrlichen Wand-, Decken- und Kuppelfresken Maulbertschs geschmückten *Pfarrkirche* willen. Von der durch Wanderscharen eroberten Burg blickt man, wie so oft von ungarischen Anhöhen aus, ins scheinbar Unendliche. Nach Badacsony am Plattensee sind es 20 Kilometer; will man ostwärts zurück nach Veszprém, so führt der Weg über die konservierte Wehranlage von **Nagyvázsony.** Vom beliebten Feldherren des Königs Matthias Corvinus, *Pál Kinizsi,* leitet die Burg (ein Wohnturm und die Strafrechtssammlung sind zu besichtigen) ihren Namen ab; das spätbarocke Schloß der Grafen *Zichy,* heute Hotel, wird man nicht nur dann aufsuchen, wenn's ums Übernachten geht. Die Csárda von **Nemesvámos,** Inbegriff eines historischen Landgasthofs mit Laubengängen, Schilfdach und Schankstubenromantik, erinnert an die versunkene Welt der Betyaren – mal freie Hirten, mal gefährliche Banditen, mal edle Freiheitshelden –, deren Taten in den Erzählungen der Väter fortleben.

Detail im Kreuzgang der Abteikirche von Pannonhalma

Pannonhalma: «Mons sacer Pannoniae», Ungarns heiliger Berg

Auf ihrem Sockel ein markanter Blickfang in der Landschaft zwischen Zirc und Győr, steht die Benediktinerabtei **Pannonhalma** unter dem Schutz ihres Patrons, des heiligen Martin

von Tours. Gegründet 996 vom Arpadenprinzen *Géza,* spielte die Abtei eine bedeutsame Rolle bei der Entfaltung von Ungarns mittelalterlicher Kultur. Während der Teilung des Landes im 16. und 17. Jahrhundert wurde das Kloster zur Grenzfeste, blieb die meiste Zeit in christlichem Besitz, fiel aber zweimal vorübergehend den Türken in die Hände. Unter *Maria Theresia* erfolgte die Barockisierung des Gebäudes, 1824 entstand der klassizistische Bibliotheksaal, 1830 schuf der Erbauer der Graner Basilika, *Johann Packh,* den großen Turm an der Westseite. Für die Innenausstattung der Kirche zeichnete um 1880 der Ödenburger *Franz Storno* verantwortlich. Seit 1940 befindet sich im Kloster ein Internatsgymnasium. Die schwerste Gefahr für das Weiterbestehen des Ordenshauses drohte nicht nach 1945, sondern lange vorher, während der Säkularisierungsperiode Josephs II.: schon waren die Patres 1786 vertrieben, die Sammlungen weitgehend verschleudert, der Martinsberg war zum Gefängnis auserkoren. 1801 durfte der Orden aber zurückkehren.
Die *Krypta* der Basilika zeigt noch romanische Spuren, die *St.-Benedikts-Kapelle* (1501) spätgotische; von den älteren Bauteilen beeindrucken vor allem die siebenhundertjährige *Porta Speciosa* und der spitzbogige *Kreuzgang* (1486).
Das Archiv und die Bücherei zählen zu den wichtigsten in Ungarn; die Gründungsurkunde der Abtei Tihany (1055) gilt als ältestes Schriftstück mit magyarischen Worten in einem lateinischen Text. Der barocke Trakt zeigt prunkvollen Stuckdekor und im Refektorium allegorische Wandgemälde. Der Fachmann wird, von gebildeten und unermüdlichen Benediktinern herumgeführt, besonders die Bibliothek genau ansehen; die Liebenswürdigkeit der geistlichen Herren läßt auch den Laien die offenen und manche verborgenen Schätze der ehrwürdigen Abtei erkennen und achten.

Die Krypta der Benediktinererzabtei

An Musentempeln und Krönungsstätten

Beethoven und Martonvásár

Die gepflegte Wildheit eines generös angelegten englischen Parks, alte Laubbäume, dichtes Unterholz, bequeme Gehwege um den schlummernden Teich, inmitten einer freien Rasenfläche das typisch pseudogotische Schloß im Tudor-Stil: so empfängt uns **Martonvásár,** eine halbe Stunde Autofahrt von Budapest entfernt. Man fährt über die Nr. 70, unterwegs in **Érd** fällt an einer Seitengasse links von der Hauptstraße das einsame türkische Minarett auf. Doch Martonvásár, Sitz eines Forschungsinstitutes der Akademie der Wissenschaften – als ich das Städtchen erkundete, versetzte hoher Ministerbesuch mit schwarzen Limousinen die Parkaufseher in einen Gemütszustand weihevoller Unruhe, und sie versperrten mir den Weg zum Fronteingang – gilt als eine Art ungarischer Musentempel: die Erinnerung an *Ludwig van Beethoven* und seine enge Freundschaft mit dem Grafen *Brunswick* wird lebendig gehalten. Jährliche Konzertwochen im Freien, außer der permanenten Ausstellung über des Komponisten ungarische Beziehungen und seine Aufnahme bei den Magyaren, sind Zeugnisse davon. Der Meister hatte 1799 zwei Töchtern der

Familie in Wien Klavierunterricht erteilt; es ist wahrscheinlich, daß er auch mehrmals danach als Gast im ungarischen Schloß der Grafen weilte. Mindestens enge Freundschaft, im Fall der jungen Therese möglicherweise ein Liebesverhältnis, verbanden den berühmten Tonkünstler mit dem vornehmen Geschlecht, dessen Angehörigen er einige Kompositionen widmete.

Székesfehérvár: Alba Regia, das königliche Stuhlweißenburg

Am kleinen, doch bei gern plantschenden Budapestern beliebten *Velence-See* vorbei führt die Route Nr. 70 von der Hauptstadt nach Stuhlweißenburg. Die wohl älteste Stadt des Landes (heute rund 100000 Einwohner) ist tief in den Überlieferungen der Alten verankert. Der «landnehmende» Stammesfürst *Árpád* soll hier seine Zelte aufgeschlagen haben. Der heilige Stephan machte **Székesfehérvár** zu Alba Regia, dem administrativen Zentrum seines Reiches. 36 ungarische Könige – die seit der Personalunion mit Kroatien um 1100 auch Könige dieser südslawischen Nachbarmonarchie waren – wurden in der Kathedrale gekrönt, 15 darin begraben. Die Osmanen, von 1543 bis 1688 Herren des Ortes, zerstörten jedoch die Weihestätte des mittelalterlichen Ungarn, die sich, auf einer Anhöhe über Sümpfen gelegen, lange als uneinnehmbar erwiesen hatte. Im 18. Jahrhundert entstand eine Barockstadt, die jetzt zum halben Dutzend der allerschönsten Architekturensembles von Ungarn zählt – intakte, gut instand gehaltene, ja hübsch renovierte Gassenzüge mit reichgeschmückten Häusern von Bürgern und Geistlichen, schöne

Der «Landesapfel», Országalma, links die Jesuitenkirche

Portale, Erker, Fensterläden und Gesimse – und eine Atmosphäre von etwas musealer Tradition vermittelt, die aber in der Fußgängerzone um den *Szabadság tér* (Freiheitsplatz) und die *Straße des 15. März* geschäftigem, bei warmem Wetter mediterran wirkendem Treiben weicht.

Betritt man gegenüber dem modernen *Hotel Alba Regia*, durch einen geschickten Vorbau das Altstadtareal, so kommt man, zur Rechten der *Ruinengarten* mit Resten der Krönungsbasilika, geradewegs auf den Freiheitsplatz; hier das grünliche, majestätische *Bischofspalais*, dort das *Rathaus* mit generös geschmücktem Portal. Die *Március 15. utca* besticht durch überschwengliche Rokokobauten, besonders die *Alte Apothe-*

ke und das *Ordenshaus der Jesuiten* (später der Zisterzienser) samt Kirche. Das *István király-Museum* (Gagarin-Platz) beherbergt als Glanzstück den Sarkophag König Stephans. Der Bummel durch die Stadt mit ihren lieblichen Gäßchen und Winkeln ist wahrlich ein Genuß. Die *Franziskanerkirche* hinter dem Bischofspalast, gegenüber das *Haus des Stadtrichters,* die *orthodoxe Kirche* (Rác utca), gar, am südlichen Ende des Zentrums, das *Karmeliterkloster* und seine mit Maulbertsch-Fresken verzierte Kirche wird man ihrer harmonischen Barockgestalt wegen nicht missen wollen.
Stolzes Hauptgotteshaus, auf der hügeligen pappelbewachsenen Anhöhe der alten *Arany János-Gasse* gelegen, jedoch an Pracht von der Jesuitenkirche übertroffen, ist der barocke, zweitürmige *Dom.* Die gotische *Annenkapelle* blieb als einziges Gebäude in der Form des 15. Jahrhunderts erhalten.
Doch bald, fährt man vom Alba Regia-Hotel (die Küche ist sehr schmackhaft, aber nichts für Eilige) weg in Richtung Balaton, verschlingt uns wieder die stillose Welt von heute.
Zu empfehlen ist auch der Weg über die Nr. 81 nordwärts in Richtung Győr und Wien: dann könnte man einen Abstecher ins beschauliche Wein- und Bezirksstädtchen **Mór** machen und das einst elegante *Barockschloß* der Grafen Lamberg (*Jakob Fellner,* 1762–1776) mit kunstvollen schmiedeeisernen Arbeiten und hübschem Park am Fuß des kleinen Vértes-Massivs sowie das benachbarte Schloß Láncos besuchen.

In der Gegend von Mór wächst der berühmte «Tausendgut» (Ezerjó), im Weinmuseum des Ortes kann man die Gewächse der Region probieren. Nicht weit von Mór sind die Reste der Burg *Csókakővár* aus dem 13. Jahrhundert zu sehen, der Besuch lohnt sich vor allem wegen des herrlichen Ausblicks auf das Vértes- und das Bakony-Gebirge.

Eigenartige Ziele westlich Budapests

Zsámbéks Kirchenruine und Tatas Schloßpark

Wer durch das Budaer, Vérteser und Piliser Hügelland von der ungarischen Metropole in die österreichische Hauptstadt fahren möchte, muß hoffentlich nicht unbedingt wie ein rasender Roland schnurstracks zur Grenze eilen, ohne unterwegs lohnende Etappen zu würdigen, von denen Győr sicher die schönste ist. Kommt man über die Autobahn bis zum sozialistischen Industrieparadies **Tatabánya,** fällt vor der Einfahrt rechts der legendäre, von einem Hügel aus seine riesigen Flügel ausbreitende *Turul-Vogel* auf, ein Bronzedenkmal der Jahrtausendfeier von 1896 zum Gedenken an das von Göttern gesandte Wesen, das den nomadischen Magyaren ihren Weg in die neue, pannonische Heimat gewiesen haben soll.

Kurz vorher haben Sie Gelegenheit, ein sehr merkwürdiges, echtes Kunstwerk anzusehen, nämlich wenn Sie die Fernverkehrsstraße M 1 verlassen und in **Zsámbék** auf einsam windgepeitschter Höhe die guterhaltene Ruine der 1763 durch ein Erdbeben zerstörten spätromanischen Prämonstratenser-

Die Alte Burg (Öreg vár), gelegen auf einem Felsen am See

Propsteikirche besichtigen, eines der unbedingt originellsten Bauwerke von ganz Ungarn.

Nicht minder anziehend dünkt mich **Tata,** eine Kleinstadt, deren Thermalbäder, Teiche, Parks und Bauwerke – die viereckige gotische *Burg* am Seeufer, als Jagdresidenz von *Sigismund dem Luxemburger* und *Matthias Corvinus* schon im Mittelalter beliebt, die Mühlen, die hochbarocke, zweitürmige Pfarrkirche und das Rokokoschloß der *Esterházy* – an Wochenenden Scharen Einheimischer und etliche Fremde anlokken, die zwischen den romantischen Ruinen ein ruhiges Plätzchen suchen.

Orkanartige Gewitter und Hagelschlag überraschten mich an einem schwülen Sommertag, als ich im fürstlichen, jetzt als

Hotel Diana fungierenden Jagdhaus beim Mittagessen saß. Das grandios bedrohliche Unwetter erreichte solche Ausmaße, daß alles in den Fugen zu krachen begann und der Regen den halben Speisesaal in ein Fußbad verwandelte, als wollten dahingegangene Generationen ihre unverbrüchlichen Rechte mit gespenstischem Lärm wieder geltend machen.

Erinnerung an Budaörs

Sollte man jetzt, vielleicht über Seitenstraßen, nach Budapest zurückkehren wollen, so steigt bei der heute modernen Stadteinfahrt von **Budaörs** die Reminiszenz eines hoffnungslos traurigen politischen Unternehmens ohne Erfolgsaussichten ins Gedächtnis: das Scheitern des zweiten Restaurationsversuchs *König Karls,* des letzten gekrönten Habsburg-Lothringers, dessen Getreue im Oktober 1921 durch Horthy-Verbände und jugendliche Freiwillige am Betreten der Hauptstadt gehindert wurden. Von hier aus trat der unglückliche Monarch den Weg ins Exil auf Madeira an, wo er kaum sechs Monate später an Lungenentzündung starb.

Donaumetropole Budapest

Eine Stadt, die bewundert werden will

Anders als in Wien, für das die Donau mehr eine Randexistenz führt, fließt in **Budapest** der Strom mitten durch die Stadt, die er von altersher in zwei natürliche Teile zerlegt – *Buda* (Ofen) auf dem rechten Ufer, die historische Oberstadt, und *Pest* auf dem linken Ufer, die Massenstadt des 19. und 20. Jahrhunderts; erst 1872 wurden die beiden Teile zu einer Gemeinde zusammengeschweißt. Von den Höhen Budas aus genießt man immer neue und doch vertraute, fast majestätisch schöne Ausblicke auf die vom Strom und seinen Brükken harmonisch geprägte Metropole. Die Lage Budapests, weite Hügelketten im Hintergrund, das Parlament auf der einen, die Burg auf der anderen Seite, ist sein wertvollster Schatz, dank dem es unter Europas Großstädten einen Ehrenplatz beanspruchen darf. Übertroffen wird Budapest freilich von Prag, weil dessen geschichtliche Bausubstanz geschlossener ist, doch das ungemein Lebendige, eine vom hochbürgerlich aristokratischen Zeitalter des Dualismus und den beschwingten Tagen der Zwischenkriegszeit hinübergerettete Eleganz, die trotz volksdemokratischer Nivellierung weiterwirkt, eine Atmosphäre von Witz und Nonchalance, aber auch hektischer Betriebsamkeit, eine relativ gute Versorgungssituation, würzige Küche, lustige und traditionsreiche Cafés, im allgemeinen gute, aber stark überlaufene Hotels, reger Autoverkehr und ein gewisser Grauschleier, der am verbli-

---

241 **Budapest,** Vajdahunyad Vára (Hunyad-Schloß) im Városliget (Stadtwäldchen), gebaut 1896 zur 1000-Jahr-Feier

242/243 **Budapest,** Donauufer in Pest (östlicher Stadtteil)

244 **Budapest,** die ehemalige königliche Burg, Eingang zum Burgmuseum

245 **Budapest,** Széchenyi-Kettenbrücke. Sie wurde wie alle Brükken im Zweiten Weltkrieg gesprengt und später in ursprünglicher Form wieder aufgebaut

Budapest, Elisabethen-Brücke. Im Zweiten Weltkrieg zerstört, danach modern aufgebaut

246 **Budapest,** im Burgviertel. Blick durch die Szentháromság-(Hl.-Dreifaltigkeits-)Straße auf die Matthiaskirche

247 **Budapest,** Spiegelung der Fischerbastei in der Glasfassade des Hotels Hilton

Budapest, Kunstgewerbemuseum. Der Löwe im Vordergrund gehört zum Parlamentsgebäude

248 **Budapest,** Parlamentsgebäude (neugotisch) bei festlicher Beleuchtung

Magyar Nemzet
CHINOIN

chenen Raffinement nagt, kennzeichnen Budapest. Es war und ist die einzige wirklich bedeutende Stadt des Landes, dafür wirkt sie um so weltmännischer. Aufgrund eines damals hohen Selbstwertgefühls wollten die Magyaren im letzten Drittel des 19. Jahrhunderts ein Zentrum schaffen, das sich vor Wien und Paris, Berlin und London nicht zu schämen bräuchte. Nun, tatsächlich, den Alleen und Boulevards, den Bankhäusern und Zinsburgen wird man die Würde kaum absprechen können, allerdings auch nicht den Willen, bemerkt und bestaunt zu werden.

Ein Gemisch der Rassen und Völker war ursprünglich Budapest, das Magyaren, Slawen, Deutsche, Romanen und Zigeuner Pannoniens herbeilockte, Mittellose wie Investitionsfreudige, und dabei auch eine Proletariersiedlung des industriellen Zeitalters hervorbrachte, die ihre Fangarme immer weiter ausdehnte. Der magyarische Melting-Pot nahm sie alle auf, auch die Juden, Geschäftsleute und Financiers, Journalisten und Revolutionäre, Rabbiner und Professoren, oder bloß arme Schlucker, gleich den slowakischen Goralen oder ruthenischen Besenbindern, was Wiener Antisemiten vor 1914 die Bezeichnung «Judapest» prägen ließ. Die Stadtresidenzen der Aristokratie und des – christlichen wie jüdischen – Großbürgertums, extravagante Kabaretts, avantgardistische Literatursalons, ausgezeichnet gekleidete, verführerische Frauen, fesche Offiziere, erstklassige Schneider und feurige Zigeunerkapellen, dazu die Fülle exklusiver, noch aus der Türkenzeit stammender Badeanstalten trugen zum klassischen Bild der Donaumetropole bei.

Prinz Eugens Sieg über die Osmanen 1686, die Revolutionen von 1848, 1918 und 1956, Habsburgs Unterdrückung, dann großzügiger Liberalismus, unersättliche ungarische Freiheitsbestrebungen und kühle Einschätzung der Realitäten, Räte-

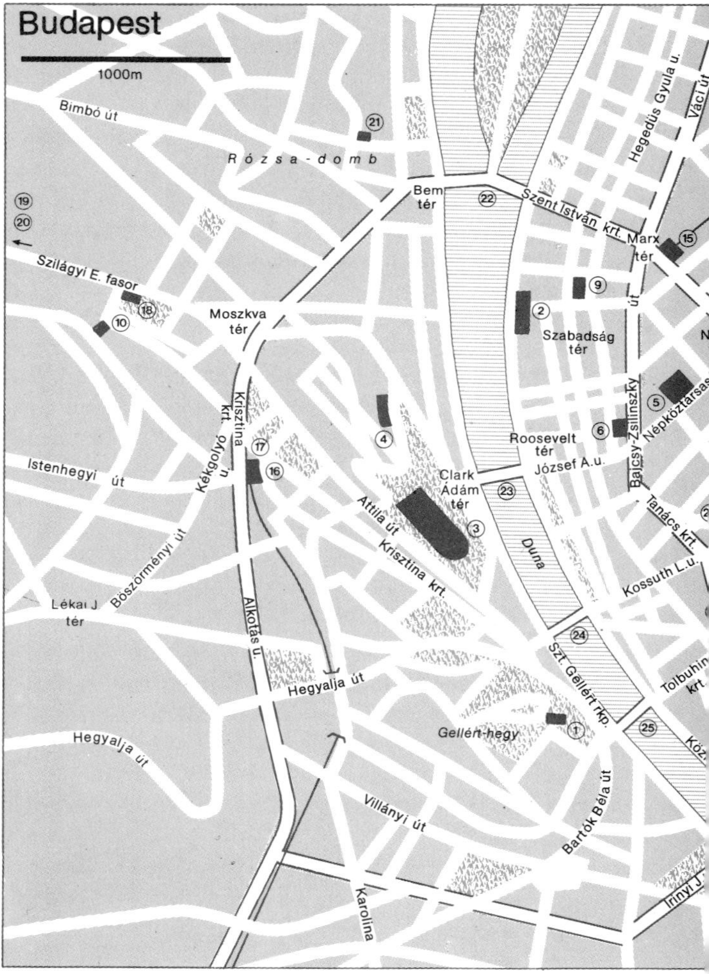
Budapest
1000m
Bimbó út
Rózsa-domb
Bem tér
Szent István krt.
Marx tér
Hegedüs Gyula u.
Váci út
Szilágyi E. fasor
Moszkva tér
Szabadság tér
Krisztina krt.
Kékgolyó u.
Roosevelt tér
József A. u.
Bajcsy-Zsilinszky út
Népköztársaság
Istenhegyi út
Clark Ádám tér
Attila út
Krisztina krt.
Tanács krt.
Böszörményi út
Duna
Kossuth L. u.
Lékai J. tér
Alkotás u.
Szt. Gellért rkp.
Hegyalja út
Tolbuhin krt.
Gellért-hegy
Hegyalja út
Villányi út
Bartók Béla út
Karolina
Irinyi J.

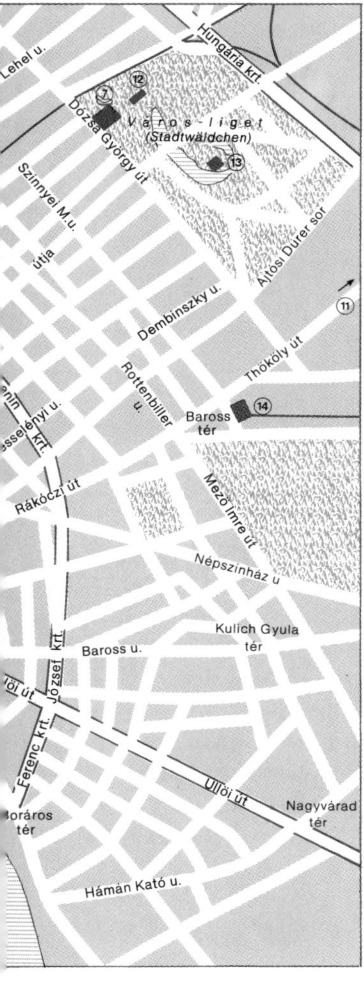

1 Zitadelle
2 Parlament
3 Burgpalast mit Nationalgalerie
4 Fischerbastei und Matthiaskirche
5 Staatsoper
6 Basilika
7 Museum der bildenden Künste
8 Nationalmuseum
9 Volkskundemuseum
10 Elisabeth-Aussichtsturm
11 Volksstadion
12 Gundel
13 Vajdahunyad-Schloß
14 Ostbahnhof
15 Westbahnhof
16 Südbahnhof
17 Untergrundbahn
18 Zahnradbahn
19 Pioniereisenbahn
20 Sessellift
21 Gül-Baba-Mausoleum
22 Margaretenbrücke
23 Kettenbrücke
24 Elisabethbrücke
25 Freiheitsbrücke
26 Synagoge

Blick vom Gellért-Denkmal auf die Donau

diktatur *Béla Kuns* und weiße Diktatur *Nikolaus Horthys,* Naziterror und stalinistisches Joch, antikommunistischer, niedergewalzter Aufstand, dann nationale Aussöhnung und tüchtiges Vorwärtsstreben unter *János Kádár,* das alles prägt das Werden des neuzeitlichen Budapest.
Von seinen oft heiteren und meistens freundlichen Menschen, deren Zahl an Wochentagen von normalerweise 2,1 Millionen oft bis auf über drei Millionen steigt, wird man ungern scheiden. Wer nach vier Tagen intensiver Besichtigung das Wichtigste kennengelernt hat und wieder abreist, wird merken, daß das Lebenstempo anderswo langsamer verläuft.
Was bringt der morgige Tag? Wer weiß das schon, daher lasset uns dem heutigen frönen! So scheint hier die Devise zu lauten.

Linksufriges Pest: Stadtmitte (Belváros)

Zwischen Großem Ring (Nagykörút) und Donau liegt das eigentliche Herz der ungarischen Metropole. Zu Füßen der großzügig geschwungenen **Elisabethbrücke** – die Magyaren ehren damit bis heute das Andenken ihrer geliebten *Erzsébet királyné,* der *Sissy* Franz Josephs – thront die **Innerstädtische Pfarrkirche** (1725–1739), an deren südlicher Mauer noch die Relikte eines Castrums der Römerzeit zu sehen sind. Eine muselmanische Gebetsnische erinnert an die Türkenherrschaft, da das christliche, ursprünglich romanisch-gotische Gotteshaus als Moschee diente. Die Kirchenorgeln entzückten später *Franz Liszt,* der hier manche Messe in Anwesenheit seiner Tochter Cosima und ihres Gatten Richard Wagner dirigierte.
Stadteinwärts zeigt die *Franziskanerkirche* (1727–1743) eine Tafel, die an die Überschwemmung von 1838 und den tatkräftigen, adeligen Helfer *Miklós Wesselényi* gemahnt. Die alte *Bibliothek* der Theologischen Hochschule, einen kunstvoll barocken Prachtsaal, kann man nur nach Voranmeldung kennenlernen. Die zweitürmige **Universitätskirche,** vielleicht der stolzeste Barockbau von Pest, steht neben der Rechtsfakultät, deren Institution 1784, nach kurzem Aufenthalt in Buda, aus Tyrnau hierher verlegt worden war. Nahe dahinter liegt, von einer Mauer umgeben, die *orthodoxe Kirche* der Szerb utca, nach 1690 von Südslawen errichtet. Die Károlyi utca birgt, im einstigen Palais des stark linksdemokratisch gesinnten Staatsführers von 1918/19, des Grafen *Mihály Károlyi,* das **Petőfi-Literaturmuseum,** ein Nationalinstitut zur Erforschung und Popularisierung des ungarischen Schrifttums.

Spaziert man von der Innerstädtischen Pfarrkirche aus am traditionellen, einst sehr vornehmen *Donaukorso* entlang, eröffnet sich ein herrliches Panorama der Budaer Berge, bestimmt von Burg und Zitadelle. An der Pester Seite fällt der kleine *Petőfi-Platz* samt bescheidener, ursprünglich den Griechen gehörender **Kirche der Orthodoxen** (1791–1794) weniger auf als der moderne Glaspalast des sündteuren *Hotels Duna-Intercontinental.* Wer mit dem Schiff eintrifft, verläßt es hier an der Anlegestelle des Belgrad-Ufers: einen besseren Standort, um die Lage Budapests mit einem Blick zu erfassen, gibt es von Pest her kaum.

Wenige Schritte vom Intercontinental entfernt dient die historische **Redoute** (Vigadó) besonders dem Musikleben; sie ist um 1860 entstanden und mußte nach den schweren Schäden des Krieges von Grund auf renoviert werden. Die allegorischen Figuren früherer Tage – beherrschend, in der Mitte, das Landeswappen, zu beiden Seiten *Ludwig der Große* und *Matthias Corvinus,* weiter die Feldherren *Johann Hunyádi* und *Nikolaus Zrinyi,* dann zwei kulturpolitisch verdiente Gestalten des Reformzeitalters, der Palatin *Erzherzog Joseph* und Graf *Stephan Széchenyi* – blicken erfrischt von den Gesimsen auf das Treiben des heutigen Menschenvolkes herab und versuchen ein Kräftemessen mit dem hohen sowjetischen Heldendenkmal. Hinter dem Vigadó-Platz kommen wir sofort zum *Vörösmarty tér,* einem der bewegtesten Plätze dieser menschenüberfluteten Stadt. Dem romantischen Dichter *Mihály Vörösmarty* (1800–1855) geweiht, ist der Platz auch vielen Fremden wegen der gleichnamigen Konditorei bekannt, die der Welschschweizer Emile Gerbeaud 1844 erwarb und zum Budapester Demel verzauberte: Kaffee, Torten und Eis zählten zu den besten Mitteleuropas. Heute bleibt noch immer die von Marmor, Spiegeln und Holztäfelungen geprägte Einrichtung, es herrscht aber oft ein wirrer Massenbetrieb, der keine Ähnlichkeit hat mit dem elitären Genießertum fer-

Váci utca, die autofreie und interessanteste Einkaufsstraße

Der ungarische Edelmann

Nichts tun: das ist des Lebens Brauch.
Ich tue nichts, drum leb ich auch.
Die Arbeit geht den Bauern an –
Bin ungarischer Edelmann.

Der Wissenschaft ich leben soll?
Gelehrte leben jammervoll!
Nicht lesen ich, noch schreiben kann –
Bin ungarischer Edelmann!

An einem Wissen bin ich reich,
In diesem kommt mir keiner gleich:
Gut essen ich und trinken kann –
Bin ungarischer Edelmann!

Für mich gibt's keine Steuerpflicht,
Ich hab ein Gut, ist's groß auch nicht:
Doch große Schulden hängen dran –
Bin ungarischer Edelmann!

(Aus einem Gedicht von Sandor Petőfi)

---

ner Tage. Freilich, die Qualität des Gebotenen erreicht wohl nicht Vorkriegsniveau, doch können die Erzeugnisse sich immer noch sehen lassen. Unmittelbar neben der Konditorei steigt man zur ersten *Budapester Untergrundbahn* herab, die – 1896 anläßlich der Jahrtausendfeier eröffnet – das Zentrum von Pest mit dem Stadtwäldchen verbindet.

Schwarz von Menschen, die gleich Ameisenheeren zähflüssig hin und her fluten, verschlingt auch uns die autofreie **Váci utca,** neben der nahen **Kígyó utca** die wichtigste Einkaufsstraße von Pest. Ausländer werden Buchhandlungen (der vielen schön edierten, fremdsprachigen Werke wegen) und Souvenirläden bevorzugen. Die Geschäfte, hier wie auch rundherum in den benachbarten Gassen und Straßen, bieten zwar kaum Luxusartikel im westlichen Sinne, doch sind sie mit Gebrauchswaren gut eingedeckt. Für Bürger anderer sozialistischer Staaten bietet der Einkaufsbummel durch Budapest die Chance, Dinge zu bekommen, die es daheim nur schwer oder gar nicht gibt. Vielfach versuchen die reich beladenen Polen, Rumänen oder Slowaken, deren Sprachen aus dem Stimmengewirr hervorklingen, Privathandel zu treiben, und bieten manches aus ihren Ländern den Ungarn zum geringeren Preis feil. Es ist ein sportlicher Wettkampf gegen Marktaufsicht und Grenzbehörden.

Wendet man sich wieder dem Donauufer zu, bildet das Neorenaissancegebäude (1862–1864) der *Ungarischen Akademie der Wissenschaften* (Magyar Tudományos Akadémia) die eine Breitseite des *Roosevelt-Platzes,* während zwei neue Wolkenkratzer-Hotels die andere Seite abschließen. An der Längsseite, parallel zum Fluß, erstreckt sich eine repräsentative Häuserzeile des Jugendstils, zwischen Roosevelt-Platz 5 und 7, das *Palais Gresham,* 1907 als Sitz einer englischen Versicherungsgesellschaft gebaut. Ein bekanntes Künstlerkaffee zog vor dem Krieg die avantgardistische Prominenz an. Der Platz, bis 1947 nach der Kettenbrücke *Lánchíd tér* genannt, wurde auf Roosevelt, den amerikanischen Präsidenten der Antihitlerkoalition, umgetauft, der sich in Osteuropa stets hoher Wertschätzung erfreute. An internationale und ungarische Gelehrte erinnern die Eckstatuen am Akademiegebäude: *Newton, Lomonossow, Galilei,* der magyarische Linguist *Révay, Descartes* und *Leibniz.* Zwei Außentafeln am klassizistisch geprägten Haus *Akademia utca* 1 beschwören die Revolutionstage von

Statue des Dichters Attila József neben dem Parlamentsgebäude

1848/49 herauf. Zwei Generäle der Aufstandsarmee, der Pole *Józef Bem* und der Ungar *György Klapka* wohnten hier. Immer wieder stößt man in Budapest auf Zeugnisse eines ausgeprägten, nationalen Geschichtsbewußtseins, wie es seiner fast metaphysischen Tragweite nach den alten, doch häufig existenziell bedrohten Völkern Zwischeneuropas mit organisch gewachsener Tradition und starkem Kollektivstolz entspricht.

Ein imposantes, von Westminster inspiriertes Symbol des ungarischen Verfassungslebens, fast ein Wahrzeichen der Metropole, breitet seine mächtige, harmonische Fassade am Donauufer aus: das neugotische **Parlamentsgebäude** (Országház), 1885–1904 nach Plänen von *Imre Steindl* entstanden, beeindruckend schon allein durch seine Ausmaße (268 Meter Länge, 118 Meter Breite, Kuppelhöhe 96 Meter, Fläche 17745 Quadratmeter). 88 Statuen von Königen und regierenden Fürsten zieren die Außenwand; die Volksdemokratie setzte einen, nächtens hell erleuchteten, roten Stern auf die Spitze der Kuppel. Wer die prunkvollen Räume des Parlaments, zumal das historisch-allegorische Riesengemälde von Munkácsy, Ungarns Landnahme von 896 darstellend, kennenlernen will, muß sich einer der seltenen Gruppenbesichtigungen anschließen.

Jenseits des breiten, den Namen *Ludwig Kossuths* tragenden Vorplatzes stehen zwei weitere Prachtbauten des Eklektizismus: das *Landwirtschaftsministerium* (1895) und vor allem das **Ethnographische Museum** von *Alajos Hauszmann* (1893–1896), ursprünglich Justizpalast, dann 1947–1975 Nationalgalerie. Der Fassadenschmuck spielt auf die Gerechtigkeit und die Gesetze an. Heute sind dort bunte Beispiele ungarischer und exotischer Volkskunst zu entdecken. Von den beiden Denkmälern auf dem Kossuth-Platz stellt das größere den Revolutionsführer von 1848/49 dar, das kleinere den «roten Grafen» *Mihály Károly.* In der Honvéd-Gasse, parallel zum Parlament stadteinwärts, benützt das Verteidigungsministerium das ehemals als Seidenfabrik verwendete, klassizistische Gebäude von *Josef Hild* (1845) als Domizil. Wenige Schritte sind es bis zum länglichen *Freiheitsplatz* (Szabadság tér), mit seinen für Budapest so typischen Architekturbeispielen des Eklektizismus, der ehemaligen *Börse* (heute Fernsehen) und der *Nationalbank.* Südlich des Freiheitsplatzes, auf dem *Engels-Platz,* drängen sich stets dichte Menschenmassen um den Autobusbahnhof; davor aber fällt ein Brunnen auf (1883), der eine allegorische Darstellung der Flußläufe des alten Ungarn bietet: um die Donau herum die Theiß, die Drau und die Save. Auf dem nahen *Martinelli-Platz* befindet sich die anmutige, barocke *Servitenkirche* (1725–1732), in der angrenzenden *Városház utca* das Budapester *Rathaus* (1727–1735 als Invalidenheim errichtet) und das klassizistische Amtsgebäude des Komitatsrates von Pest.

An der kleinen *Semmelweis utca,* nach dem berühmten Pester Frauenarzt benannt, liegt neben der klassizistischen Musikschule (1839) ein *Haus der Sowjetischen Kultur und Wissenschaft,* das 1895 als Adelskasino entstand und damals zu einem auch politisch vielbeachteten Treffpunkt der gehobenen Vorkriegsgesellschaft wurde. Ganz nahe ist es nun zum *Kaffee Pilvax,* in dem die revolutionäre Märzjugend unter *Petőfis* Führung das Zwölfpunktememorandum des 15. März 1848 entwarf.

Der Besichtigungskreis um die Innenstadt im engeren Sinn schließt sich, tritt man nun über die Petőfi-Gasse zur belebten Durchzugs- und Geschäftsstraße *Kossuth Lajos utca.* Hinter dem Platz der Befreiung *(Felszabadulás tér),* den links und rechts die beiden eklektizistisch hochgetürmten *Klotild-Palais*

(1902) abschließen – ein Jugenstilhochhaus am gleichen Platz ist durch seine Belle-Epoque-*Kaufpassage Pariser Hof* bekannt – erkennt man die Pfeiler der Elisabethbrücke.

Kiskörút (Kleiner Ring)

Dem Verlauf des einstigen Stadtwalls folgend, umschließt der **Kleine Ring** hufeisenförmig den alten, baulich überwiegend vom Stil der «Goldenen Jahre» vor 1914 geprägten Pester Altstadtkern. Nach Schleifung der Mauern entstand 1874 nahe der heutigen Freiheitsbrücke das erste eklektizistische Gebäude, das *Hauptzollamt,* jetzt Wirtschaftshochschule. Die backsteinrote *Markthalle* (Vásárcsarnok), ein Ort urwüchsiger zeitloser Volkstümlichkeit, liegt am Anfang des nach Sowjetmarschall *Tolbuchin* bezeichneten Ringstraßenabschnitts. Gleich anschließend bestimmt die klassizistische *Kirche der Reformierten* das Aussehen des Kálvin tér. Zu Beginn der nach Südwesten führenden *Baross utca* steht ein kleines, seit Jahrhundertbeginn der *Städtischen Zentralbibliothek* dienendes Palais, das jetzt den Namen des linkssozialistischen Theoretikers *Ervin Szabó* (1877–1918) trägt.

Die nach Norden weisende *Múzeum körút,* gesäumt von rußgeschwärzten, verstaubten Residenzen im Stil von Neorenaissance und Neubarock, vielfach vom damals führenden Architekten *Miklós Ybl* entworfen, wird durch die monumentale, von einer kleinen Parkanlage umgebene Silhouette des schlicht klassizistischen *Nationalmuseums* (Magyar Nemzeti Múzeum) beherrscht, das *Michael Pollack* um 1840 entwarf. Über der Mitte des Säulenportikus prangt das Landeswappen. Von der Freitreppe aus sprachen am 15. März 1848 die jungen Revolutionsführer zur versammelten Menge, wie eine kranzgeschmückte Marmortafel berichtet. Dieser symbolische Freiheitstag der ungarischen Demokratie gilt heute, da der Staatsfeiertag auf den 20. August fällt (Verkündungsdatum der kommunistischen Verfassung von 1949), nicht mehr als offizielles Jubliläum. Inoffiziell liegt er allen bewußten Ungarn nach wie vor am Herzen. Wer an einem 15. März durch die Straßen der Hauptstadt geht, begegnet immer wieder Menschen, die kleine rot-weiß-grüne Fähnchen angesteckt haben – ein Zeichen ungebrochenen Identitätsbewußtseins.

Die Statuen und Büsten des Museumsgartens zeigen Persönlichkeiten von Wissenschaft und Kunst des 19. Jahrhunderts; auch der italienischen Legionäre, die 1849 auf ungarischer Seite gegen den Kaiser fochten, wird ehrend gedacht.

Um 1870 malte *Károly Lotz* die Deckenfresken des großen Treppenhauses, das zum Festsaal im ersten Stock führt. Hier tagte 1848 die Magnatentafel, das ungarische Oberhaus. Jetzt sind seit 1978 die berühmten Krönungsinsignien – **Stephanskrone,** Krönungsmantel, Zepter, Reichsapfel und Königsschwert – im Festsaal ausgestellt. Weihevolle Ruhe, auch von sonst lärmenden Schulkindern eingehalten, umgibt diesen heiligen Schrein der tausendjährigen, christlichen Nation Ungarns. Polizisten in Galauniform mit weißen Handschuhen bewachen die Kostbarkeiten ständig. Es geht hier bei weitem nicht nur um unermeßliche Werte, wie sie etwa im Londoner Tower oder in der Wiener Schatzkammer liegen. Die Krone des heiligen Stephan, vom charakteristischen, schiefen Kreuz überragt, setzt sich aus zwei, von Gold und Email geprägten Teilen zusammen, die im Verlauf des Mittelalters allmählich zum höchsten Staatssymbol, ja zum Sinnbild jeder Staatsmacht und Legitimität emporwuchsen. Die untere Krone, co-

Die Krönungsinsignien im Nationalmuseum

rona graeca, stammt offenkundig aus Byzanz. Die hingemalten Gestalten personifizieren die himmlische und die irdische Hierarchie. In der Mitte der Vorderseite thront der Pantokrator, unter ihm gruppieren sich, jeweils zwei und zwei, die Erzengel Michael und Gabriel, dann die Heiligen Georg und Demetrius, schließlich Kosmas und Damian. Über die Rückseite herrschen zwei byzantinische Kaiser, *Michael Dukas* (1071–1078), darunter sein Vorgänger *Konstantin VII. Porphyrogennetos* (913–959) und der Ungarnkönig *Géza I.* (1074–1077), der eigentliche Empfänger der Krone. Die obere sagenumwitterte corona latina bildet nach einer früheren Volksmeinung den Kern der Krone *Stephans I.,* die der erste christliche Landesherr von Papst *Sylvester I.* geschickt bekam. Es scheint glaubwürdiger, daß die Krone tatsächlich ein Schmuckstück aus der Zeit der Jahrtausendwende, ja vom Hof Stephans sein könnte, kaum aber die Originalgabe des Heiligen Vaters. Wichtiger freilich bleibt die Symbolbedeutung des Diadems, um dessen Darstellung des Pantokrators sich acht der zwölf Apostel ranken.

Durch ihre politische Bedeutung errang die Krone eine magische Anziehungskraft: nur wer rechtmäßig mit den richtigen Insignien gekrönt war und sie besaß, hatte auch einen legitimen Anspruch auf den Thron. So kam es, daß der Sacra Corona Regni Hungariae bei dynastischen Auseinandersetzungen des Mittelalters und der frühen Neuzeit dramatische Abenteuer widerfuhren, Entführungen, Raub und Mord. Stuhlweißenburg, Visegrád, Ofen und Gran waren die wechselnden Standorte der Regalia, wenn man sie nicht ins Ausland, nach Prag oder Wien, brachte.

Im 16. und 17. Jahrhundert wanderten die Insignien, je nach den Zufällen von Politik und Kriegen, zwischen Siebenbürgen und Passau, die Preßburger Feste war jedoch ihr üblicher Aufbewahrungsort. *Joseph II.* ließ, entgegen ausdrücklichen Gesetzen des ungarischen Reichstags, die Krone wieder aus dem Land nach Wien bringen. 1790 erlaubte er die Restituierung der Regalia an die seit langem institutionalisierten Kronwächter, die den Transport nach Buda durchführten. *Leopold II.* wurde als letzter Monarch in Preßburg gekrönt, seine Nachfolger alle in Buda. 1849 vergrub der ungarische Innenminister *Szemere* die Insignien bei Orsova, um sie den Zugriffen der Österreicher zu entziehen. 1853 barg man den Schatz und brachte ihn in die Hauptstadt zurück. Erst die Versöhnung *Franz Josephs* mit den ungarischen Ständen ermöglichte 1867 die Krönung des Monarchen. Ein letztes Mal in der Geschichte setzte der glücklose *Karl* am 30. Dezember 1916 als König die Krone aufs Haupt. Dreimal von Abgesandten des Volkes akklamiert, ritt er auf den künstlich aufgeschütteten Krönungshügel neben der Ofener Matthiaskirche und richtete, das volle Ornat tragend, das Schwert nach altem Brauch in die vier Himmelsrichtungen, um die Verteidigung der Heimaterde zu beschwören.

Nikolaus Horthy verwaltete als Reichsverweser des «Königsreichs ohne König» das Land im Namen der Krone, sogar der Pfeilkreuzlerführer *Ferenc Szálasi* legte noch vor dem obersten Symbol einen Treueeid ab. Seine Regierung floh im März 1945 samt den Insignien über die Grenze nach Westen. Die

Kronwächter vergruben den Schatz wieder, diesmal in Oberösterreich, händigten ihn aber der amerikanischen Besatzungsmacht aus, die ihn in Gewahrsam nahm, um sie sowjetischen, dann ungarisch-kommunistischen Zugriffen zu entziehen. Erst die Entspannungsperiode unter Jimmy Carter war für eine Rückgabe günstig: aus Fort Knox flog die Krone nach Budapest, wo der Parlamentspräsident sie im Namen des Volkes feierlich übernahm. Wendet man klassische Kriterien an, errangen damit erst die heutigen Machthaber ihre «höhere» Legimität.

Nun, auch die normalen Sammlungen sind den Besuch wert; allerlei Gegenstände schildern im Parterre «Die Geschichte der Völker auf dem Gebiet Ungarns von der Urzeit bis zur Landnahme», im ersten Stock «Die Geschichte des ungarischen Volks von der Landnahme bis 1849».

Spaziert man nach Norden, taucht jenseits der regen Kreuzung am Hotel Astoria rechts das mächtig backsteinrote, neuromantische Gebäude der größten **Synagoge** des Landes auf *(Dohány-Gasse)*. Das dazugehörige Museum stellt, sehr erneuerungsbedürftig, Abbildungen und Kultgegenstände der jüdischen Gemeinden Ungarns aus, die man unter freundlicher Führung deutschsprechender, älterer Damen in Ruhe besichtigen kann. Eine kleine Tafel erwähnt *Dr. Herzl Tivadar,* den Vater des Zionismus, der aus Budapest stammte und hier seine Barmitzwa, die jüdische Firmung, erhielt.

Etwas weiter nördlich, am *Deák-Platz,* wird die Tradition einer anderen religiösen Minderheit gewahrt: die der Lutheraner. Ein Komplex klassizistischer Gebäude umfaßt Kirche, Landesmuseum und Pfarramt der Evangelischen (meist deutscher oder slowakischer Herkunft), geschaffen von *Mihály Pollack* und *Josef Hild,* der auch die Grundskizzen zum gigantischen Kuppelkoloß der von *Miklós Ybl* 1905 vollendeten

Basilika entwarf. Diese gewaltigste Kirche der Stadt (86 Meter Länge, 35 Meter Breite, 96 Meter Kuppelhöhe) auf dem *Szent István tér,* Stephan dem Heiligen geweiht, ist von weither gut erkennbar. Statuen und Bronzereliefs verkörpern Gestalten des 10. und 11. Jahrhunderts. Man wird den bombastischen Klotz nach heutigen Begriffen kaum als schön bezeichnen, immerhin aber als sehenswertes Zeitdokument.

Nagykörút (Großer Ring)

Große Mietskasernen mit Büros und Geschäften, historistisch, eklektisch oder schon jugendstilmäßig ausgeformt, bestimmen das Gesicht der vier Kilometer langen verkehrsreichen Ringstraße von der Margaretenbrücke im Norden bis zur Petőfi-Brücke im Süden. Dieser besonders typische Pester Boulevard, ein im ganzen unberührtes Beispiel des Städtebaus der Gründerzeit, hat etwas vom alten Paris, Berlin oder Wien, durchaus aber auch charakteristische Eigenmerkmale. Die Kriegsbeschädigungen konnten der Harmonie des Gesamtbildes nichts anhaben: aber es wäre zu wünschen, daß die Fassaden der Pester Straßen nach dem Pariser Rezept Malraux' gewaschen würden. Es ist gut, wenn in den Außenbezirken neue Wohnviertel entstehen, doch auch Altes muß gepflegt werden, soll es den Einwohnern höhere Lebensqualität, den Betrachtern mehr ästhetischen Genuß und den Gebäuden ein stabiles Fortbestehen sichern.

Am nördlichen Abschnitt, dem *Szent István körút*, fällt das für den k.u.k. Stil der franzisko-josephinischen Ära so typische *Lustspieltheater* (Vígszínház) der auf dem gesamten Gebiet der Habsburgermonarchie bekannten Wiener Architek-

ten *Ferdinand Fellner* und *Hermann Helmer* auf, nach 1945 geschickt von den Brandwunden geheilt.
Ein faszinierendes Kunstwerk des klassischen Zweckbaues stellt der **Westbahnhof** (Nyugati pályaudvar, 1874–1877) dar, den die angesehene französische Firma *Gustave Eiffel* schuf. Die perfekte Eisenkonstruktion der Haupthalle (ähnliche Elemente sind in Paris am Eiffelturm und an der Kirche Saint-Augustin zu finden) steht unter Denkmalschutz; es wird sorgfältig gepflegt und restauriert. Die Atmosphäre osteuropäischer Zug- und Reiseromantik läßt das Herz eines jeden Eisenbahnfreundes höher schlagen, wenn er etwa bei Klaviermusik und Gesang ein deftiges Nachtmahl im geräumigen alten Restaurant verspeist. Schon 1846 fuhr vom ersten Westbahnhof ein Zug nach Vác, bald darauf reiste man über Preßburg nach Wien; gegenwärtig führen von hier aus Verbindungen in die osteuropäischen Hauptstädte, nach Berlin, Prag, Warschau und Bukarest.

Entlang des *Lenin* (früher Teréz) *körút* sieht man Prachtbauten der Neorenaissance, wie das *Pseudo-Palais Strozzi* (Nr. 67), von *Alajos Hauszmann* 1884 für den Grafen Batthyány gebaut, das elegante *Hotel Royal* (1894–1896) oder das *Madách-Theater* (Nr. 29–33), ein Vergnügungsetablissement des frühen 20. Jahrhunderts. Das repräsentativste von allen bleibt das *Palais New York* (Lenin körút 9–11, 1891–1893 von Hauszmann gebaut), ein Zeitungspalast, in dessen Erdgeschoß das renovierte **Café-Restaurant Hungaria**, ganz nach Art der Jahrhundertwende eingerichtet, die Traditionen des vielbeachteten Literaten-, Künstler- und Journalistencafés New York fortsetzt. Plätze im Hungaria sind so begehrt, daß man sich nur selten sofort an einem der Marmortische niederlassen kann, doch lohnt sich das Warten, will man die Atmo-

Bäuerliche Keramik: ein Stück Volkskunst

sphäre der Hauptstadt richtig genießen und erfassen. Weiter südlich, an der *Ecke Ferenc körút/Üllői út,* erinnert die 1845–1846 von *Josef Hild* geschaffene Maria-Theresien-, dann Kilianskaserne an die blutigen Tage des späten Oktobers 1956. Ähnlich dem Kossuth-Platz vor dem Parlament spielte die heute zivilen Zwecken zugeführte Kaserne eine wichtige Rolle anläßlich des Aufstandes.

Ein Stückchen weiter vermittelt das späteklektizistische **Kunstgewerbemuseum** von *Ödön Lechner* und *Gyula Pártos* (1893–1896) den Eindruck national-ungarischen Stils: Möbel, Gobelins, Trachten, Goldschmiedegegenstände, Keramik und Glas, hauptsächlich aus dem pannonischen Raum, lernt man in den fünf Abteilungen des Museums kennen. Der charakteristische Kuppelbau gehörte zu den im Zweiten Weltkrieg stark beschädigten Gebäuden, mittlerweile ist sein Äußeres stilecht restauriert worden.

Vom Kunstgewerbemuseum aus ließe sich, vorbei am Nationalmuseum, wieder die breite West-Ost-Arterie Kossuth Lajos-, Rákóczi-Straße bis zum Boross-Platz samt Ostbahnhof *(Keleti pályaudvar)* erreichen, ein ungemein menschen- und autoüberfluteter, lärmender und rascher Verkehrsweg, gesäumt von Hotels, Lokalen, Geschäften und Warenhäusern, der Architektur von Budapests dualistischer Glanzperiode vor 1914 getreu.

Népköztársaság útja (Allee der Volksrepublik), Hősök Tere (Heldenplatz) und Városliget (Stadtwäldchen)

Den *Engels-Platz* verbindet mit dem *Heldenplatz* in leicht südwestlich-nordöstlicher Richtung Pests schönster, von schattigen Bäumen gesäumter Boulevard, die zweieinhalb Kilometer lange *Népköztársaság útja,* entstanden zwischen 1870 und 1884. Der zentrale Alleeteil, zwischen Deák-Platz und 7. November (Oktogon)-Platz, führt an Bürgerhäusern der Neorenaissance vorbei zur **Staatsoper** (*Állami Operaház,* 1875–1884), wie sie auch in Wien, Prag, Agram oder Krakau stehen könnte. Nicht nur die Einrichtung, viel Prunk, Marmor, Deckenfresken und Wandgemälde mit Themen der griechischen Antike, Figuren, berühmte Komponisten verkörpernd, lohnen den Besuch: das Niveau der Aufführungen liegt traditionell hoch. Persönlichkeiten wie Gustav Mahler oder Otto Klemperer haben in Budapest längere Zeit dirigiert. Das Viertel rundherum, auch die kleineren Seitengassen, ist voll von Theatern, deren Besuch jedoch, sieht man vom Operettenhaus ab, nur den Ungarisch Verstehenden anzuraten ist. Vorbei an der *Franz-Liszt-Musikschule,* dem *Puppentheater* und der *Kunstakademie* – alles Bauten der 1870er Jahre – kommt man zum viereckigen, von Palais, Kastanien und Platanen umgebenen *Kodály-Platz:* hier stehen die Denkmäler für vier epische Helden – *Bottyan*, *Zrínyi*, *Szondy* und *Balassi*. Dank ihrer Sgraffiti sticht besonders die *Neorenaissanceresidenz* Nr. 88–90 hervor; weiter bis zum Heldenplatz lockern einst elegante Villen mit Gärten die Alleen zu beiden Seiten auf. Das Viertel ringsum erinnert an das Wiener Cottage; diplomatische Vertretungen lassen sich gern dort nieder.

Am Ende der Allee tut sich ein breiter, von einem halbkreisförmigen Denkmal beherrschter Platz auf, der im Hintergrund durch einen Wald von Parkbäumen abgeschlossen wird, aus deren Mitte die merkwürdigen Konturen einer pseudomittelalterlichen Feste hervorlugen. Steht man auf dem *Hősök tere*, fällt rechts die neoklassizistische *Kunsthalle* (Műcsarnók, 1895) auf, ein Ausstellungspavillon, parallel dazu eine überaus breite Straßenfläche mit Tribüne und Lenin-Denkmal, der Budapester Paradeplatz. Ein kleiner, statuenloser Sockel ruft Erinnerungen an das Sturmjahr 1956 wach: die wütende Menge riß damals mit Seilen das schwere Stalin-Postament zu Boden und schlug darauf ein, bis es zur Unkenntlichkeit entstellt war.
Der Hunyadi-Burg im heute rumänischen Hunedoara ist das vieltürmige **Wasserschloß Vajdahunyad** mitten im Stadtwäldchen nachempfunden. Im Inneren finden wir Kopien von Teilen bekannter Gebäude des historischen Ungarn vor. Für die Tausendjahrausstellung von 1896 errichtet, zeigt Vajdahunyad Elemente karpatenländischer Burgen aus Siebenbürgen und der Slowakei sowie das Portal der transdanubischen Stiftskirche zu Ják; ein Flügel des Schlosses dient als Landwirtschaftsmuseum.

Das **Museum der Bildenden Künste** (Szépművészeti Múzeum), als breiter griechischer Tempel 1906 eröffnet, ist eine der reichhaltigsten Sammlungen Europas, die den berühmtesten Museen kaum nachsteht: das Erdgeschoß birgt die Ägyptische, die Griechisch-Römische und die Renaissance-Abteilung, die Moderne Bildhauerei, die Graphische Sammlung und die Kunst des 20. Jahrhunderts. Die Galerie Alter Meister und die Kunst des 19. Jahrhunderts sind im ersten, die alten Skulpturen im zweiten Stock untergebracht. Den

Handel und Wandel: Obststand am Batthyány-Platz

Stolz des Museums bildet die *Esterházy-Privatsammlung*, 1872 vom Staat erworben, aus der die Galerie Alter Meister hervorgegangen ist. Berühmte Italiener, Holländer, Flamen, Spanier und Deutsche der klassischen Epoche, auch Engländer, Franzosen und Österreicher sind mit ausgezeichneten Bildern vertreten; auch die übrigen, etwas kleineren Abteilungen des Museums präsentieren gute Exponate und sind unbedingt sehenswert, so die Malerei des 19. Jahrhunderts um der Romantiker und Impressionisten willen.

Schauen wir uns noch das *Millenniumsdenkmal* zwischen Museum und Kunsthalle an: Beiderseits der vom Erzengel Gabriel gekrönten, 33 Meter hohen Säule erstrecken sich Kolonnaden mit den Denkmälern der großen Könige des Mittelal-

ters, siebenbürgischer Fürsten und des Revolutionärs Kossuth. 1929 hat man die habsburgischen Herrscher als fremde Souveräne entfernt und durch deren transsylvanische Gegner ersetzt, um der national-patriotischen Reinheit Genüge zu tun. Unter der Hauptsäule stellt die bronzene Reitergruppe von *György Zala* (1896) Árpád und seine sechs Heerführer aus dem Jahr der Landnahme (896) dar.
Im nahen **Restaurant Gundel,** dem besten und elegantesten Gartenlokal der Stadt mit ehrwürdiger Tradition, wird man bei diskreter Zigeunermusik herrliche Speisen und wunderbare Getränke genießen und – vielleicht zusammen mit ungarischen Freunden – den reizvollsten aller Budapester Abende erleben.

Rechtsufriges Buda: Várnegyed (Burgviertel)

Historische Kontinuität, ja königliche Würde strahlt der Ofener Burgberg aus, die harmonische Ruhe eines dominierenden Blicks, der von oben herab langsam über das lärmend hektische, neubürgerliche Pest schweift.
Die Bebauung der Anhöhe begann nach dem Tatareneinfall von 1241: neben der befestigten Residenz des Monarchen entstanden Kirchen und Wohnhäuser. Das 15. Jahrhundert war Budas Glanzperiode, als Sigismund der Luxemburger, dann Matthias Corvinus, die Stadt zu einem europäischen Kulturzentrum verfeinerter Geistigkeit und zum politischen Mittelpunkt des Donauraumes machten. 1541 gelang es den Türken durch eine List, Budas habhaft zu werden, indem sie innerchristliche Zwistigkeiten ausnützten. Die Einwohnerzahl nahm ab; zwar herrschte nun ein Pascha auf der alten Burg,

Moscheen und Bäder schossen aus dem Boden, doch verwahrloste der Ort zusehends. Als die Kaiserlichen unter Führung des *Prinzen Eugen* (1686) Ofen eroberten, fielen ganze Viertel in Schutt und Asche. Im 18. Jahrhundert bekam Ofen ein barockes Gesicht – dabei nutzte man den früheren Baukern, noch manches Haus hat gotische Grundzüge; das Bürgertum war meist deutscher Muttersprache. Während des Revolutionsjahres 1848/49 wechselte Buda zweimal den Besitzer; schwere Wunden schlug die Belagerung im Winter 1944/45, deren Spuren zum größten Teil beseitigt sind, aber im Burgbereich noch nicht restlos.

Durch das *Wiener Tor* (Bécsi kapu), 1936 zum 250. Jahrestag der Befreiung Budas errichtet, kommt man von Norden in den Burgbezirk. Reizvolle kleine Barockhäuser säumen die vier zum *Dreifaltigkeitsplatz* parallel verlaufenden Gassen, *Táncsics Mihály utca* (benannt nach dem revolutionären Publizisten Mihály Táncsics, 1799–1884), *Fortuna utca* (der Name bezieht sich auf das zweihundertjährige *Gasthaus Fortuna,* heute ein renommiertes Abendlokal mit Zigeunermusik unter Nr. 4), *Országház utca* (Parlamentsgasse; im früheren Klarissinnenkloster unter Nr. 28 wurden um 1800 Landtage abgehalten) und *Úri utca* (Herrengasse, hier tagte bei Nr. 49 das Oberste Gericht). Westlich und südwestlich vom Wiener Tor liegen die alten Befestigungen des Burgviertels. Die Basteien geben den Blick auf die Budaer Berge frei; näher jedoch erstreckt sich zu Füßen der Wälle – man kann hier einen hübschen Spaziergang machen – die breite Grünfläche des *Vérmező* (Blutfeld), einer früheren Hinrichtungsstätte, auf der auch 1795 die Galgen für Ignác Martinovics und seine Jakobinerfreunde errichtet wurden. Zu beiden Seiten des Vérmező verlaufen in nordsüdlicher Richtung die Schnellstraßen *Krisztina körút* und *Attila út;* gleich dahinter fahren vom modernen *Déli-Bahnhof* die Züge zum Plattensee, nach Fünfkirchen und Agram ab.

Zurück zum Wiener Tor: rechts kommt man gleich zum Ausgangspunkt der *Országház* und *Úri utca*, dem *Kapisztrán tér* samt Nikolaus-Turm (der heilige *Johannes von Capistrano* predigte den neuen Kreuzzug; er starb 1456 bei der erfolglosen Belagerung von Belgrad durch die Osmanen), dessen *Kriegshistorisches Museum* (Hadtörténeti Múzeum) eine Fülle von Waffen und Uniformen zeigt. Die Úri utca selbst besticht durch gotische Toreinfahrten und Sitznischen. Unter der Nr. 9 kann man jeden Sonntag einen Abschnitt des kilometerlangen unterirdischen Höhlensystems von Buda besichtigen. Die Országház utca, einst wichtigste Arterie des Burgviertels, hieß wegen ihrer italienischen Bewohner zur Zeit von Matthias Corvinus Olasz utca, während sie bei den Türken als Badestraße galt. An der Fortuna utca – analog zu ihrer Parallelgasse einst nach den hier wohnenden Franzosen bezeichnet – bieten das *Museum für Handel und Gaststättengewerbe* (Nr. 4) und das *Apothekenmuseum* (Nr. 18) manche einmalige und höchst originelle Schaustücke.

In der östlichsten der gleichlaufenden Gassen, *Táncsics utca*, lebten noch vor der Türkenzeit Juden; das Haus Nr. 26 – wohl zur Türkenzeit Synagoge – sollte man wegen der hebräischen Funde aufsuchen. Am Ende der Gasse steht, bereits auf dem *András-Hess-Platz* (Hess war 1470 Budas erster Buchdrukker), eine Statue von *Papst Innozenz XI.* Odescalchi, dem Schmied der Heiligen Liga gegen den Halbmond (Kirchenstaat, Venedig, Österreich und Polen), der Ofen 1686, in weiterer Folge des Sieges bei Wien, seine Rechristianisierung verdankte.

Als interessantes Experiment mag man die Einbeziehung des gotischen *Dominikanerklosters* in den phosphoreszierenden

Innenansicht der Matthiaskirche (Krönungskirche)

Glaspalast des *Hotels Budapest-Hilton* betrachten, von dem aus man herrliche Ausblicke auf Pest genießt.
Vor uns öffnet sich, zur Hauptsaison von Besucherscharen überflutet, der *Szentháromság-Platz*, in der Mitte das Barockdenkmal der Heiligen Dreifaltigkeit (1709). Auf der Donauseite beherrscht der Hallenbau der **Matthiaskirche** (Mátyástemplom), den ältesten Teilen nach aus dem 13. Jahrhundert stammend, die Szene. Matthias Corvinus, dann die Muselmanen, die das Gotteshaus als Moschee benützten, später die Katholiken des habsburgischen Spätbarocks, schließlich der historisierende Architekt *Frigyes Schulek* legten Hand an die Kirche. Im wesentlichen scheint das Gebäude von Neugotik geprägt; der Innenraum in reichen, blau bestimmten Farbtönen verrät ungarischen, nach 1945 den Kriegswunden entrissenen Nationalstil der Millenniumsära. Die Gebeine Bélas III. (1172–1196) ruhen hier, ein Kunstschatz lohnt den Besuch der Galerie. Allerdings ist es hauptsächlich die natürlich weihevolle, patriotisch-religiöse Stimmung der Kirche, zum Beispiel bei Hochämtern an großen Feiertagen, die jeden sensiblen Besucher Bewunderung und Sympathie für die inbrünstig betenden und singenden Menschen, ja darüber hinaus für das ganze ungarische Volk empfinden läßt.
Von 1906 stammt die *Reiterstatue Stephans des Heiligen.* Ein weitbekanntes Symbol der Stadt erstreckt sich leicht halbkreisförmig hinter der Königsstatue bis zum Hilton-Hotel, in dessen Glaswänden es sich widerspiegelt: die neuromanische *Fischerbastei* (Halászbástya), Budapests eindrucksvollste Panoramagalerie. An der Westseite des Dreifaltigkeitsplatzes steht, vor dem barocken *Rathaus* mit Erker, die Statue von General Graf *Andreas Hadik*, hoch zu Roß in Husarenuniform, Maria Theresias treuem ungarischem Heerführer gewidmet, der 1760 bis nach Berlin kam. Die renommierte Kon-

ditorei *Ruszwurm*, erneuerte Biedermeieratmosphäre ausstrahlend, ist am angenehmsten während ruhiger Tage; vorzügliche Zuckerbäckereien locken den Freund von Süßigkeiten. Schwer zu sagen, wer hübscher ist: die charmanten Kellnerinnen oder die schelmisch zwinkernden jungen Budapesterinnen, die einander in magyarischem Maschinengewehrtempo heitere Belanglosigkeiten erzählen; vielleicht bewohnen sie gleich daneben jenes neugotische Studentenheim vis-à-vis des Hilton-Hotels, das auch als Ort kultureller Veranstaltungen bekannt ist.

Über die mittelalterliche *Tárnok utca* und den *Dísz tér* mit *Palais Batthyány* und alter *Konditorei Korona*, vorbei am klassizistischen *Burgtheater* (1790 Schauplatz der ersten ungarisch- und nicht deutschsprachigen Theateraufführung von Buda), schließlich am immer noch beschädigten *Palais Sándor*, dem einstigen Ministerratspräsidium (Szent-György-Platz), kommt man zum eigentlichen Burgareal.

Budai vár: die Burg

Drei Jahrzehnte lang dauerte nach den Zerstörungen des Winters 1945 die mühevolle Restaurierung der mächtigen **Ofener Burg,** die bis 1944 dem Reichsverweser Admiral Horthy, vor 1918 aber, während der Ära des österreichisch-ungarischen Dualismus, Franz Joseph, dann Karl als Residenz gedient hatte. Von Miklós Ybl und Alojos Hauszmann nach 1869 in neubarockem Stil ausgebaut, hatte die Burg während der Jahrhunderte zuvor zahlreiche Umgestaltungen und schwere Wunden davongetragen. Das festliche Gepräge, das ihr Matthias Corvinus verlieh, büßte sie nach 1541, gar jedoch

Lebhafte Farben und Muster zeichnen ungarische Stickarbeiten aus

durch den Belagerungsbrand, weitgehend ein. Praktisch aus Ruinen entwickelte sich um 1720 ein bescheidenes Barockpalais, das unter Maria Theresia vergrößert wurde. Im *Burgmuseum* zeigt man heute neben stadtgeschichtlichen Exponaten Ausgrabungsstücke aus dem Mittelalter und einige der ältesten Bauschichten des Palastes, so den *Rittersaal Sigismunds von Luxemburg* und die gotische Kapelle. Zeithistorische Bezüge stellt das *Museum der Arbeiterbewegung* her.
Die 1975 neu aufgestellte **Nationalgalerie** (Nemzeti Galéria) sollte niemand versäumen, der sich vom kulturellen Selbstverständnis der Ungarn ein rechtes Bild machen möchte. Die eindrücklich furchterregende Plastik des gemarterten Bauernrebellen György Dózsa in der großen Halle, ein strenges Werk unserer Tage, tut der harmonisch zwischen Romantik und Realismus, Historismus und Impressionismus pendelnden Exposition heimatlicher Gemäldekunst des 19. und 20. Jahrhunderts keinen Abbruch: pannonische Landschaften und Lebensformen, dramatische Ereignisse der Vergangenheit, gestochen scharfe Porträts und Genrebilder charakterisieren das Schaffen von *Mihály Munkácsy* und *Laszló Paál, Pál Szinyei-Merse* oder *Viktor Madarász, Gyula Benczúr* oder *Miklós Barabás.* Kommt man am Wochenende ins Museum, findet vielleicht gerade eine kleine Aufführung klassischer Musik mit Chor und Orchester statt, die sich ausgezeichnet in den Gesamtrahmen einfügt.

Vom äußeren, dem Fluß zugewandten Burghof aus, bei der Bronzestatue des *Prinzen Eugen von Savoyen,* hat man einmal mehr eine prächtige Aussicht auf das beherrschte Budapest.

Víziváros (Wasserstadt), Margitsziget (Margareteninsel), Óbuda (Altofen) und Rózsadomb (Rosenhügel)

Ein alter, auf kleiner Fläche um den *Batthyány tér* im Stil des 18. Jahrhunderts erhaltener Stadtteil liegt zu Füßen des Burgberges, unterhalb des nördlichen Wiener Tores: die **Wasserstadt.** Der prächtigen zweitürmigen *Barockkirche zur hl. Anna* schräg gegenüber, an der Fő utca, befindet sich die etwas einfacher, doch üppig gestaltete *Kirche der Elisabethinerinnen,* ein Barockbau samt klassizistischem Krankenhaus. Die nahe *Kapuzinerkirche,* ein Werk der Spätromantik nach 1850, enthält muselmanische Ornamente, die an ihre einstige Funktion als Moschee der Osmanen erinnern. Unverkennbar ein türkischer Hamam, beeindruckt das *Király-Bad* (Fő-utca 82–86) durch seine gedrungene, von mehreren Kuppeln überdeckte Flachform. Noch heute erfüllt das von späteren Stilbrüchen wieder befreite Königsbad seine ursprüngliche Funktion. An der nahen Donau steht inmitten des Bem-Platzes das *Denkmal* des legendären polnischen Generals *Józef Bem,* des Oberbefehlshabers der ungarischen Aufstandsarmee von 1849 in Siebenbürgen. Über die nahe *Margaretenbrücke* geht man zur gleichnamigen Donauinsel, einem großen Park mit zwei bekannten Kurhotels, Stadion und Schwimmbad. An Klöster des Mittelalters erinnern die vor dem Zerfall geretteten Reste zweier Kirchen, die einst den Franziskanern und den Dominikanerinnen gehörten, wie auch die 1930 aus romanischen Grundelementen wieder errichtete *Prämonstratenserkirche.* Römische Herren liebten die Insel ebenso wie später die Arpadenherrscher oder zur Zeit des Rokoko des Königs Stellvertreter, Palatin Erzherzog Joseph. Seit im ausgehenden 19. Jahrhundert Thermalwasser zum Vorschein kam, wurde die *Margareteninsel* Inbegriff gepflegter Trinkkuren und Badefreuden im Herzen der Großstadt.

Biegt man vom Bem-Platz links zum villenübersäten Rosenhügel ab, trifft man nach wenigen Minuten auf eine Kuriosität: es ist das Grabmal des türkischen Derwischs *Gül Baba,* eine echte, bis jetzt von den Moslems des Orients verehrte *Türbe* aus dem 16. Jahrhundert *(Mecset-Gasse).*
Entlang der Donau, wenn man sich der Nordausfahrt ins Donauknie zuwendet, führt der Weg durch **Óbuda** (Altofen), einen Stadtteil, der bereits vor 100 Jahren mehrere Industrieanlagen besaß, damals noch Wein herstellte und von alters her über eine Schiffswerft verfügte. Inmitten der jetzt aus dem Boden schießenden Wohnsilos konnten sich fast intakte kleine Architekturinseln des 18. Jahrhunderts erhalten, besonders um den *Fő tér* mit dem als Kulturzentrum adaptierten *Barockschloß der Grafen Zichy,* dem alten *Rathaus* und einigen Wirtshäusern aus früheren Tagen. In der *Lajos utca,* der Verbindungsstrecke zwischen Rosenhügel und Altofen, dem einst idyllischen Städtchen mit deutschen und slawischen, dann magyarisierten Siedlern, stehen die römisch-katholische, von den Zichy gegründete *Barockpfarrkirche* sowie die klassizistische *Synagoge.* Fährt man vom Zentrum aus über die *Bécsi út* (Wiener Straße) nordwestwärts, liegt links ein ehemaliges, schon unter Joseph II. säkularisiertes *Barockkloster* an der *Kiscelli utca.* In den Räumen stehen Sammlungen zur Buda-

Aquincum, römische Ausgrabungen im Norden der Stadt

pester Stadtgeschichte seit 1686. Der Name *Kiscell* (Kleinzell) weist auf die Kopie des Mariazeller Gnadenbildes hin, das als Symbol der Magna Mater Hungariae zur Zeit Maria Theresias in einer Kapelle ausgestellt war.

Rechts von der Bécsi út (zwischen Nagyszombat und Corvin utca) taucht das römische **Amphitheater** auf, das im Altertum 16000 Plätze hatte; nach Meinung einiger Gelehrter des vorigen Jahrhunderts könnte sich hier die legendenumwobene Burg König Etzels aus dem Nibelungenlied befunden haben. Oberhalb von Óbuda, an dessen Stelle es ein römisches Militärlager gab, stehen die großflächigen Ausgrabungen der *Zivilstadt Aquincum* mit wohl erkennbaren Bädern, Heiligtümern und Mosaiken. Skulpturen, Gefäße und Geräte, sogar eine Wasserorgel sind im *Museum* (Szentendrei út 139) zu sehen.

Gellért-Berg und Zitadelle, Bäder und Brücken

Unterhalb des *Batthyány-Platzes,* des Mittelpunkts der Wasserstadt, sehen wir auf dem *Clark Adam tér,* einem nach dem britischen Erbauer der Kettenbrücke und des Tunnels unter dem Burgberg benannten rundlichen Platz an der Donau, den Kilometerstein «0», von dem alle Hauptstraßen Ungarns ausgehen. Ein breiter Serpentinenweg führt direkt zum Burgbezirk hinauf. Die etwas weiter südlich gelegenen Höhen um den Gellért-Berg sind parkförmig angelegt. Die **Zitadelle** wurde 1850 nach der Unterdrückung des Aufstandes, wie auch anderswo in der Habsburgermonarchie, als Bollwerk der Staatsmacht gegen mögliche Unruhen errichtet. Das *Befreiungsdenkmal,* stolz die Stadt dominierend, entstand 1947 zum Ruhm der Roten Armee. Von einer geschlossenen Säulenreihe im Halbkreis nach hinten abgeschirmt, segnet ein steinerner Märtyrerbischof *Gellért* seit 1904 vom Berghang herab Ungarns Metropole. Der heilige Gerhard kam während einer Heidenerhebung des 11. Jahrhunderts ums Leben.

Unter dem Gellért-Berg sprudeln von alters her bekannte Heilwasserquellen. Das *Kurhotel Gellért,* dessen künstliches Wellenbecken man vor dem Krieg als Besonderheit anpries, wird dem Ruf Budapests als Bäderstadt ebenso gerecht wie das reizvolle **Rudasbad** *(Rudas-fürdő)* mit türkischer Kuppel neben der Elisabethbrücke. Ein gutes Stück weiter südlich, nahe der Ausfallstraße Nr. 70 nach Martonvásár, liegt das elegante Barockschloß **Nagytétény,** nun als Möbelmuseum eingerichtet, in einem kleinen Park. Bevor man das Stadtzentrum verläßt und entlang den niedrigen Vororthäusern der einstigen Weinbauergemeinde *Budafok* hierher kommt, fährt man

an der bezaubernden Rosenschau des Gartenbau-Forschungsinstituts vorbei: ein prächtiger Garten Eden mit den schönsten Farbtönen und Düften.
Wieder vom Adam-Clark- oder vom Batthyány-Platz ausgehend, erreicht man rasch die Budaer Berge, das dem Wienerwald vergleichbare, waldig-hügelige Ausflugsziel der Hauptstadtbewohner. Unweit des belebten *Moszkva-Platzes* startet beim Hotel Budapest eine Zahnradbahn auf den *Szabadsághegy* (Freiheitsberg), zum Hotel Vörös Csillag (Roter Stern). Hinter dem Hotel kann man eine lustige Pioniereisenbahn benützen und zwölf Kilometer lang die etwa 500 Meter hohe Hügellandschaft durchstreifen.
Jenseits der *Budaer Berge* führen die Wege zum Plattensee, nach Wien und Prag, zum Donauknie. Doch man kommt wieder. Wer könnte gleichgültig bleiben und nicht der Faszination Budapests erliegen?

Budapest als Bäderstadt: Das Kiraly-Bad aus der Türkenzeit

Extra Hungariam non est vita...

«Außerhalb Ungarns gibt es kein Leben, und wenn es eins gibt, ist es diesem nicht gleich»: so etwa lautet die Übersetzung eines lateinischen Sprichworts aus dem alten Ungarn der vielen Völker und Konfessionen, dessen natürliche Grenzen durch den Karpatenbogen, die Save, die obere Adria und die östlichen Vorläufer der Alpen geprägt waren.
Freilich, das Volk hatte nicht immer Anteil an der Selbstzufriedenheit der Stände, und trotzdem: es ist ein gutes und großes, trotz Epochen nationaler Unduldsamkeit tolerantes Land, dessen Tradition der Freiheits- und Vaterlandsliebe, der offenen Gastfreundschaft an der uralten Übergangszone zweier Welten Sympathie und Hochachtung verdienen.
Die Magyaren, nach 1918 auf ein kleines Territorium reduziert, wissen nicht nur zu kämpfen und zu sterben, sondern zu arbeiten, zu leben, zu lachen, dort Konzessionen zu machen, wo der gesunde Menschenverstand es erfordert.
Heute ein moderner Industriestaat, bewahrt das Ungarn des bescheidenen Wohlstandssozialismus den unberührten Zauber seiner Dörfer und Gehöfte, der Gänsetümpel, Ziehbrunnen, gemütlichen Barockstädte und sagenumwitterten Burgruinen. Fernab vom Klischee mit Zigeunerprimas, Piroschka, Paprika und Schweinehirten gilt unser Gedanke diesem kleinen, großen Volk, das sich zwischen Slawen, Germanen, Romanen und Türken, von ihnen allen reichlich schöpfend, unbezwingbar eigenständig erhalten konnte, mag auch ein ge-

wisses Einkreisungsbewußtsein manchmal zu Fehlern sowie zur Selbstüberschätzung geführt haben.
Die Symbiose und Originalität der ungarischen Kultur zwischen Orient und Okzident, die beachtlichen geistigen Leistungen, die dieses Land der Welt schenkte, ja die poetische Schönheit mancher seiner verborgenen Winkel, die Wesensart seiner lieben Menschen lassen mich wünschen, jetzt und für immer: *Éljen Magyarország – Es lebe Ungarn!*

Anhang

Zeittafel

896	Sieben magyarische Stämme wandern unter Fürst Árpád ins Donaubecken ein
955	Ihre Raubzüge nach Westen enden mit einer Niederlage auf dem Lechfeld bei Augsburg
1000	Unter Stephan I., dem Heiligen, wird Ungarn selbständiges Königreich
1222	Adel und Bauern erzwingen die erste Landesverfassung (Goldene Bulle)
1241	Die Mongolen verwüsten das Land
1301	Die Dynastie der Arpaden stirbt aus
1308–1382	Die Wahlkönige aus dem Haus Anjou führen Ungarn zu wirtschaftlicher und kultureller Blüte
1456	János Hunyadi besiegt die Türken bei Belgrad
1458–1490	König Matthias I. Corvinus regiert; Glanzperiode ungarischer Kultur
1514	Bauernaufstand unter Führung von Georg Dózsa
1526	zerfällt Ungarn in drei Teile: Der Westen und Nordwesten bleibt unter den Habsburgern «Königreich Ungarn», die Mitte wird türkische Provinz und Siebenbürgen den Türken tributpflichtiges Fürstentum
1541	Die Türken nehmen Buda ein; ein Pascha regiert das Herz Ungarns
1664	werden die Türken bei Szentgotthárd besiegt
1678	Graf Emmerich Thököly führt mit seinen Anhängern, den Kuruzzen, Krieg gegen die Habsburger
1683–1699	Im «Großen Türkenkrieg» erobern die Habsburger ganz Ungarn zurück

1687	Die ungarischen Stände anerkennen die Habsburger «Befreier» als Königshaus
1711	Ein von Franz II. Rákóczi geführter Aufstand gegen die Habsburger endet mit dem Kompromißfrieden von Szatmár, der religiöse und ständische Rechte garantiert
1718	Prinz Eugen erobert Belgrad; im Frieden von Passarowitz fällt auch das Banat an die Habsburger zurück
1740–1780	Unter Maria Theresia wird die Ansiedlung von Bauern aus Süddeutschland in den durch die Türkenkriege entvölkerten Regionen gefördert; habsburgische Reformen verbessern die Lebensbedingungen der Landbevölkerung
1780–1790	Joseph II. ersetzt das Lateinische durch Deutsch als Verwaltungssprache und führt weitere Reformen ein, die der Adel zum Teil wieder rückgängig macht
1825	Graf Stephan Széchenyi leitet das Reformzeitalter ein
1840	Ungarisch wird statt Latein Staatssprache
1849	Der Reichstag von Debrecen entthront das Haus Österreich und ernennt Lajos Kossuth zum Reichsverweser; mit Hilfe Rußlands schlagen die Habsburger den Aufstand nieder
1867	Österreich-Ungarn entsteht, Franz Joseph I. regiert in Zisleithanien als Kaiser, in Transleithanien als König
1914–1918	Österreich-Ungarn nimmt an Deutschlands Seite am Ersten Weltkrieg teil; die Doppelmonarchie zerbricht
1916	wird als letzter König Karl IV. gekrönt
1919	Die Kommunisten schaffen unter Béla Kun eine Räterepublik, die 113 Tage existiert
1920	Miklós Horthy wird Reichsverweser eines «Königreichs ohne König»; Ungarn muß große Gebiete an die Nachbarstaaten abtreten (Friede von Trianon)
1938	Ungarn lehnt sich an Hitler-Deutschland an, erstes Judengesetz nach nationalsozialistischem Vorbild
1941	Ungarn erklärt den Alliierten den Krieg, versucht aber später, sich von Deutschland zu distanzieren

1944	Deutsche Truppen besetzen das Land und setzen das Pfeilkreuzlerregime ein; eine provisorische Regierung in Debrecen schließt mit den eindringenden Sowjets einen Waffenstillstand und erklärt Deutschland den Krieg
1945	Eine demokratische Regierung wird in Budapest gebildet; die Pfeilkreuzler flüchten nach Westen
1947	Pariser Frieden zwischen den Alliierten und Ungarn
1948	Kommunisten und Sozialdemokraten schließen sich zusammen
1949	Ungarn wird Volksrepublik
1956	Allgemeine Unzufriedenheit entlädt sich in einem Volksaufstand
1960	Unter Kádár beginnt eine gewisse Liberalisierung
1968	Durch eine ökonomische Reform wird eine rationale Planwirtschaft möglich, die wirtschaftliche Lage bessert sich merklich

Mini-Sprachführer: 200 wichtige Wörter und Wendungen

a	ágy	Bett
	ajánlott	Einschreiben
	ár	Preis
	áruház	Warenhaus
	asványvíz	Mineralwasser
	asszony	Frau
b	balra	links
	bejárat	Eingang
	beszállni	einsteigen
	bocsánat	Entschuldigung
	bor	Wein
	borbély	Friseur

c	cigaretta	Zigarette
	cím	Adresse
	cipész	Schuster
	cukor	Zucker
	cukrászda	Konditorei
cs	csárda	Gasthaus, Schenke
	csemege	Delikatessen, Feinkost
	csónak	Boot
d	dél	Mittag
	délben	mittags
	délelőtt	Vormittag
	délután	nachmittags
	dohány(bolt)	Tabak(laden)
	dohányosni tilos	Rauchen verboten
	drága	teuer
e	ebéd	Mittagessen
	édes	süß
	édesség	Süßwaren
	egyenesen	geradeaus
	éjfél	Mitternacht
	éjszaka	Nacht, nachts
	élelmiszer	Lebensmittel
	emelet	Stockwerk
	emlékmű	Denkmal
	enni, eszik	essen
	érkezés	Ankunft
	eső	Regen
	este	abends
	észak	Norden
	étlap	Speisekarte
	étterem	Restaurant, Speisesaal
	evezni	rudern

f	fagylalt	Speiseeis
	faház	Bungalow
	falu	Dorf
	fehér	weiß
	fekete	schwarz
	feladó	Absender
	felébreszteni	aufwecken
	feleség	Ehefrau
	felvilágositás	Information
	fénykép(ezni)	Foto(grafieren)
	férj	Ehemann
	filmszínház	Kino
	fizetni	zahlen
	fodrász	Friseur
	foglalt	besetzt
	földalatti	Untergrundbahn
	főzelék	Gemüse
	fürdő	Bad
gy	gyógyszertár	Apotheke
	gyorsan	schnell
	gyorsvonat	D-Zug
	gyufa	Streichholz
	gyümölcs	Obst
h	hajó	Schiff
	hal	Fisch
	halászlé	Fischsuppe
	hány óra?	Wie spät ist es?
	ház	Haus
	hideg	kalt
	hol van	wo ist
	holnap(után)	(über)morgen
	hova?	wohin
	hús, húsbolt	Fleisch, Metzgerei

i	igen	ja
	illatszerbolt	Drogerie, Parfümerie
	indulás	Abfahrt
	inni, íszík	trinken
	ital	Getränk
j	jobbra	rechts
	jó éjszakát	gute Nacht
	jó estét	guten Abend
	jó étvagyat	guten Appetit
	jó napot	guten Tag
	jó reggelt	guten Morgen
k	kápolna	Kapelle
	kastély	Schloß
	kávéház	Café
	kedd	Dienstag
	kelet	Osten
	kenyér	Brot
	képeslap	Ansichtskarte
	képtár	Gemäldegalerie
	kerékpár	Fahrrad
	kérem	bitte
	(kereszt)név	(Vor)name
	kerülő	Umleitung
	kés	Messer
	kevés	wenig
	kicsi	klein
	kijárat	Ausgang
	kirándulás	Ausflug
	kiszállni	aussteigen
	komp	Fähre
	kórház	Krankenhaus
	könyv(esbolt)	Buch(handlung)
	körút	Ring(straße)

	köszönöm	danke
	közért	Lebensmittelladen
	község	Gemeinde
	kulcs	Schlüssel
	külföldi vagyok	ich bin Ausländer
l	lány	Mädchen
	légiposta	Luftpost
	levé(bélyeg)	Brief(marke)
	levélpapír	Briefpapier
	levéleszőlap	Postkarte
	leves	Suppe
m	ma	heute
	magyar	ungarisch
	Magyarország	Ungarn
	megálló	Haltestelle
	meleg	warm
	mély	tief
	menetjegy	Fahrkarte
	mennyi (be kerül)	wieviel (was kostet)
	mi az	was ist das
	miért	warum
	mikor	wann
	mosdó	Toilette
	motorcsónak	Motorboot
	mozi	Kino
	müemlék	Kunstdenkmal
n	nagy	groß
	nagykövetség	Botschaft
	nap	Sonne, Tag
	nem	nein
	(nem)értem	ich verstehe (nicht)
	nyugat	Westen

o	Ofotért	Optik, Foto
	olcsó	billig
	óra	Stunde, Uhr
	ország(ut)	Land(straße)
	orvos	Arzt
p	palota	Palast
	pályaudvar	Bahnhof
	patika	Apotheke
	pénztár	Kasse
	pénzt(váltás)	Geld(wechsel)
	perc	Minute
	pincér	Kellner
	poggyász	Gepäck
	pohár	Glas
	portás	Portier
	poste restante	postlagernd
r	reggel	Morgen (Tageszeit)
	reggeli	Frühstück
	repülőter	Flugplatz
	ruhatár	Garderobe
s	sajnálom	es tut mir leid
	sajt	Käse
	sátor	Zelt
	segítség	Hilfe
	só	Salz
	sok	viel
	sör	Bier
	sült	Telegramm
	sürgöny	gebraten, Braten
	sütemény	Kuchen
	szabd	frei
	szabad	gestatten Sie

	scállás	Unterkunft
	szálló	Hotel
	szappan	Seife
	szék	Stuhl
	személyvonat	Personenzug
	szép	schön
	színház	Theater
	szivar	Zigarre
t	tánc	Tanz
	tányér	Teller
	távirat	Telegramm
	tea	Tee
	tegnap	gestern
	tej(bolt)	Milch(laden)
	tejszín	Sahne, süße
	tejszínhab	Schlagsahne
	templom	Kirche
	tér	Platz
	térkép	Karte
	tessék	bitte
	tészta	Nudeln
	tilos a dohányzás	Rauchen verboten
	tó	See
	tolmács	Dolmetscher
	törülköző	Handtuch
	trafik	Tabakladen
u	új	neu
	üjság	Zeitung
	úr	Herr
	urak	Herren
	utazás	Reise
	utlevél, utazásicsekk	Paß
	üveg	Glas, Flasche

v	vacsora	Abendessen
	vaj	Butter
	váltani(penzt)	wechseln (Geld)
	vám	Zoll
	vár	Burg
	várni	warten
	város	Stadt
	vendéglő	Restaurant
	villa	Gabel
	villamos	Straßenbahn
	viszontlátásra	auf Wiedersehen
	víz	Wasser
	vonat	Eisenbahn
z	zene	Musik

Literaturhinweise

Bogyay, T. von: Grundzüge der Geschichte Ungarns (Wissenschaftliche Buchgesellschaft, Darmstadt)
Dercsényi, D.: Kunstführer durch Ungarn (Corvina/Röth, Kassel)
Dercsényi, D.: Romanische Baukunst in Ungarn (Corvina/Röth, Kassel)
Dömötör, T.: Ungarische Volksbräuche (Röth, Kassel)
Fasching, H.: Begegnungen mit Ungarn (Tyrolia, Innsbruck)
Fehér, G.: Türkisches und balkanisches Kunsthandwerk (Corvina/Röth, Kassel)
Gottschalk, H.: Ungarn. Landschaft, Geschichte und Kultur (Kohlhammer, München)
Halasz, Z.: Ungarn (Bildband) (Corvina/Röth, Kassel)
Halasz, Z.: Das Buch vom Ungarwein (Seewald, Stuttgart)
Haraszti, M.: Stücklohn (Rotbuch, Berlin)

Hofer, T./Fél, E.: Ungarische Volkskunst (Corvina/Röth, Kassel)
Jokai, M.: Der neue Gutsherr (Manesse, Zürich)
Jokai, M.: Ein Goldmensch: Die letzten Tage der Janitscharen; Ein ungarischer Nabob (alle Corvina/Röth, Kassel)
Klaniczay, T.: Handbuch der ungarischen Literatur (Corvina/Röth, Kassel)
Kovács, T.: Die Bronzezeit in Ungarn (Röth, Kassel)
Langenscheidts Universalwörterbuch Ungarisch–Deutsch, Deutsch–Ungarisch (Langenscheidt, München)
Merian-Hefte Ungarn und Budapest (Hoffmann & Campe, Hamburg)
Moderne Erzähler der Welt: Ungarn (Erdmann, Tübingen)
Nyerges, A.: Wir gehen essen in Ungarn. Ein Dolmetscher für ungarische Speise- und Getränkekarten (ADAC, München)
Parigi, I.: Ungarn (Kohlhammer, Stuttgart)
Pflagner, M.: Streifzüge durch Westungarn (Edition Roetzer, Eisenstadt)
Polyglott-Sprachführer Ungarisch (Polyglott, München)
Szabó, M.: Auf den Spuren der Kelten in Ungarn. (Corvina/Röth, Kassel)
Székely, A.: Illustrierte Kulturgeschichte Ungarns (Corvina/Röth, Kassel)
Teklics, A.: Ungarische Küche (Heyne, München)
Ungarische Erzähler (Manesse, Zürich)
Weierstahl, B.: Ungarn (Kurt Schroeder, Leichlingen)

Diese Bücherliste kann nicht mehr sein als eine Auswahl aus der Fülle der Werke, die über Ungarn erschienen sind. Sie beschränkt sich auf Titel, die zur Zeit des Erscheinens dieses Führers greifbar sind. Darüber hinaus führt jede Bibliothek und jede Buchhandlung unzählige weitere ältere und neuere Arbeiten über ungarische Themen. Besonders der Budapester Corvina-Verlag hat zahlreiche empfehlenswerte Spezialwerke über die Kunst, die Museen, die Landschaften und Städte des Landes publiziert, die auch in den größeren ungarischen Buchhandlungen zu haben sind.

Register

Kursiv gesetzte Zahlen verweisen auf Bildseiten

r

r

r

r

r

r

r

r

r

r

Informationen und praktische Hinweise von A bis Z

i

Ärzte und Apotheken

Erste Hilfe auch für Ausländer kostenlos. Weitere Arzt- und Krankenhauskosten können bar bezahlt werden. Nachweis einer Krankenversicherung im Ausland wird im allgemeinen anerkannt. Medikamente in der Regel nur gegen Rezept; rezeptfreie Arzneimittel sind seltener als bei uns und nur in kleinen Mengen zu haben. Krankenhausbehandlung und Zahnsanierung wesentlich billiger als im Westen.

Angeln

Der ungarische Anglerverband (Budapest V, October 6 utca 20) und die Außenstellen der Reisebüros erteilen Genehmigungen für den Fischfang, der am Plattensee, am Velence-See, an Donau und Theiß gute Beute verspricht.

Anreise

(siehe auch Grenzpapiere und Grenzübergänge)

Außer mit Auto, Bahn oder Flugzeug kann man zwischen Mai und September von Wien aus mit einem Tragflügelboot auf der Donau nach Budapest reisen oder mit einem normalen Schiff von Bratislava aus.

Auskünfte

In Budapest: Tourinform (mehrsprachig), Petőfi Sándor utca 17–19, Telefon (01) 179-80. Ungarisches Reisebüro Ibusz in drei Budapester Bahnhöfen, am Flughafen Ferihegy, vier Zweigstellen im Zentrum sowie Zentrale: 1075 Budapest VII, Tanács körút 3/c (Telefon [01] 423-140); Telex, 22-5650, geöffnet Montag bis Freitag 8 bis 16, Samstag 8 bis 12.30 Uhr.

Hotelvermittlung: 1052 Budapest V, Petőfi tér 3 (Telefon [01] 185-707, Telex 22-4941, durchgehend geöffnet). Urlauberservice: 1053 Budapest V, Károlyi Mihály utca 17 (Telefon 174-983, Telex 22-6262, geöffnet Montag bis Freitag 8 bis 16.30, Samstag 8 bis 12.30 Uhr.)
Die Ibusz-Geschäftsstellen vermitteln neben den normalen touristischen Diensten auch Dolmetscher sowie Eintrittskarten zu kulturellen und sportlichen Veranstaltungen und verkaufen Landkarten und Reiseführer.
Bundesrepublik Deutschland: Ibusz, D-6000 Frankfurt/Main 1, Baseler Straße 46/48, Telefon (0611) 25 2018; D-5000 Köln 1, Mauritiussteinweg 114—116, Telefon (0221) 21 91 02
Deutsche Demokratische Republik: Ibusz, 102 Berlin, Karl-Liebknecht-Straße 9, Telefon (02) 212 35 59
Österreich: Ibusz, A-1010 Wien, Kärtner Straße 26, Telefon (0222) 52—78—79; A-1010 Wien, Krugerstraße 4, Telefon (0222) 52 92 60

Autofahren

Gültiger Führerschein (rosa oder international) und grüne Versicherungskarte (Wagen mit österreichischen und westdeutschen Kennzeichen ausgenommen) erforderlich; guter Straßenzustand; Alkoholkonsum 0,0 Promille, Gurtenanlegepflicht, Höchstgeschwindigkeit Personenwagen Ortsgebiet 60, Landstraße 80, Autobahn 100 km/h; Pannenhilfe durch Magyar Autóklub; Mitnahme wichtiger Ersatzteile ratsam; Achtung vor Pferdefuhrwerken, Fußgängern, Radfahrern, landwirtschaftlichen Fahrzeugen; Tankstellen an Hauptstrecken in ausreichender, aber nicht übergroßer Zahl vorhanden, an Nebenstrecken kaum anzutreffen; Hupen innerorts verboten; Verkehrskontrollen der Polizei (Rendőrség) korrekt, aber streng. Spezielle Auskünfte für Autofahrer beim Magyar Autóklub (M. A. K.), 1024 Budapest II, Rómer Floris utca 4, Telefon (01) 355-921.
Ausländer dürfen ihre Autos keinem Ungarn leihen. Wenn ein Einheimischer den Wagen eines Ausländers fährt und in einen Unfall verwickelt wird, ist sogar dann mit Problemen zu rechnen, wenn der Besitzer Mitfahrer war.

Banken
(siehe auch Geld)
Montag bis Freitag von 8 bis 13 Uhr geöffnet.

Bevölkerung, Konfessionen, Sprache
Knapp elf Millionen Einwohner, mehr als die Hälfte wohnen in Städten, davon allein in Budapest rund 2,1 Millionen; die sechs Städte Székesfehérvár, Győr, Pécs, Szeged, Debrecen und Miskolc zählen zwischen 100000 und 200000 Bewohner. Im Durchschnitt leben 115 Menschen auf einem Quadratkilometer (in Österreich knapp 90, in der Schweiz mehr als 154).
Konfessionen: 5,2 Millionen römisch-katholisch, 500000 griechisch-katholisch, 2 Millionen reformiert (kalvinistisch), 500000 lutherisch, fast 100000 Juden, 40000 Orthodoxe.
Sprachen und Nationalitäten: 96 Prozent Magyaren, ferner etwa 200000 Deutsche sowie Minderheiten von Slowaken, Serben und kroatischen Schokazen, Slowenen, Zigeunern und Rumänen (die Nichtmagyaren leben meist erst seit dem 18. Jahrhundert im heutigen Kernungarn, als die kriegsverwüstete Tiefebene wieder besiedelt und bebaut wurde).
Das Ungarische gehört zur Gruppe der ugrofinnischen Sprachen (wie Finnisch und Estnisch), einer Untergruppe der (nicht indoeuropäischen) Uralsprachen. Viele slawische und türkische Worte findet man im Magyarischen wieder, das isoliert zwischen den drei großen europäischen Sprachfamilien liegt.

Camping
Es gibt viele praktisch eingerichtete und saubere Campingplätze (eingeteilt in vier Klassen), vorwiegend am Balaton (Plattensee), in Budapest, im Donauknie, in Westungarn (Sopron, Győr, Tata, Szombathely), in Südungarn (Pécs, Nagykanizsa), in Nordungarn (Eger, Tokaj, Miskolc-Tapolca, Mátrafüred, Salgótarján) sowie in der Tiefebene (Debrecen, Hajdúszoboszló, Szeged, Szolnok). Auskünfte beim Ungarischen Camping- und Caravaning-Club, 1088 Budapest VIII, Múzeum utca 11, 141–880, Reservierungen möglich.

Casino

Im Hotel Budapest-Hilton ist das einzige, aber nur für Bürger westlicher Staaten zugängliche Casino Ungarns untergebracht. Spielwährung ist die DM, Gewinne dürfen ungehindert ausgeführt werden.

Diplomatische Vertretungen

Ungarns Vertretungen im deutschsprachigen Ausland:
Bundesrepublik Deutschland: D-5000 Köln, Hardefuststr. 7, Telefon (0221) 318051 (Botschaft), 5000 Köln, Sachsenring 38 (Generalkonsulat).
Westberlin: D-1 Berlin 38, Reifträgerweg 27–29 (Generalkonsulat), Telefon (030) 8036063.
Deutsche Demokratische Republik: DDR-108 Berlin, Otto Grotewohlstr. 6 (Konsulat), Telefon (02) 2291666. DDR-108 Berlin, Unter den Linden 76, Telefon (02) 2202561 (Botschaft).
Österreich: A-1010 Wien, Bankgasse 4–6, Telefon (0222) 632631 (Botschaft).
Schweiz: CH-3006 Bern, Muristr. 31, Telefon (031) 448572 (Botschaft); CH-3007 Bern, Eigerplatz 5, Telefon (031) 451355/56 (Konsulat).
Botschaften deutschsprachiger Länder in Ungarn:
Bundesrepublik Deutschland: Budapest XIV, Iszó utca 5, Telefon (01) 224-204.
Deutsche Demokratische Republik: Budapest XIV, Népstadion út 101-103, Telefon (01) 635-275, Telefon (01) 229-015.
Österreich: Budapest XIV, Benczúr utca 16, Telefon (01) 229-467.
Schweiz: Budapest XIV, Népstadion út 107, Telefon (01) 229-491/492 und Telefon 426-721.

Feiertage

(staatlich anerkannt): 1. Januar, 4. April (Befreiung 1945), Ostermontag, 1. Mai, 20. August (Verfassung 1949), 7. November (russische Oktoberrevolution 1917), 25. und 26. Dezember.

Fluglinien

In Ungarn: MALÉV-Buchungsdienst, 1051 Budapest, Dorottya utca

2, Telefon (01) 184-333, Montag bis Freitag 8 bis 16.30, Samstag 8 bis 12 Uhr.
Austrian Airlines, 1052 Budapest V, Régiposta utca 5, Telefon (01) 171-550 und (01) 171-676.
Interflug, 1052 Budapest V; Régiposta utca 5, Telefon (01) 186-016.
Lufthansa, 1053 Budapest II, Felszabadulás tér 1, Telefon (01) 134-511.
Swissair, 1052 Budapest V, Kristóf tér 7–8, Telefon (01) 172-500.
Im Ausland:
MALÉV, D-8 München 2, Salvatorstr. 2, Telefon (089) 293434 und 293435, D-6 Frankfurt, Baseler Str. 46–48, Telefon (0611) 234043 und 234044; DDR-102 Berlin, Karl-Liebknecht-Str. 29, Telefon (02) 2126400; A-1010 Wien, Opernring, 3–5, Telefon (0222) 573475 und 573318; CH-8001 Zürich, Pelikanstr. 37, Telefon (01) 2116565 und 2116163.

Fotografieren
Außer bei markierten militärischen Anlagen der ungarischen und sowjetischen Streitkräfte, bei Polizeigebäuden, Bahn- und Industrieanlagen überall gestattet.

Geld
Der ungarische Forint (= 100 Fillér) darf nur bis zu einem Höchstwert von 100 Ft. in Münzen, fremde Währungen dürfen unbegrenzt ein- oder ausgeführt werden. Euroschecks wechseln Banken und große Hotels bis 300 DM. Kreditkarten werden nur zum Teil akzeptiert. Der realistische Umrechnungskurs der Ungarischen Nationalbank erlaubt es, in Ungarn fast ebenso günstig Forint zu erwerben wie auf dem freien Markt. Der Pflichtumtausch von Devisen wurde abgeschafft.

Geographie
Rund 93000 Quadratkilometer Fläche (also etwas mehr als Österreich und etwa soviel wie Bayern und Hessen zusammen), 2232 km Grenzen (356 km mit Österreich, 631 km mit Jugoslawien, 422 km

mit Rumänien, 215 km mit der Sowjetunion, 608 km mit der Tschechoslowakei); die Ebene überwiegt (zwei Drittel des Landes unter 200 m Seehöhe, aber die Mittelgebirgsketten des Nordens reichen bis 1014 m Höhe), Hauptflüsse sind die Donau (Duna, 417 km in Ungarn) und die Theiß (Tisza, in Ungarn 579 km), es gibt zwei große Seen (Balaton und Velence). Verwaltungseinteilung in 19 Komitate (megyek): Győr-Sopron (Győr), Vas (Szombathely), Zala (Zalaegerszeg), Somogy (Kaposvár), Baranya (Pécs), Tolna (Szekszárd), Fejér (Székesfehérvár), Veszprém (Veszprém), Komárom (Tatabánya), Pest (Budapest), Nógrad (Salgótarján), Heves (Eger), Borsod-Abaúj-Zemplén (Miskolc), Szabolcs-Szatmár (Nyiregyháza), Hajdu-Bihar (Debrecen), Békés (Békéscsaba), Csongrád (Szeged), Bács-Kiskun (Kecskemét), Szolnok (Szolnok).

Geschäfte

Die meisten Lebensmittelgeschäfte sind Montag bis Freitag von 7 bis 19 und Samstag von 10 bis 14 Uhr geöffnet, Warenhäuser und andere Läden in der Regel Montag bis Freitag von 10 bis 18, Samstag von 10 bis 14 Uhr.

Gesundheit

(siehe auch Ärzte und Apotheken)

Es empfiehlt sich, Medikamente gegen Verdauungsstörungen mitzunehmen, desgleichen Sonnenschutzmittel und Präparate gegen Mükken. Auch in Ungarn gilt: Früchte nie ungewaschen essen.

Grenzpapiere

Für Österreicher und Finnen genügt ein gültiger Reisepaß samt ausgefülltem Merkblatt; die Bürger aller übrigen westlichen Länder bekommen an ungarischen Botschaften und Konsulaten innerhalb 24 bis 48 Stunden ein Visum (2 Fotos), auch direkt an Straßengrenzen und am Flughafen Ferihegy, nicht aber im Zug. Jeder In- und Ausländer ist in Ungarn verpflichtet, sich bei der Polizei anzumelden. In der Regel besorgt das der Zimmervermieter, das Hotel oder der Zeltplatzverwalter.

Die Einhaltung der Meldepflicht wird bei der Ausreise kontrolliert. (Zentrales Ausländeramt KEOKH: Budapest VI, Népköztársaság útja 12 und Rudas Lászó utca 45)

Grenzübergänge an den Straßen

Die Grenzübergänge sind Tag und Nacht geöffnet, meist zügige Abfertigung.
Österreich: Hegyeshalom (Nickelsdorf), Sopron (Klingenbach), Kőszeg (Rattersdorf), Bucsu (Schachendorf), Rábafüzes (Heiligenkreuz).
Jugoslawien: Rédics (Dolga Vas), Letenye (Goričan), Barcs (Terezino Polje), Drávaszabolcs (Donji Miholjac), Udvar (Kneževo), Hercegszántó (Bački Breg), Tompa (Subotica), Röszke (Horgos).
Rumänien: Nagylak (Nădlac), Gyula (Vărsand), Ártánd (Borş).
Sowjetunion: Záhony (Čop).
Tschechoslowakei: Sátoraljaúhely (Slovenské Nové Mesto), Tornyosnémeti (Hraničná pri Hornáde), Salgótarján (Šiatorska Bukovinka), Komárom (Komárno), Balassagyarmat (Slovenské Ďarmoty) Parassapuszta (Šahy), Rajka (Rusovce).

Hotels und Privatunterkünfte

Vom Ausland aus kann man durch Ibusz Zimmer in Budapest, am Plattensee (Balatonalmádi, Balatonfüred, Tihany, Keszthely, Balatonföldvár und Siófok), in Bük, Dabas, Debrecen, Dunaújváros, Eger, Gyöngyös, Győr, Hajdúszoboszló Harkány, Kecskemét, Kőszeg, Miskolc-Tapolca, Pécs, Salgótarján, Sopron, Szeged, Székesfehérvár, Szilvásvárad, Szolnok, Szombathely, Veszprém, Kaposvár, Szekszárd, Tata, Tatabánya, Zalaegerszeg, Dobogókő und Visegrád bestellen.
Für andere Orte sind Hotelzimmer durch die Budapester Ibusz-Zentrale zu bekommen. In der Hauptstadt ist es nie leicht, ein Hotelquartier zu finden; rechtzeitige Bestellung dringend empfohlen. In der Provinz hingegen sind die Chancen – besonders außerhalb der Hauptsaison – auch ohne Vorbestellung ausgezeichnet. Überall gibt es auch staatlich vermittelte Privatunterkünfte.

Jagd
Das Jagdbüro des Ungarischen Genossenschaftsunternehmens für Wildhandel (Mavad, Budapest I, Uri utca 29, Telefon [01] 118–088 erteilt alle nötigen Auskünfte und Genehmigungen; Anmeldung mindestens sechs Monate im voraus. Das Land ist mit Hoch- und Niederwild reich gesegnet.

Jugendreisen
Jugendherbergen gibt es in Ungarn nicht. Statt dessen verfügen die wichtigsten Ferienorte über preisgünstige Touristenhäuser mit Mehrbettzimmern. Auskünfte über Jugend- und Studentenreisen: Express, 1395 Budapest V, Szabadság tér 16, Telefon 111–430.

Kaffee
Vielfach vorzüglicher, stark gerösteter Espresso. Duplá ist ein doppelter Mokka, der Tote wiedererweckt; zum Frühstück gibt es in der Regel schwachen Milchkaffee.

Klima
Gemäßigt mitteleuropäisch, eher trocken; im Sommer oft brütende Hitze in der Tiefebene und kurze heftige Gewitter.

Küche
Eigenständige Mischung aus mitteleuropäischen und orientalisch-balkanischen Elementen; würzig und eher scharf, aber Paprikabäder werden vermieden; Majoran und Dill, Schweineschmalz, Quark und Sauerrahm verwendet man gern; häufige Gerichte: verschiedene Gulaschsorten, Pörkölt (gemischter Fleischeintopf). Zubereitungen von Kalb, Rind, Schwein, Grillspießen, Krautrouladen, zeitweise Wild; Zutaten: Zwiebeln, Tomaten, Paprikaschoten, Gurken, Kartoffeln, Reis; ausgezeichnete Fische (Fogos, Zander) und eine bekannte Fischsuppe (Halászlé).
Die Nachspeisen, zumal Palatschinken (Pfannkuchen) und Somlauer Nockerln (beides mit Schokoladensauce) sind die Krönung eines schmackhaften Mahls.

An Restaurants seien in Budapest Gundel, Fortuna, Mátyás Pince und die Küchen der besten Hotels, in der Provinz die Küchen der Hotels Junó (Miskolctapolca), Nádor (Pécs) und Alba Regia (Székesfehérvár) besonders empfohlen. Das Essen ist meistens auch anderswo, zumal in anständigen Hotels, durchaus zufriedenstellend, in kleineren, nicht touristischen Orten speist man zwar billig, aber ohne jedes Raffinement, ja oft unterdurchschnittlich bescheiden. Die Speisekarten sind in westungarischen Städten und in allen seriösen Etablissements mehrsprachig (jedenfalls auch auf Deutsch).

Kuren
Das Land verfügt über vortreffliche Thermalquellen und gute Infrastruktur; außer Budapest (mit 60 Heilquellen) seien in Transdanubien Balf, Bükfürdő, Hévíz, Balatonfüred, Zalakaros und Harkány genannt, in Ostungarn Hajdúszoboszló und Gyula.

Leihwagen
Avis, Hertz, Ibusz (am günstigsten in Budapest zu mieten).

Museen
Fast überall dienstags bis sonntags von 10 bis 18 Uhr geöffnet; Ungarns bedeutendste Sammlungen befinden sich in Budapest (Schöne Künste, Nationalmuseum, Nationalgalerie) und Esztergom (Christliches Museum). Gute Provinzmuseen in Debrecen, Pécs, Sárospatak, Sopron, Székesfehérvár und Szentendre. Freilichtmuseen dörflicher Architektur (Skansen) gibt es in Szombathely, Nagyvázsony, Zalaegerszeg, Őriszentpéter, Nyíregyháza (Sóstófürdő), Tihany, Hollokő und Szentendre.

Naturschutzgebiete
Hortobágy und Kiskunság-Nationalparks (Puszta); Tihany-Halbinsel und Badacsony (vulkanische Formationen am Balaton); Kis-Balaton (Klein-Plattensee, Sumpflandschaft); Grotten von Aggtelek und Budapest (Pálvölgy und Sáshegy); Bükk-Gebirge (besonders das wildromantische Szalajka-Tal).

i

Post, Telefon

Ämter von 8 bis 18 Uhr geöffnet, rote Briefkästen. Telefongespräche innerhalb Budapests: 2 Ft-Münzen für Automaten, fremdsprachige Nummernauskunft in Budapest Telefon 172–200, automatische Durchwahl in die meisten Länder Europas.

Regierung und Verwaltung

Alle Bürger sind von 18 Jahren an wahlberechtigt. Die Ungarische Sozialistische Volkspartei ist maßgebend in allen politischen Belangen. Das Parlament der Ungarischen Volksrepublik besteht aus einer Kammer, der Nationalversammlung, mit rund 350 für fünf Jahre gewählten Abgeordneten. Sie wählt aus ihrer Mitte den Präsidialrat (21 Mitglieder), dessen Vorsitzender das Land nach außen vertritt. Die Nationalversammlung wählt nach den Vorschlägen des Präsidialrates den Ministerrat und dessen Vorsitzenden, den Ministerpräsidenten.

Reiten

Ungarns Reittradition ist berühmt; Ausländer erhalten über Ibusz reichliche Möglichkeiten zu organisierten Reittouren für Gruppen und Einzelpersonen. 13 Gestüte, davon die wichtigsten in Mezőhegyes (bei Békéscsaba) und Szilwásvárad (bei Miskolc) besitzen die nötige Infrastruktur mit Hotel und Restaurant.

Rundfahrten

Ibusz und Budapest Tourist bieten Stadtrundfahrten in Budapest und verschiedene Ausflüge in die Pußta, zum Donauknie und zum Plattensee an.

Schnäpse

Berühmt sind Barack (Aprikosen), Szilva-Pálinka (Zwetschgen), Cseresznye-Pálinka (Kirschen).

Souvenirs

Volkskunstartikel (Blusen, Tischdecken, Töpferwaren, usw. für Devisen in besseren Hotels und für Forint in allen größeren Orten erhältlich); Bücher (viele fremdsprachig) und Schallplatten, Schnäpse, Weine und Haushaltsartikel preisgünstig und von guter Qualität, Textilien und Lederwaren (außer Gürtel) für Westtouristen aber kaum attraktiv.

Strom

Wechselstrom, 220 Volt.

Tiere

Für Hunde und Katzen amtstierärztliches Attest (höchstens 14 Tage alt) mit eingetragener Tollwut- und Staupeimpfung (nicht länger als sechs Monate zurückliegend) erforderlich; Mitnahme von Tieren in Läden und andere öffentliche Lokale, in Bäder, Bungalows, Ferienwohnungen, Hotels, vermietete Privatzimmer und Sanatorien ist oft verboten. Maulkorb und Leine für Hunde obligatorisch.

Toiletten

entsprechen nicht immer westeuropäischem Standard. Es ist ratsam, stets Papier mitzunehmen. (Für) Damen heißt nőknek oder hölgyeknek, (für) Herren férfiaknak oder úraknak.

Trinkgelder

sind in Hotels und Restaurants normalerweise inbegriffen. Trotzdem ist es üblich, den Rechnungsbetrag um fünf bis zehn Prozent aufzurunden. Kleine Trinkgelder erwarten auch Gepäckträger, Taxifahrer, Friseur, Hotelpersonal und ... der Primas der Musikkapelle, besonders, wenn er an den Tisch kommt und nach Wunsch des Gastes fiedelt.

Verkehrsmittel

Auch ohne eigenes Auto kann man in Ungarn bequem reisen. Praktisch alle Orte sind mit Zug und Bus gut zu erreichen. Für Eisenbahn und Autobus gibt es preisgünstige Touristenabonnements. Donau, Theiß und Plattensee können auf teils sehr reizvollen Ausflugsfahrten mit dem Schiff erkundet werden. Taxis gibt es in allen größeren Städten, sie sind meist billiger als bei uns und mit Seitenstreifen und Dachschild gekennzeichnet. In Budapest ist die Metro rasch, billig und bequem.

Wandern
Wandertouren in den ungarischen Mittelgebirgen sind sehr zu empfehlen. Das Klima ist selbst im Hochsommer angenehm, die Landschaften sind fast überall unverdorben und menschenleer.

Wassersport
Segeln, Windsurfing am Balaton und Velence-See möglich, Strandbäder auch an der Donau vorhanden.

Weine
Tokajer (Aszú, Szamorodni, Furmint), Badacsonyi-Riesling und Grauer Mönch (Szürkebarát) sind die besten Weißweine; Erlauer Stierblut (Egri Bikavér) und Burgunder sowie der Ödenburger Blaufränkische (Soproni Kékfrankos) gelten als die gepflegtesten Rotweinsorten.

Zeitungen
An deutschsprachigen Tagesblättern erscheinen in Ungarn «Neueste Nachrichten—Daily News» und «Budapester Rundschau»; praktische Informationen vermittelt die Monatszeitschrift «Programme in Ungarn». Neben ausländischen KP-Organen bekommt man auch, wenngleich verspätet und in kleinen Mengen, in den größeren Hotels bürgerliche Blätter aus dem Ausland. In westungarischen Hotels sieht und hört man gern österreichische Fernsehsendungen.

Zoll
Außer den üblichen internationalen Normen gelten, wie in ganz Osteuropa, strenge Ausfuhrbestimmungen für Fleisch, Kinderwäsche, Edelmetalle, Kunstgegenstände, Briefmarken und alte Bücher. Was gegen Devisen (Quittungen aufbewahren) in Intertourist-Läden erworben wurde, darf ohne Erlaubnis exportiert werden; für andere Einkäufe ist eine Ausfuhrgenehmigung nötig.

Ost-Ungarn
50 km
Tschechoslowakei
Ipoly
Jósvafő
Aggtelek
Szalonna
Edelény
Boldva
Szilvásvárad
Lillafüred
Miskolc
Bélapátfalva
Ónod
Salgótarján
Szécsény
Balassagyarmat
Hollókö
Parád
Sirok
Eger
Bukják
Pásztó
Tarnaszentmária
Verpelét
Feldebrö
Mezökövesd
Nógrád
Márianosztra
Szob
Verőcemaros
Zebegény
Nagymaros
Vác
Esztergom
Visegrád
Szödliget
Leányfalu
Váerátót
Aszód
Hatvan
Szentendre
Fót
Gödöllö
Zsámbék
Budakeszi
BUDAPEST
Budaörs
Jászberény
Érd
Martonvásár
Karcag
Ráckeve
Szolnok
Cegléd
Nagykörös
Dunaújváros
Kecskemét
Cserkeszölö
Szarvas
Donau
(Duna)
Kiskunfélegyháza
Bugac
Csongrád
Szentes
Kiskörös
Békéscsaba
Tisza
Kalocsa
Orosháza
Kiskunhalas
Hódmezövásárhely
Gemenc
Mezöhegyes
Szeged
Baja
Makó